好书不容错过

这本理想工具书您值得拥有

建筑房地产
"实战兵法"
债权清收流程与技巧

刘建伟◎主编

李瑞 肖晓 罗修易◎编写

中国政法大学出版社

2021·北京

图书在版编目（ＣＩＰ）数据

建筑房地产"实战兵法"/刘建伟主编. —北京：中国政法大学出版社，2021.9
ISBN 978-7-5764-0113-4

Ⅰ.①建… Ⅱ.①刘… Ⅲ.①房地产法－研究－中国 Ⅳ.①D922.384

中国版本图书馆CIP数据核字(2021)第200631号

出 版 者	中国政法大学出版社
地　　址	北京市海淀区西土城路25号
邮寄地址	北京100088信箱8034分箱　邮编100088
网　　址	http://www.cuplpress.com (网络实名：中国政法大学出版社)
电　　话	010-58908586(编辑部) 58908334(邮购部)
编辑邮箱	zhengfadch@126.com
承　　印	北京鑫海金澳胶印有限公司
开　　本	650mm×980mm　　1/16
印　　张	17
字　　数	280千字
版　　次	2021年9月第1版
印　　次	2021年9月第1次印刷
定　　价	59.00元

序

在企业经营中，由于三角债、债务人资产恶化或者债务人消失等不利因素，企业常常面临应收账款债权无法实现的法律风险。尤其是在建筑房地产领域，由于应收账款债权牵涉多方主体利益，相关法律规定体系庞杂且较为分散，建筑房地产企业实现应收账款债权的难度进一步加大。近年来，建筑房地产领域关于债权清收的非诉及争议解决业务需求大幅增加。

律师办理建筑房地产清欠案件主要存在四大难点：一是案情复杂，办理难度大；二是精准把握清收过程各节点存在难度；三是工作量大，年轻律师培养周期长，且难以形成团队合作；四是办理批量案件的难度较大。

由洛阳市律师协会副会长、河南万基律师事务所执行主任刘建伟律师带领的建筑房地产专业服务团队，先后承办了大量建筑房地产清欠案件，具有丰富的债权清收法律服务经验，形成了能够适用于建筑房地产行业上、中、下游的全程债权清收流程。由于该团队承办的债权清收案件回款率较高，专业化、标准化、流程化、精细化的服务模式获得了客户的高度评价。

整个律师团队在繁忙的工作之余，还悉心总结团队服务心得、系统梳理办案经验、灵活归纳业务技巧，萃成《建筑房地产"实战兵法"——债权清收流程与技巧》一书。该书力求务实、关注实操，向读者毫无保留地呈现了建筑房地产债权清收全过程法律服务的操作指引和实务技巧，能够为建筑房地产债权清收代理人开展相关业务提供有益参考，尤其对如何有效配合法院化解"执行难"问题提供有针对性的解决方案。

《建筑房地产"实战兵法"——债权清收流程与技巧》一书兼具专业性、实务性和前瞻性。该书立足于流程节点、谈判技巧、专业标准文本，融合了团队专业律师的实务经验，称得上是一本"颇具匠心"的专业法律服务实操手册。该书对建筑房地产行业知识、法律法规和相关政策进行系统梳理，找准专业突破口，重在破解债权清收疑难点，对债权清收流程、节点进行了细化和深入解读。此外，该书的另一大特色是总结了相关调解技巧和谈判经验。年轻律师们如果能将该书"干货"熟记于心，并灵活运用，将有助于提升律师执业能力，以收事半功倍之效。

作为从事建筑房地产法律实务的律师同行，我在对刘建伟律师团队长期耕耘于建筑房地产领域法律实务表示敬意；对该团队在忙碌的工作之余，仍能倾注热情、推出高质量的实务研究成果表示感谢；同时也衷心希望实务人士能够开卷有益，从《建筑房地产"实战兵法"——债权清收流程与技巧》一书中获得启示和收获。是为序！

周吉高

中华全国律师协会建设工程与房地产专业委员会副主任
中国建筑业协会法律服务工作委员会副会长
于上海长宁
2021 年 4 月 28 日

目 录

CONTENTS

第一章 建筑房地产债权清收流程概述 / 001

一、何谓建筑房地产债权清收流程 / 001

二、建筑房地产债权清收流程的主要适用范围 / 002

三、建筑房地产运作全流程图 / 003

四、建筑房地产运作各阶段图表 / 004

五、建筑房地产债权清收流程的"7个阶段""21个步骤" / 004

第二章 受理阶段 / 006

第一节 接待咨询 / 006

一、接待咨询是"双向选择"的过程 / 006

二、律师接待咨询操作指引 / 007

第二节 案件受理 / 009

一、律师与当事人签约前审查的操作指引 / 010

二、律师与当事人签约阶段 / 010

第三章 非诉催要阶段 / 014

第一节 收集证据材料 / 014

一、如何收集证据清单 / 015

二、非诉催要阶段收集证据清单操作指引 / 016

第二节　勘查施工项目现场 / 016

一、勘查施工项目现场的目的 / 016

二、施工项目现场的勘查方向及勘查任务 / 017

三、勘查施工项目现场操作指引 / 017

第三节　寄发律师催款函 / 023

一、律师催款函的主要内容 / 023

二、律师催款函的重要作用 / 023

三、律师催款函的发送对象 / 024

四、律师催款函的优势 / 025

五、寄发律师函操作指引 / 025

第四节　上门催要 / 029

一、上门催要的方向和任务 / 030

二、上门催要操作指引 / 031

三、上门催要会谈笔录操作指引 / 031

四、签署还款承诺操作指引 / 034

第四章　诉前清收阶段 / 037

第一节　起草起诉状 / 038

一、起草起诉状 / 038

二、起诉文书操作指引 / 041

三、起诉阶段的律师操作指引 / 048

第二节　立案前调查债务人财产信息 / 049

一、律师在法院立案前可自行调查的债务人财产信息 / 050

二、诉前律师调查债务人财产信息操作指引 / 050

三、制作被告财产信息一览表 / 051

第五章　立案和保全阶段 / 052

第一节　起草诉前保全、诉讼保全文书 / 052

一、诉前保全申请书应当载明的事项 / 052

二、起草诉讼保全申请操作指引 / 053

三、起草担保书操作指引 / 054

第二节　申请诉前保全 / 057

一、申请诉前保全操作指引 / 057

二、诉前保全担保操作指引 / 058

三、律师申请诉前保全操作指引 / 058

四、诉前保全阶段律师谈判技巧 / 059

第三节　办理立案 / 061

一、立案需准备的材料 / 061

二、办理立案操作指引 / 062

三、充分利用诉调机制解决纠纷 / 063

四、立案阶段律师谈判技巧 / 065

第四节　申请诉讼保全 / 067

一、诉讼保全的流程 / 068

二、律师办理诉讼保全操作指引 / 069

第五节　立案后调查债务人财产信息 / 070

第六章　庭前和解及准备阶段 / 074

第一节　庭前和解 / 074

一、庭前和谈律师实务技巧 / 075

二、庭前和解操作指引 / 076

三、相关模板 / 077

第二节　庭前准备 / 083

一、了解庭审信息及庭审协调阶段操作指引 / 084

二、法律法规、案例检索操作指引 / 084

三、法律案例检索操作指引 / 084

第三节　证据材料的最终编排与确定 / 085

一、编排证据材料及证据目录操作指引 / 086

二、证人证言和证人出庭操作指引 / 089

第七章　庭审及判决阶段 / 091

第一节　法庭调查和辩论 / 091

一、法庭调查、辩论阶段的操作指引 / 092

二、律师庭审笔录、庭审调查与辩论提纲 / 092

第二节　法庭调解 / 095

一、法庭调解的律师操作指引 / 095

二、法庭调解适用的调解方法及技巧 / 096

第三节　庭后和解 / 099

一、律师庭后和解的方式和技巧 / 100

二、庭审后沟通工作 / 102

第四节　判决及判决后和解 / 102

一、判决后律师工作操作指引 / 103

二、判决后和解 / 103

第八章　执行阶段标准流程概述 / 108

第一节　执行阶段标准流程概述 / 109

第二节　律师代理执行的角色定位 / 111

一、特别授权代理人 / 111

二、谈判专家 / 112

三、思路引领者 / 113

四、调查者 / 114

第九章　执行立案前的律师准备工作 / 124

一、主动出击，先行谈判 / 124

二、勘查现场 / 126

三、集体研判 / 128

第十章　执行立案阶段 / 131

第一节　申请执行 / 131

一、申请执行书 / 131

二、申请执行立案材料 / 133

第二节　执行管辖 / 137

一、民事执行管辖的一般规定 / 137

二、商事仲裁裁决的执行管辖 / 138

第十一章　财产查控阶段 / 140

第一节　法院依职权调查 / 140

一、被执行人报告财产 / 140

二、法院调查 / 141

三、法院查控阶段的律师工作 / 141

第二节　律师调查 / 142

一、律师调查内容 / 142

二、律师调查令 / 143

第三节　财产查控阶段的律师和解 / 150

一、财产查控阶段的律师和解技巧 / 150

二、财产查控阶段的操作指引 / 152

第十二章　财产处置阶段 / 156

第一节　对被执行人银行存款等金钱的执行 / 156

一、法院对被执行人银行存款等金钱的执行 / 156

二、法院对被执行人银行存款等金钱执行阶段的
　　律师执行实务 / 156

第二节　对非金钱财产的执行 / 158

一、议价 / 158

二、询价 / 159

三、评估 / 160

四、网络司法拍卖、变卖过程中的律师工作 / 163

五、领取执行款的律师操作指引 / 167

第十三章　终结本次执行 / 169

一、终结本次执行的条件（同时满足）/ 169

二、终结本次执行前的律师实务工作 / 170

三、终结本次执行后的律师实务工作 / 171

四、恢复执行 / 171

第十四章　执行变更、追加当事人 / 174

一、执行变更、追加流程 / 174

二、执行中变更、追加被执行人的情形 / 176

第十五章　执行和解 / 180

一、执行和解的时机 / 181

二、执行和解律师操作指引 / 182

三、执行和解中的谈判沟通策略 / 183

四、执行和解期间的律师谈判技巧 / 184

五、执行和解操作指引 / 185

第十六章　建筑房地产债权清收律师调解技巧 / 193

第一节　律师参与调解的意义 / 194

一、律师参与调解，有助于推动中国特色多元化纠纷
　　解决体系的形成 / 195

二、律师参与调解，有助于提高调解效率和效果 / 195

三、律师参与调解，有助于提升律师在法律职业
　　共同体中的地位 / 196

第二节　债权清收十大技巧 / 196

一、"先礼后兵法" / 197

二、"披露瑕疵法" / 199

三、"战略威慑法" / 202

四、"高开低走法" / 205

五、"顺水推舟法" / 209

六、"顺藤摸瓜法" / 212

七、"感动上帝法" / 213

八、"求同存异法" / 216

九、"打开天窗法" / 218

十、"最后一刻法" / 221

第十七章　建筑房地产债权清收律师和谈策略 / 227

一、"上门茶叙"策略 / 227

二、"化敌为友"策略 / 229

三、"狮子大开口"策略 / 231

四、"蚕食"策略 / 233

五、"黑脸白脸"策略 / 235

六、"更高权威"策略 / 238

七、"多次折中"策略 / 240

八、"引入第三方"策略 / 242

九、"以物抵债"策略 / 244

十、"边打边谈"策略 / 246

结束语 / 258

建筑房地产债权清收流程概述

一、何谓建筑房地产债权清收流程

建筑房地产债权清收流程，是律师依托建筑房地产全流程，凭借建筑房地产专业知识、专业能力，综合应用谈判技巧与策略，实现债权清收的过程。

建筑房地产债权清收所采取的一切非诉讼、诉讼手段，均是为了实现清收以及和谈之目的，其表现形式常常是"打打谈谈""谈谈打打""边打边谈""边谈边打"，这几乎成了债权清收的"常态"。因此，在债权清收的流程节点中，需要寻找一切"战机"实现清收。所以，在采取任何一项法律手段之后，紧跟其后的就是和谈，谈不妥就继续"打"（诉讼或申请仲裁），"打"之后再"谈"，直至实现债权。需要指出的是，"谈"也是有技巧、有策略地进行谈判，要根据不同案件情况，运用不同谈判技巧和策略，最终达到实现债权清收的目的。

二、建筑房地产债权清收流程的主要适用范围

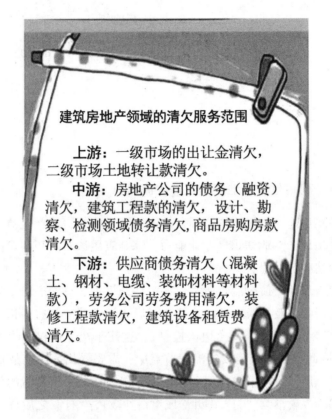

建筑房地产领域的清欠服务范围

上游：一级市场的出让金清欠，二级市场土地转让款清欠。

中游：房地产公司的债务（融资）清欠，建筑工程款的清欠，设计、勘察、检测领域债务清欠，商品房购房款清欠。

下游：供应商债务清欠（混凝土、钢材、电缆、装饰材料等材料款），劳务公司劳务费用清欠，装修工程款清欠，建筑设备租赁费清欠。

建筑房地产债权清收流程的主要适用范围，即与建筑房地产相关的全流程债权清收，包括但不限于房地产企业金融借贷纠纷、民间借贷纠纷、建设施工合同纠纷、劳务合同纠纷、建材买卖合同纠纷、机械设备租赁合同纠纷、商品房买卖合同纠纷的债权清收。

三、建筑房地产运作全流程图

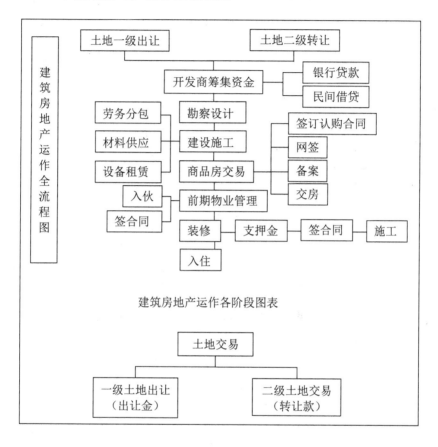

建筑房地产运作各阶段图表

四、建筑房地产运作各阶段图表

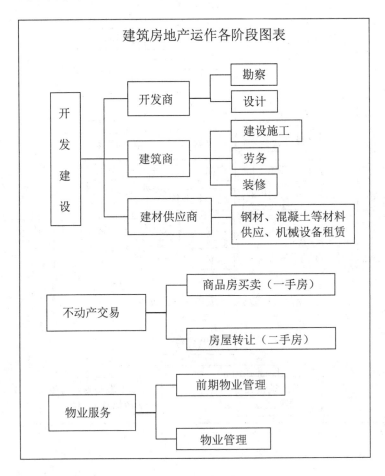

建筑房地产运作各阶段图表

五、建筑房地产债权清收流程的"7个阶段""21个步骤"

河南万基律师事务所建筑房地产债权清收流程，系"河南省优秀律师"、万基律师事务所执行主任刘建伟，率领万基律师团队对所承办的建筑房地产债权清收案件的实务总结。该律师团队根据案件的行业特性、流程特点，把办案流程划分为"7个阶段"。

本书将通过将债权清收过程流程化，使债权清收案件各节点一览无余。掌握了这些节点，新入职律师将对完成债权清收任务更有信心。此外，本书还将通过"注意事项"、指引等，理顺债权清收的每一个关键步骤，有助于实现批量化办理案件，有助于"将清欠进行到底"的律师收到事半功倍之效。

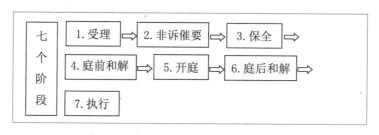

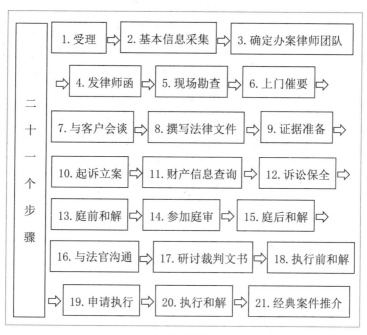

清欠流程图

CHAPTER 2 | 第二章

受理阶段

案件受理阶段是一个新案件的开始。本章按照律师工作的时间顺序，将涉及的章节内容划分为咨询接待、案件受理两部分，并附律师常用的委托合同、委托书等模板、范本，并重点标注了案件办理过程中的注意事项。本章对于执业律师在受理案件阶段提供专业化、标准化、流程化服务具有借鉴意义。

在受理阶段，律师需要确定咨询者是否为本律所业务的目标客户，所涉案件是否属于自己的专业范围，要评估案件存在的风险，通过筛查确定案件与本律所、律师是否存在利益冲突。当然，咨询过程也是建立当事人对咨询律师专业能力信任的起点，直接决定着当事人能否将案件委托给律师承办。

第一节　接待咨询

在生活、工作、经营活动中，人们可能遇到各种各样的法律问题，需要律师从专业角度提供法律咨询、对案件进行初步分析、研判。对于律师而言，除了钻研法律知识、提高专业能力外，没有比开拓案件更重要的事了。因此，切不可轻视日常的律师接待咨询工作，这项工作做得好，就可以将当事人的案件咨询变为案源。

一、接待咨询是"双向选择"的过程

接待咨询是一个律师与当事人"双向选择"的过程。当事人往

往需要在咨询过程中由律师提供初步法律意见，了解律所实力、律师专业能力。而律师通过当事人的咨询，能够初步了解案件的法律关系、证据情况以及争议焦点，可以更好地梳理案件涉及的法律事实，以便在专业领域内就案件向当事人给出初步法律意见，增强当事人对律师的信任感，促使当事人与律所签订委托代理服务协议。

二、律师接待咨询操作指引

1. 认真听取当事人的陈述，确定当事人的诉求及目的。律师需要引导当事人客观、有条理、完整地陈述案件主要事实，避免长篇赘述、感情色彩过重，导致无法厘清案件重点。

2. 审阅当事人提供的主要证据材料。以最短的时间厘清案件的基本法律事实，初步总结案件结论。对于能够形成案件的，应将当事人提供的证据材料复印备份一份由律师保存，除非有必要，否则不能收取当事人任何复印件、原件文件材料。

3. 如果咨询的案件法律关系特别复杂，可以通过绘制法律关系图或思维导图的方式向当事人解释案件的法律关系。

4. 如果遇到疑难复杂案件，超出了律师的专业能力，不能当场作出结论，可以在研究后再将结论告知当事人；对于案件涉及的特定行业技术问题，需要查询相应的技术规范，或咨询相关专家或人员进行解释或是提供意见。

5. 对于能够形成案件的，当事人未拿证据或是证据不全的，以证据清单形式列明需要补充的证据材料及取得方式，需要当事人完善、补充的，要明确告知当事人要完善证据的证据形式及取得方式。

6. 如果当事人询问能否胜诉、诉求是否能全部执行等问题，代理律师要注意回答问题的方式，切勿臆断，可告知在"理论上"是否能胜诉。律师要明确就案件结果作出保证或者承诺属于违规行为，有职业操守的律师都不会知法犯法。

7. 即使问题很小或是无法形成案件，接待咨询也要耐心、认真，尊重当事人。

8. 接待咨询过程中，应将手机调到震动，如有特殊情况必须接听电话，需向当事人解释清楚，再接听，以表尊重和重视。

9. 制作《律师接待笔录》。承办律师应当明确告知当事人如实陈述案情，并保证所提供证据的真实性、合法性，否则可能造成的不利法律后果应当由当事人自己承担；告知当事人案件的法律风险以及案件难点；告知应当由当事人自己搜集证据、摸排涉案情况的工作是什么，以及需要当事人配合律师完成的工作是什么。《律师接待笔录》应当由当事人签字、盖章。

模板：律师接待笔录

律师接待笔录

时间：　　年　月　日
地点：河南万基律师事务所会客室
会见律师：
当事人：　性别：　民族：　出生年月：
住所地：　电话：
接待内容：
当事人因＿＿＿＿＿＿纠纷一案向本所进行咨询，本所律师就有关事项制作本笔录。

律师：我是河南万基律师事务所的律师，请你把案件的基本情况向我介绍一下好吗？

当事人：

律师：你应保证向我所陈述的情况完全真实，否则，你将可能承担由此造成的不利后果。你听清楚了吗？

当事人：

律师：那么，你的具体要求、诉求是什么？

当事人：

律师：关于你陈述的事实，现在你手里掌握的资料有哪些？

当事人：

律师：根据你陈述的情况，我所可以为你提供法律服务。在接受委托之前，我们要向你告知如下法律服务风险和法律服务要求：

1. 律师不承担办案风险，律师不能承诺办案结果，也无法承诺办结案件的具体期限；

2. 在胜诉的情况下，如对方当事人缺乏履行能力，你的合法利益可能难以实现；

3. 律师只能依法维护你的合法权益，不能为你弄虚作假或提供伪证；

4. 律师只能依法提供法律服务，不能向办案人员请客、送礼或行贿；

5. 你本人应当积极举证，遇到需要律师为你调查取证，你应全力配合；

6. 如果你隐瞒重要事实，或委托的代理法律服务事项违法，或存在利用律师提供的服务从事违法活动，律师有权拒绝提供辩护或其他代理法律服务。

以上告知事项，你都听清楚了吗？

当事人：

律师：那么，你需要委托我们代理吗？

当事人：

律师：本笔录将作为我们签订的委托代理合同附件，与其具有同等效力。请核对以上笔录，如果无误，请签字确认。

当事人签字：

年　月　日

第二节　案件受理

一般情况下，在完成了第一次咨询客户工作后，律师需要根据我国《律师法》以及律师协会、律所内部制度、律师团队受理案件范围，确定咨询者是否为自己律所业务的目标客户。在做完这项工作后，若咨询者有意委托律所提供代理法律服务，律师要与咨询者保持联系，注意案件情况沟通和确定委托代理事项的签约时间。

在当事人明确想要咨询律师代理案件，和律师事务所形成委托关系之后，双方需要协商确定律师费用，确定律师费后签订一份正式的委托代理合同（委托代理协议）。

在此阶段，律师需要就律师费与当事人进行协商，并由律所按规定对案件是否存在利益冲突、是否属于重大敏感性、群体性案件及全风险性收费案件进行审查、备案。

一、律师与当事人签约前审查的操作指引

1. 案件应属于《律师法》第 28 条、第 29 条规定的律师可从事的业务。

2. 律所要确定案件不属于《律师法》第 47 条规定的律师不得代理的案件（即不属于"在同一案件中为双方当事人担任代理人，或者代理与本人及其近亲属有利益冲突的法律事务"的案件），不存在法律法规规定的"利益冲突"的情形。

3. 律所要确定案件是否属于律协规定的"重大、敏感及群体性案件"，是否需要向律协申请备案。

4. 接待客户的律师根据建筑房地产运作全流程图，审查新接收案件属于建筑房地产全流程中的哪一阶段，是何种性质的债权清收，并制作"指派律师接案表"。

二、律师与当事人签约阶段

签约阶段，是当事人与律所就案件关于委托权限、律师费用等事项达成一致意见的过程，目的是确定律师作为代理人从事有关活动，明确双方的权利义务。准确来说，这个过程将确定当事人与律师事务所之间的委托代理关系并规定双方各自的权利和义务，从而形成委托代理协议和委托书，并作为律师代理的依据。委托人与律所一旦签约，双方即具有法律上的合同关系，该合同是约定委托人与律所权利义务的法律依据。依法成立的委托代理法律服务协议（合同）受国家法律保护，一旦违约，不仅需要承担法律责任，还会影响违约者的社会信誉。

（一）协商确定律师费用

律师费用的协商是一个"技术活"。要以案件的复杂程度、后期工作量、行业收费标准、所内收费标准为依据"开价"。要价低，会贬低自己，也可能会使得当事人对律师的价值产生怀疑；要价太高，超过了当事人的承受范围，也可能会失去这个案源，即便有些当事人迫于自身急切解决纠纷的需求接受高收费，在案件胜诉后，当事

人也可能会找收费与工作量不相符等理由进行投诉，要求退律师费，在案件败诉的情况下，更是会要求全额退款。所以，在与当事人协商确定律师费的过程中，需要通过笔录、协议的形式明确收费标准及收费数额，让当事人签字确认。

（二）收费方式

在通常情况下，律所的收费方式分为按阶段一次性先收费、全部后收费（按比例收费）、先收取部分费用后按比例收费。第一种收费方式，需律所与当事人签订简易版的委托代理合同或代理法律服务委托书。除第一种收费外，律师可依据全部后收费（按比例收费）方式或先收取部分费用后按比例收费方式，签订债权清收阶段的委托代理合同，或签署包含一审、二审、执行等阶段的全部委托书（附代理退费委托书、代为领取执行款等委托书）。

模版：委托代理合同（以先收取部分费用后按比例收费为例）

委托代理合同

甲方：

乙方：河南万基律师事务所

一、甲方诉××纠纷一案，为维护自己的合法权益，特委托乙方律师作为自己的代理人。

二、甲方授权乙方为特别授权代理，代理权限为：非诉讼代理、代为起诉、代为承认、放弃、变更诉讼请求，进行和解、调解，代领诉讼文书、代为提起上诉、申请执行、代为领取执行款项等。

三、甲方应提供真实、合法的根据，不能隐瞒与案件有关的要害事实。甲方委托的期限为一审、二审、执行（选择其中一项）阶段。

四、本案代理费的收取方式

1. 法院收取的各种费用由甲方负担，包括诉讼费、实际支费、保全费、鉴定费、评估费等。

2. 本案律师费用，按实际追回款额××收取，在执行回款时扣留（或者，甲方应于本合同签订之日起 3 日内支付乙方律师费××元。该款为案件基础费用，乙方已收取的律师费所有权归属乙方，甲方不得要求退还；剩余律师费按照实际追回款额××收取，在执行回款时扣留律师代理费）。

3. 如追回实物、股权等，按甲方与债务人商定的抵账价格或法院（或有关部门）认定的价格，折算为回款数额，甲方以现金支付乙方代理费。

> 4. 执行款或实物等分批追回，乙方按分批价值比例收取律师代理费。
>
> 五、甲方应在执行回款到账时或实物实际交付时，支付律师代理费。执行款或实物分批追回，分批收取律师代理费。
>
> 六、在诉讼过程中，甲、乙双方协商一致，可同××和解、调解；若甲方自行同××和解、调解、撤诉，则甲方应按起诉标的及第4条约定的比例支付律师代理费。
>
> 七、在本案执行终结前，甲方不得解除乙方委托代理，若甲方单方解除乙方委托代理，则甲方仍按起诉标的并以本协议第4条之约定支付律师代理费。
>
> 八、本合同如发生纠纷，由双方协商解决；若协商不成，由洛阳仲裁委员会仲裁解决。
>
> 九、本协议在双方签字或盖章后生效。
>
> 十、本协议（合同）1式2份，甲乙双方各执1份。
>
> 　　甲方：　　　　　　　　　　乙方：
> 　　承办人（联系人）：　　　　承办律师：
> 　　　　　　年 月 日　　　　　　　年 月 日

（三）律师与当事人签约的操作指引

1. 以律师事务所名义与当事人签订委托代理合同。委托代理合同中要明确：委托事项、委托权限、委托审级、委托期限；律师费金额（或比例）及支付期限，指定代理律师，并明确已经收取的律师费一经收取概不退还；明确当事人应当如实陈述案件事实，并保证所提供的证据真实、合法；解除合同的条件；违约责任。

2. 由当事人一并出具涉案程序的委托书。如果是风险代理模式，应当由当事人将一审、二审、执行阶段的委托书一次性全部签署完毕。

3. 如果采取风险模式收费，要注意最高收费金额一般不得高于当事人诉争标的额的30%。

4. 采取风险模式收费时，要注意在委托协议之内明确约定，如果案件达成和解、调解，按委托方实际从对方取得的赔偿款项（实物回款价值）或减少损失额的百分比向受托方支付风险代理费，支付时间为实际回款价值（接收实物）或确定减少损失额后，否则代理律师有权直接从执行回款中扣留。

5.采取风险模式收费时，要明确约定如果委托方主动撤诉，后期律师费是否还应继续支付以及按起诉金额的多少百分比向受托方支付律师费。

非诉催要阶段

　　建筑房地产债权清收非诉讼催要，是指依托于建筑房地产全流程，凭借建筑房地产专业知识及专业能力，综合应用谈判技巧，由律师独立实现债权清收的过程。其特点是律师独立实现债权清收任务，在清收中不依靠诉讼及法院的强制手段。

　　律师与目标当事人签订委托合同、办理委托手续，且目标当事人按照合同约定支付律师费将意味着律所正式承接了所委托的案件。这时，目标当事人的身份将转变为具体案件委托人。承办律师通过前期咨询以及委托人提供的案件材料，初步了解案件事实和证据，为了核实事实、甄别和取证以及和谈，律师在正式受理非诉案件后，可以通过继续收集证据、勘查现场、寄发律师函、上门催要等一系列手段，综合应用和解清欠技巧开展工作。当然，在这个过程中，非诉催要的各项工作应合理合法。

第一节　收集证据材料

　　"打官司"就是"打证据"，非诉案件同样要凭证据说话。无论是非诉案件，还是诉讼案件，解决焦点问题往往都要靠扎实证据材料支撑的证据链，而法律法规则是实现举证目的的保证。

　　在非诉案件中，律师在接受委托人提供的案件材料后，应根据办案实际情况、结合本类型案件需要的其他证据材料，列出补充证据清单，由委托人配合律师补充收集齐证据，将全部案件材料扫描保存电子文档，这是一项不可小觑的工作。

一、如何收集证据清单

在收集证据材料阶段，需要填写证据清单（以原材料买卖合同纠纷为例），由委托人按照证据清单所列内容准备资料。

收集证据清单项目见下表：

收集证据清单

序号	证据名称	证明内容	页数	备注
1	原告营业执照	原告主体资格		
2	原告组织机构代码证			
3	原告法定代表人身份证明书			
4	原告法定代表人身份证复印件			
5	被告工商登记资料	被告主体资格		
6	被告组织机构代码证			
7	买卖合同	界定原被告法律关系及权利义务		
8	原告债权凭证（结算单、磅单等）	确定原告债权总额		
9	银行转款凭证	被告已付款数额		
10	计算清单	违约金、利息等计算方式		
11	现场勘察照片	项目工地情况（付款节点）		
12	律师函及回执	中断诉讼时效、重新确认货款数额		
13	律师费发票	合同有约定的可主张		

续表

序号	证据名称	证明内容	页数	备注
14	鉴定费票据	实际损失		

二、非诉催要阶段收集证据清单操作指引

1. 结合案件类型，综合分析、甄别该类型案件普遍需要的证据材料。

2. 在已有证据清单中，结合案件争议焦点，重新列明需要收集的补充证据清单。

3. 将证据原件材料复印备份，并扫描存档。

第二节　勘查施工项目现场

"没有调查就没有发言权。"在建筑房地产领域的债权清收案件中，同样适用该规则，施工现场为此类案件的合同履行地，往往能直观地反映涉案双方的真实履行情况，也会存在一些交易痕迹、有利的证据信息，因此，很有必要对施工项目现场进行勘查。对于律师而言，由于自己并未直接参与涉案双方的实际交易，委托人的口头描述或书面证据并不能直观反映涉案项目情况，律师通过勘查施工现场，可以直观、全面地了解涉案工程的实际情况。而且，律师可以在勘查现场时根据案件需要有目的地收集一些原始证据资料。

一、勘查施工项目现场的目的

行动是为实现目的服务的，主动作为的律师在理清办案思路后，一定要"脚勤"——做好深入实地调查的"功课"，尤其是在办理建筑房地产领域非诉案件时，"身入"施工项目现场进行勘查是不可缺失的一环。

在勘查施工项目现场时，律师要明确目的：了解涉案项目施工进展、是否实际施工、现阶段施工进度、甲方资金实力、涉案债务

形成原因等情况，摸清施工现场可采取保全措施的财产状况。

二、施工项目现场的勘查方向及勘查任务

1. 查看建设工程的规模，包括土地面积、楼栋数量、建筑面积等内容。

2. 了解涉案项目的性质，如住宅、写字楼、商业、工业厂房等内容。

3. 查看涉案项目的勘查单位、设计单位、施工单位、建设单位、监理单位等信息。

4. 通过走访售房部，查看涉案项目已审批的权证情况，包括建设用地规划许可证、建设工程规划许可证、建筑工程施工许可证、国有土地使用权证、商品房预售许可证。

5. 收集销售广告，了解销售价格、户型、建筑面积等信息。

6. 通过公示牌等显示的内容，查看涉案项目的项目负责人、技术负责人等信息。

7. 到售房部了解开发公司的资金监管账户等信息，掌握开发公司的财产信息，为办理案件期间很可能需要采取的保全措施提前做准备。

三、勘查施工项目现场操作指引

1. 律师进入施工现场应戴安全帽，这既能使勘查施工项目现场工作有安全保证，也方便律师扮成施工单位管理人员或者看房买房人员，避免遭遇不必要的麻烦。

2. 在进入尚处于销售阶段的施工现场时，律师可以以买房人的身份，在售房工作人员的引导下走进施工现场，了解施工项目的相关情况。

3. 为方便完成勘查施工项目现场任务，律师在进入售房部取证时，最好是一男一女两人，可扮成买房人。其中，一人同售房顾问交谈、询价，另一人可以查看"五证"的公示信息并拍照。

模板：现场勘查笔录

现场勘查笔录

（以郑某与 A 公司、牛某买卖合同纠纷一案为例）

万现勘字［2017］第 035 号

勘查时间：2017 年 11 月 14 日下午 4 点 20 分

勘查地点：××工程

勘查人：承办律师刘律师、协办律师李律师

记录人：李律师

现场勘查及结果：

1. 项目整体情况勘查：涉案 1 号楼工程主体已经封顶，外墙粉刷部分完成，玻璃等未安装。施工现状：停工状态，没有施工人员或机械停止施工。

2. 项目施工现场公示信息：公示牌两份。

①某市防尘污染防治责任公示牌显示：某置业公司为建设单位，A 公司为涉案项目的施工单位，牛某为 A 公司涉案项目的项目经理，电话为 1393790××××，监理单位为河南某建设监理有限公司，责任人为王某，电话 1383842××××。

②三员管理公示牌：A 公司为涉案项目的施工单位，牛某为 A 公司涉案项目的项目经理。

3. 涉案项目销售部询问情况：

①涉案项目"五证"已全部办齐，有预售许可证。

②建筑施工许可证显示，涉案项目施工单位 A 公司，建设单位为某置业公司及某公司。

③涉案项目销售情况，目前售价为每平方米 7000 元，有现房，大部分可出售，交房时间暂定为 2018 年 3 月。

附：拍摄现场照片 4 张。

勘查人：刘律师

记录人：李律师

2017 年 11 月 14 日

附：拍摄现场照片 4 张

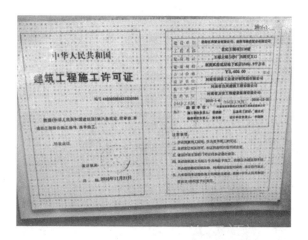

经典案例 1

律师"跟进"催讨，尽快实现货款清收

勘查现场照片

2014 年，嵩县某混凝土公司与河南某建设工程有限公司签订预拌混凝土供需合同。合同约定：由嵩县某混凝土公司供应河南某建设工程有限公司承建湖光山舍（嵩县陆浑湖畔）别墅工程所需的各种型号的商品混凝土。之后，河南某建设工程有限公司与嵩县某混凝土公司以价款支付证书形式确认供货量以及应付的混凝土款，嵩县某混凝土公司按照合同约定完成相应的供货义务。可是，河南某建设工程有限公司未按合同约定付款。

经嵩县某混凝土公司财务核算，河南某建设工程有限公司欠 48.4425 万元未向嵩县某混凝土公司支付。嵩县某混凝土公司多次向河南某建设工程有限公司催要，但是，河南某建设工程有限公司均以甲方未付款为由推脱。

律师在接受嵩县某混凝土公司的债权清收法律服务委托后，立即对涉案项目进行现场勘查。律师在勘查现场过程中了解到，该项目已经停工半年未动工。律师经现场询问及核实得知，因该项目紧

邻某水库,施工手续一直未完善,截至律师现场勘查时尚未取得土地规划许可证,故被县政府叫停。律师向河南某建设工程有限公司寄发律师函后,到其位于郑州的办公室,与其总经理面谈。该总经理当场联系了实际施工人罗某及张某,并指令其二人当天下午就与律师在涉案项目现场进行和谈。

在和谈时,实际施工人罗某与张某保证说,项目手续已经完善,近期就要开工,后续仍会使用混凝土。但是,律师经过现场勘查已经明知:涉案项目手续不全,且现处于政策严控时期,根本无法复工。为此,律师坚持要求河南某建设工程有限公司欠付的款项应当立即全额支付,否则将立即起诉并采取保全该公司账户等措施。律师当场与河南某建设工程有限公司总经理打电话,表明律师意见及实际施工人意见。

后经多次谈判,债权人与债务人最终达成和解协议:河南某建设工程有限公司欠付的款项48.4425万元分3个月付清,第1个月付20万元,第2个月付10万元,剩余欠款18.4425万元第3个月全部付清。该协议达成后,经律师"跟进"催讨。最终,河南某建设工程有限公司将所欠货款全部还清。

1. 本案中,律师严格把控非诉催收节点,并未着急起诉,而是进行现场勘查,对项目情况做到心中有数。

2. 律师在勘查现场过程中,利用专业知识明确法律意见:涉案项目在未取得土地规划许可证的前提下已无法继续施工。在了解到县政府的政策后,律师果断判断:该项目可能会因为政策原因而无法继续进行,为了防止项目"烂尾"、施工单位拖欠各种款项导致矛盾激发,尽快实现债权人应收款回款是最好的方法。

3. 律师决定减免债务人违约金,以期实现最快速度的回款,是明智之举。涉案项目后来未出律师所料:截至2020年,该项目一直未动工,处于烂尾状况,河南某建设工程有限公司因该项目涉诉多达二十多起。

第三节 寄发律师催款函

律师催款函，是指律师接受委托人委托，就对方欠款的有关事实或法律问题进行陈述，要求对方在一定期限内还款，以达到一定效果而制作、发送的专业法律文书。

从专业角度来看，用律师催款函对函件接收方欠款事实进行法律评价，并对可能承担的风险进行评估，这样做的目的在于以法律尺度和律师的判断，让函件接收方清楚债务人欠款的法律事实、继续拖欠不还的利弊得失，让送达对象得出自己的"法律评价"，即"传法达意"。

一、律师催款函的主要内容

1. 陈述欠款的事实。

2. 能证明函件接受人违约的事实，依据合同、法律对违约事实性质的分析，指出其应当支付的利息、违约金、损失以及应承担的法律责任。

3. 提出委托人的要求，明确限期联系、偿还债务的期限、方式等。

4. 在律师催款函附件中可以列明适用的法律条款，明确未按期偿还可能承担的法律后果，以帮助函件接收方了解法律规定和其可能承担的法律责任。

5. 写明受委托律师的电话、地址、邮编、邮箱等联系方式。

二、律师催款函的重要作用

律师催款函与一般的信函不同，有着十分重要的作用。

（一）律师催款函的和解作用

律师催款函通过通知对方在指定期限来人、来函、来电协商的方式来促使双方达成和解协议。但要指定具体期限，并且要给对方必要的准备时间。另外，还要告知对方如果逾期不来处理，将面临什么后果，譬如起诉、解除合同、停止付款、停止供货等。在现实中，律师催款函的和解作用是其主要用途，这也使其受到了越来越多人的欢迎。

（二）权利的告知、警示

律师催款函是发函一方明确向对方告知自己权利的便利方式。同时，发函方也可以警示、威慑对方，告知其行为存在违约的情形，可能承担何种违约责任等法律责任，以实现督促对方尽快支付款项实现清收的目的。

（三）固定并保留证据

通过律师函向对方告知权利，警示对方是证明对方恶意违约的重要证据。同时，律师催款函也可以被用来通知解除合同、主张权利、告知相关事项等，在行使这些事项的过程中，律师催款函可以起到保留证据的重要作用。

（四）中断诉讼时效

法谚有云："法律不保护权利上的睡眠者。"法律上的时效，指某一事实状态满足一定的时间条件后产生一定的法律后果的一种制度。假定有一个债务关系，如果债权人始终不主张债权达到3年，便会使债务人获得诉讼时效抗辩权，即债务人可以主张基于超出诉讼时效而不再偿还债务。反之，如果债权人在诉讼时效内发送律师催款函主张债权，则会使诉讼时效自发送之日起重新开始诉算，起到不丧失胜诉权的效果。

（五）表明态度或决定

用律师催款函来表明当事人的态度或者立场，进行隔空威慑，是律师催款函的重要作用之一。

三、律师催款函的发送对象

律师催款函的发送对象一般为债务人本人或是债务人的法定代表人。在债务人是公司时，可以向董事长、总经理或是直接负责人寄发函件，督促债务人重视，予以解决。在债务人是政府机关或事业单位时，可以在向债务人发函的同时向其上级机关或是主管部门发函，督促债务人尽快解决。

四、律师催款函的优势

1. 成本低。寄发律师催款函仅需要一二十元的邮寄费用，无需其他费用。

2. 简洁明了。律师催款函仅通过一两页纸便可将案件主要内容阐述清楚，使函件接收方能快速知晓主要事实及问题。

3. 时间优势。律师催款函一般当面送达或是通过邮寄，邮寄一般 3 天左右就可以通知到函件接收方，快捷方便。

模板：律师催款函

律师催款函

×××：

河南万基律师事务所受×××的委托，指派本律师就×××与贵单位×××纠纷的相关事宜郑重致函贵单位：

就对方欠款事实进行陈述_____。

请贵单位接到此函后 7 日内核对账目并支付所欠货款，逾期视为认可×××的结算金额，委托人××将按照法定程序追究贵单位法律责任。敬请贵单位领导重视，尽快同承办此案的律师联系。

河南万基律师事务所
年　月　日

承办律师联系方式：

地址：洛阳市洛龙区开元大道 248 号五洲大厦 9 楼

办公室电话：（0379）6481××××

五、寄发律师函操作指引

1. 主动通知，表明律师是谁委托的，代表谁说话。同时，特别应注意律师函要寄特快专递，这样做除了有利于留下收件人收件证据之外，还会显示紧迫性和正式性，特别是能使收函人更加注意律师函内容。

2. 通过内容具有逻辑性、合理性和准确性的律师函，阐明委托人提出要求的事实基础，以一种理性、公平无私的方式列举事实，得出一个涉案人无法逃避的结论：应该按照律师函要求行事。为避免不被重视，律师函应突出重点，强调有利于委托人的事实，弱化不利于委托人的事实，同时应考虑语气，以方便将来谈判。

3. 确立时间界限。律师函的一个最重要特征是要求一定行为或不为一定行为。达到这种结果的一个重要因素就是确定时间表。如果口头确定的时间表的最后期限可以被"曲解"一下——视为留有余地，那么，律师函所确定的最后期限则完全可以被理解为正式的最后期限，这会使收函人对其非常重视。

4. 警告如果不采取行动，将要实施相应手段。这样做，会让收函人意识到潜在的问题和责任，使其明白不按照律师函要求行事，可能会有什么样的结果发生。

5. 主办律师起草律师催款函，协办律师寄发律师催款函；协办律师将邮寄单、回执妥善保存并存入档案，记录对方的回复情况；协办律师在 alpha 中上传律师催款函、邮寄单、回执的扫描件。

 经典案例2

小小律师函，清收作用大

某改造项目是某区城中村改造项目。2010 年 4 月 26 日，在某区办事处的监督下，某置业有限公司与该办事处管辖的工农村委会签订了房屋开发协议书。协议书约定：由某置业有限公司开发位于工农村的改造项目，占地面积约 171 亩。

2010 年 8 月 2 日，某市国土资源局向某区政府下发关于某村整体改造项目用地缴纳社保费用的函，要求区政府缴纳社保费用150. 8496 万元。

某市某区政府指令由某置业有限公司代为缴纳社保费用 150. 8496万元。在某市某区旧改办公室的催促下，某置业有限公司为了城中村改造项目能顺利进行，于 2010 年 8 月 11 日向区社会保险中心农行某支行银行账户转入 150.8496 万元。

2012 年，某区政府决定把此地块交由某市城投公司及其他开发商进行开发，某置业有限公司无法继续介入该项目，实际早已被迫退出对此地块的开发。

自 2012 年开始，某置业有限公司多次找到区政府、办事处，要求其退还代为缴纳的社保费用 150.8496 万元。有关单位一直推诿，至今未能解决，此事陷入僵局。

律师接受某置业有限公司的债权清收法律服务委托后，针对上述事实及情况，向区政府区长、书记及办事处寄发 3 封律师函。在对方收到律师函的第 3 天，区政府法制办工作人员与承办律师联系，主动询问承办律师能否多等几天，因为区里准备上会研讨此事。承办律师同意了区政府法制办工作人员的意见，答应多等几天。

一周后，律师得到某市某区人民政府的回复：积极协调解决此事，同意退还代为缴纳的社保费用。可是，在办理退费过程中，办事处财务部门不予配合，承办律师多次上门谈判和沟通，无果。之后，律师再次向区政府和区长、区委书记以及办事处致函，向办事处财务部门"施压"，最终在区领导的支持下，某置业有限公司实现了 150.8496 万元的债权清收。

律师在办理这个案件的过程中，经过不懈努力，圆满完成了债权清收任务，效果显著，因此，有办案心得予以分享。

1. 该案中，寄发律师函后律师上门催要，并未直接起诉保全，而是选择向被发函人的上级（即区政府）进行反映。区政府对此事很重视，积极安排法制办人员同办案律师联系，要求给宽限解决时间。律师采用"先礼后兵"法，积极与对方当事人联系，商谈效果显著。

2. 律师在谈判过程中使用了"战略威慑"法这个清欠技巧。谈判时，律师说明，若区政府不及时还款，将向上级政府领导及时反映其长期欠款不还的违法行为，并依法向法院起诉，申请保全区政府的账户。在上门催要过程中，律师向区政府讲明利害，督促其尽快还款，这一"战略威慑"法，促使本案得以尽快和解。

3. 找准专业突破点，顺藤摸瓜。某公司多次催要被欠钱款，但指挥部拆迁办、办事处以及与被拆迁村委会、社保处区政府之间长期"扯皮"，造成该款项多年无人偿还。承办律师准确地认识到：这是一级土地开发过程中产生的纠纷，而一级土地开发的主体应当是区政府。区政府应当偿还此款项，其他主体均不是法定偿还主体。也就是说，律师利用房地产建筑专业知识，明确回答了欠款人是区政府，而不是其他主体。本案律师顺藤摸瓜，找准直接责任主体，防止多方当事人间的扯皮推诿，高效解决了纠纷。

4. 本案清欠结束，各方当事人对律师处理结果均很满意，达到了"一石三鸟"的效果：律师收取了丰厚的律师费，房地产公司感激律师清收迅速、回款快，高度认可律师的专业水平，并聘请律师担任房地产公司的法律顾问。区政府感谢律师对处理退费问题的理解，表示佩服律师的专业能力。此外，他们还邀请律师进入区政府"专家法律库"，为区政府提供法律服务。

 经典案例3

"隔空"发送律师函，实现债权清收

某筑路有限公司拖欠某商品混凝土有限公司货款55.5328万元。某商品混凝土有限公司结算人员多次向某筑路有限公司催要，无果，某筑路有限公司拖延时间，均不支付。承办律师接受委托后，向某筑路有限公司寄发律师函。

某筑路有限公司打电话与承办律师沟通，双方口头达成协议，某筑路有限公司的总经理同意立即支付30万元，剩余25.5328万元于半个月后支付。第二笔协议还款未按期支付。

到期后，承办律师在打电话"隔空"催要期间，向债务人某筑路有限公司讲明利害关系。某筑路有限公司在权衡得失后，向债权人某商品混凝土有限公司一次性支付剩余25.5328万元尾款，案件清收结束。

此后，某筑路有限公司与承办律师建立联系，某筑路有限公司老板对承办律师的专业素养予以认可，又委托承办律师一个建筑类纠纷案件。

附：

律师催款函

某筑路有限公司：

　　河南万基律师事务所受×××委托，指派本律师就××与贵公司××纠纷的相关事宜郑重致函贵公司。某商品混凝土有限公司与贵公司签订了预拌混凝土供需合同，供应贵公司东环路工标工程所需的各种型号商品混凝土。贵公司与某商品混凝土有限公司以价款支付证书的形式确认了供货量以及应付的混凝土款。

　　某商品混凝土有限公司已按照合同约定完成了相应的供货义务，而贵公司却未按合同约定付款。经某商品混凝土有限公司财务核算，贵公司仍欠55.5328万元未向某商品混凝土有限公司支付。

　　请贵公司接到此函后十日内核对账目支付所欠货款，逾期委托人××将按照法定程序追究法律责任。敬请贵公司领导重视，尽快同承办此案的律师联系。

河南万基律师事务所

2013年7月1日

刘律师：1380××××××
李律师：1893××××××
地址：洛阳市洛龙区开元大道248号五洲大厦9楼
电话：（0379）6481×××
传真：（0379）6482×××
邮编：471023

第四节　上门催要

　　接触非诉类案件的债权清收工作之前，有些年轻律师可能会对"上门催要"这项工作感到奇怪。这很正常，因为，上门催要这项工作，并非是律师办案中的必要程序，一些实务经验缺乏的律师很可能会忽略这一点。但对于经验丰富的清欠律师而言，上门催要是十分必要的，且常常能收获意料之外的结果。

上门催要，即律师依法接受债权人委托，直接与债务人或其单位负责人进行沟通，了解其还款意向、还款实力、还款计划，如果在此期间达成诉前还款计划，需要监督债务人按期履行。在上门催要前，律师可根据涉案当事人所留地址（包括对方当事人的住宅地址、户籍地址、单位地址和其他地址），主动上门拜访。

律师进行上门催要，需要随身携带七件物品：律师证、手机、身份证、委托书、相机、录音笔和个案材料。律师上门催要时，应在第一时间向对方当事人亮明自己的律师身份。委托书是委托人委托律师处理本案的证明材料，用以证明律师的合法催要身份。相机主要用来对对方当事人地址及相关情况进行拍照，后面笔者会详细讲拍照时的注意要点。录音笔主要用来录上门催要律师与对方当事人进行谈判时的现场谈话内容，上门催要时的录音是非常重要的现场催收证据。个案材料指上门催要案件的资料内容，包括电催记录、催款通知书和法律告知书等。

一、上门催要的方向和任务

1. 通过对对方当事人办公地点、条件等进行实地勘查，初步了解对方的经营情况、还款能力。

2. 表明律师的身份，直接与对方负责人（董事长、总经理、分管的项目经理等具有决定权的人员）见面详谈，以前期寄发的律师函为基础，阐明律师此次上门催要的目的，引起对方的重视。

3. 在谈判过程中，律师应依法综合运用办理债权清收案件的技巧，在合适时机进行"战略威慑"，表明若对方不配合达成和解，可能引发起诉、诉讼保全、承担高额违约金及利息或在进入执行阶段被列为失信人、影响其投标等不利后果。

4. 若对方对欠款的事实予以认可，律师可通过签订会见笔录的方式，将此次会面情况做记录，并要求双方在记录上签字；若双方能就还款期限及金额达成一致，应当签订书面还款协议或由对方出具还款承诺书。

5. 在确定好需要上门催要的案件后，律师需要提前一天制定外访路线。外访路线的设计应尽量以快捷、经济、安全为主，主要利用个人交通工具或公共交通工具。

二、上门催要操作指引

1. 在上门催要前，确定诉前和解方案。确定诉前和解方案，是指律师与委托人沟通，并确定委托人的和解方案及底线。在确定诉前和解方案时，承办律师可以在委托人诉求范围内争取最大限度地有利于委托人，要确定针对债务人的违约金减免幅度、分期付款期限及催要技巧，以达到"不战而屈人之兵"的目的。承办律师与委托人沟通，并确定和解方案（违约金减免幅度、分期付款的期限）；承办律师确定诉前和解的方式及技巧；通过电话、微信、邮件等与对方联系，确认对方收到律师函，与对方确认和解时间；选择诉前调解地点，如债权人所在地、债务人所在地、茶馆、律师办公室、涉案项目所在地，其中优选后两个地点；确定承办律师使用何种清欠技巧，在诉前调解阶段一般宜使用"先礼后兵法""披露瑕疵法""顺藤摸瓜法""感动上帝法"。

2. 在上门催要前，要求委托人出具正式的委托书，并签字盖章。

3. 在上门催要时，要向对方出具委托书、律师证原件，以表明承办律师的身份。

4. 向对方出具正式的律师函，并告知前期律师函寄发的情况。

5. 注意保存对方当事人的地址信息。

6. 注意保存对方负责人的联系方式等信息，以便下一步沟通。

三、上门催要会谈笔录操作指引

1. 确认对方当事人地址，以拍照等方式留存信息。

2. 确定对方直接负责人，留存对方当事人联系方式等相关信息。

模版：上门催要会谈笔录

上门催要会谈笔录

（以 A 公司与 B 公司混凝土买卖合同纠纷一案为例）

会谈时间：××年×月×日上午 9 点 20 分

会谈地点：B 公司总经理办公室

参加人员：A 公司承办律师刘律师、协办律师李律师

B 公司总经理 C 某及项目经理 D 某

记录人：李律师

刘律师：您好，我们是河南万基律师事务所的律师。今天来主要是为了你公司欠 A 公司货款一事。我们接受了 A 公司的委托，来找你们商谈一下。这是我们的执业证及 A 公司给我们出具的委托书（出示执业证、委托书、说明来访意图）。

C 某：嗯，知道了。

刘律师：前几天我们向你公司邮寄了律师函，主要是说你公司与 A 公司就某县中医院迁建工程住院部项目签订有商品混凝土购销合同，你公司现仍欠 A 公司 182.7944 万元（出示已寄发的律师函，明确具体的欠款事实及金额）。

C 某：嗯，我们收到了，也向 A 公司发了回复函。

刘律师：你公司的回复文件，我们也收到了，上面说这事是要 D 某负责？我们今天过来，就是想进一步听听你公司的意见（引导对方阐释说明俩债务人之间的法律关系）。

C 某：嗯，这个项目是我公司承建的，但是，是由 D 某实际施工的。你们说的购销合同也是 D 某跟你们签的。今天我把 D 某也叫过来了，具体的事还需要你们来谈。

D 某：跟你们说一下，这个项目是我挂靠 B 公司进行的施工，所涉资金最终还是由我出，与 B 公司没有关系。但是，这个项目现在甲方还没按照付款节点付钱，我的钱也都压在了项目上，现在没有钱。

刘律师：D 某，那就是说，你对我们寄发的律师函上陈述的事实是认可的吧，就是你们还欠 A 公司货款 182.7944 万元（再次确认欠款数额，对原始证据的补正）。

D 某：这个，我要跟项目上的财务方核对一下。不过，欠你们钱，这事我是不会赖账的，我跟你们 A 公司的老板关系都很好，等甲方付了款，我就给你们公司清了。

李律师：这是 A 公司供货时候，你们双方签字确认的结算单，你看看，

这上面有你和一个叫 E 某的人签的字（引导对方对结算单补正，重点在于对结算单签字人员身份的确认）。

D 某：嗯，这个我都认可，E 某是我的财务。

刘律师：你跟 A 公司的老板关系好归好，但这是 A 公司的事，老板一个人当不了家。现在这个案件经董事会决定，交代给我们律师办了，长时间拖下去肯定不行。再说，这个事情，我们对的是 B 公司，不是你个人。商品混凝土购销合同虽说 D 某你签的有字，但是上面还盖着你们 B 公司的章呢，再说 A 公司供应的混凝土都是用到 B 公司承建的项目上的，B 公司的责任肯定跑不了。我们今天来，也是因为你们拖的时间太长了，都快两年了一分钱没付。但考虑到你们双方关系都不错，不想弄得太僵，说白了，这个案件要是直接起诉，你们的责任也跑不了，那时候光违约金按合同月 2% 算到现在也都 60 多万了，再加上诉讼费，你们额外支出的费用更多（利用"高开低走""战略威慑"等技巧向对方施压以促成谈判）。

D 某：那不能，我们也不是不还钱，就是现在资金都压在了项目上，没有闲钱。

刘律师：说白了，我们今天也就是过来找 B 公司谈的，B 公司这么大的公司，还这个钱还是不成问题的。我们到时候去法院起诉，肯定是要申请保全的，到时候 B 公司的银行账户一查封，而且就我们了解的这栋小楼也是在 B 公司名下的，所以这个案件就算你们真的不还，走到判决、强制执行我们也是不怕的。不过到时候对 B 公司来说，那影响可就不好了。

D 某：嘿嘿，走不到那一步。

刘律师：我们也不希望走这一步，这对我们双方来说都不是最佳的方案，所以今儿个过来想听听你们的方案。

D 某：我现在是真没钱，现在逼死我也拿不出来呀。

刘律师：那是这，你跟 A 公司的老板关系也不错，也不难为你们。你们分期付，半年时间，一个月 30 万元，2018 年 8 月底前全部付清，B 公司给你兜着底承担连带责任，一笔不付那我们就还按照原合同履行（采用谈判技巧促成和解）。

C 某、D 某：那行吧，先这样吧，我回去凑凑。

刘律师：行，那我就跟 A 公司的老板也回个话，好歹这事算是暂时缓和下来了，你们关系也没僵。

李律师：你们看一下，这是今天的会谈笔录，没有问题的话，就都签个字吧，也算是我们今天的谈成的结果（要求签字确认，以达到完善证据的目的）。

C 某、D 某：好。

四、签署还款承诺操作指引

1. 尽量描述清楚欠款经过，明确债权数额、违约金数额。

2. 在确定还款方式时，明确年、月、日。

3. 明确按约履行的处理方式及未按约履行的法律后果。

4. 明确签署还款承诺或还款协议中的对方当事人身份，确认其是否有权限签署本承诺或协议。

模版：还款承诺（单方为还款承诺，双方为还款协议）

还款承诺

（以 A 公司与 B 公司混凝土买卖合同纠纷一案为例）

A 公司与 B 公司混凝土买卖合同纠纷一案，A 公司供应 B 公司承建的亚龙湾项目各种型号混凝土，截至今日，B 公司仍下欠 A 公司货款 553 789.6元。

现 B 公司承诺按照下列期限及方式偿还上述欠款：

1. 2017 年 11 月 30 日前支付 A 公司 20 万元；

2. 2017 年 12 月 30 日前支付 A 公司 20 万元；

3. 2018 年 1 月 30 日前付清剩余全部货款。

若不按上述约定还款，B 公司同意仍按原预拌混凝土供需合同的约定履行，并自愿承担违约责任。

承诺人：B 公司

法定代表人：

×年×月×日

经典案例4

清收电缆款 上门催要显效果

某集团有限公司销售分公司与某集团有限公司就某新能源行政、研发办公楼工程项目签订建筑材料（设备）供货合同，供应省某集团有限公司新能源行政、研发办公楼工程所需的各种型号隔离性柔性矿物绝缘电缆。该合同就双方的权利义务进行了约定。2015 年至 2016 年，某集团有限公司销售分公司依据该合同向某集团有限公司供货价值共计 250.8811 万元。

根据某集团有限公司销售分公司与某集团有限公司签订的建筑材料（设备）供货合同、供货单、2016 年 9 月 10 日的对账单，截至 2016 年 9 月 10 日，某集团有限公司新能源行政、研发办公楼工程仍欠某集团有限公司销售分公司货款 119.8812 万元。

2017 年 2 月 21 日，某集团有限公司销售分公司与某物资供应部签订债权转让协议，某集团有限公司销售分公司已将上述债权以及对某集团有限公司的全部合同债权，一并转让给某物资供应部。某集团有限公司销售分公司已于 2017 年 3 月 28 日向某集团有限公司寄发债权转让通知书，请该公司接到此函后 3 日内将所拖欠货款 119.8812 万元直接支付给某物资供应部。但是，截至 2017 年 4 月 4 日，某集团有限公司仍未向某物资供应部付款。

承办律师在承接案件后，向某集团有限公司寄发律师函，但是，对方一直没有任何回应。承办律师严格把控非诉节点，主动上门催要，先是到某集团有限公司位于新乡的总部，约见其法务部长，采取"战略威慑"法等律师办案技巧向其表明：因你们公司拖欠货款时间太长，而且至今仍不付款，所以，当事人委托律师来办理起诉、保全手续。承办律师这样做的目的，在于向对方施加压力，使其积极配合承办律师的工作。该法务部长告诉承办律师涉案项目进行、项目负责人等相关情况，并主动向项目经理打电话，以某集团有限公司的名义要求其积极配合承办律师和解并付所欠款。承办律师从某集团有限公司法务部出来后，直奔涉案项目所在地。在涉案项目所在地，承办律师对项目现场进行了勘查，了解到某集团有限公司承接的是一个生产客车的项目，项目暂时未建成，但还欠款没问题。

随后，承办律师会见了项目经理，双方当场就达成还款协议：某集团有限公司于 2017 年 5 月 31 日前支付 30 万元；于 2017 年 10 月 10 日前支付 30 万元；于 2018 年 1 月 31 日前支付剩余全部货款

59.8812万元。

　　然而，在后来的履行还款协议过程中，项目经理还款态度很消极。针对这种情况，承办律师每次均在付款节点到期前10天左右，就主动催促项目经理办理分期还欠款手续。遇到其逾期未履行承诺的情况，承办律师就反复上门催要，在某集团有限公司总部法务部长的配合下，项目经理最后足额偿还了119.8812万元欠款。本案在承办律师的积极协调、调解下，最终画上了圆满句号。

"战略威慑法"助律师以"打"促和

　　1. 本案中，承办律师严格把控非诉节点，在发出律师函后，并未着急起诉，而是积极上门催要。

　　2. 综合运用"擒贼先擒王""化敌为友""战略威慑"等律师谈判技巧，巧妙化解纠纷，实现最终回款。承办律师通过与某集团有限公司总部法务部长商谈，利用同为法律人的优势，在商谈中与其建立友谊。该部长作为其公司的法务负责人，是不希望他们企业被起诉、保全的。因此，该部长直接打电话给项目经理，也就是涉案项目负责人，督促项目经理经理还款。承办律师约见项目经理——本案中能实际解决问题的"大王"。在项目现场约见项目经理前，承办律师对项目现场进行了勘查，了解到某集团有限公司承接的是一个生产客车的项目，项目尚未建成——有还欠款能力。于是，承办律师在见到项目经理后，实施了"战略威慑法"的律师商谈策略。结果，"败下阵"的项目经理执意请承办律师吃饭，为了促成案件向好的方向发展，承办案件律师应允，最终，双方在酒桌上达成和解协议。

　　3. 在实际履行中，承办律师灵活运用战略战术，再次向对方董事长发出律师函，并利用微信对该企业主管法务的副董事长进行"隔空威慑"，多次向项目经理发送起诉书、诉讼保全书等文书，实现了依法合理秉公办案、"以打促和"。

诉前清收阶段

"不打无准备之仗，方能立于不败之地。"军事斗争尚且如此，在看不见硝烟的战场上，律师开展建筑房地产债权清收业务，也应讲究有备而战。即便是诉前和谈，也应树立有备无患思想。

自发生民商事权利、义务争议，或是当事人发现自身合法权益受损害起，直至当事人到人民法院提起诉讼这段时间，被称为诉前阶段。这个阶段的诉前准备，是律师及当事人在到法院起诉前需要进行的必要工作。

广义而言，诉前准备工作包括本书前两章所述的委托律师、证据的初步审查和整理、与对方非诉和解、准备起诉状、收集与案件相关的法律法规及司法解释、证据目录、保全申请书等全部程序。

本书前面章节已对律师收案受理阶段、非诉催要阶段进行了详细陈述，自本章开始进入民事诉讼一审清欠程序，主要是以民事诉讼流程为依托，以司法强制措施为手段，"边打边谈""打打谈谈"，在协商谈判中展现律师调解技巧，以建筑房地产专业知识为突破口，在流程中寻找"战机"，完成债权清收。但需要明确的是，律师要牢牢记住其在诉讼程序中的地位，要争取由诉讼程序的"配角"，转换为协商、谈判的"主角"。

本章仅就诉前清收阶段中的准备起诉状、证据目录、保全申请书程序中的要点及重点进行说明。

第一节　起草起诉状

《说文解字》释义，"诉"乃"告也"，"讼"者"争也"。由此可见，诉前准备是为了告状，可是，告状不能没有状纸——起诉状。那么，怎么起草起诉状呢？

一、起草起诉状

在起草起诉状阶段，律师的目标是"设计"和"量体裁衣"，即把当事人的需求和争议双方设定的利益目标"转化"为法院能够处理的具体请求，并以请求为出发点，将"事实与理由"落实为具体的文字和法律条文。根据我国民事诉讼法的相关规定，律师起草起诉状应从以下几个方面做准备：①确定被告的主体身份并提供相关证据证明当事人的诉讼主体资格；②确定诉讼请求事项；③提供证明民事法律关系据以发生、变更和消灭等事实及证据；④确定原告方依据民事法律关系已履行了相关法律义务及证据；⑤确定被告方未依据民事法律关系履行相关法律义务及证据；⑥确定债权、债务的数据及相应证据；⑦支持诉讼主张的法律依据；⑧其他应当提供的事实与理由。

模板：民事起诉状模板

民事起诉状

（以材料款清欠为例）

原告：（个人写明：＿＿＿＿＿，性别，＿＿ 年＿＿ 月＿＿ 日出生，＿＿ 族，住＿＿＿＿＿＿，身份证号＿＿＿＿＿＿；

公司写明：公司名称＿＿＿＿＿，住址：＿＿＿＿＿ 市＿＿ 区＿＿ 大街＿＿ 号＿＿ 层＿＿ 室，法人代表：＿＿＿＿＿，电话：＿＿＿＿＿，统一社会信用代码：＿＿＿＿＿；

委托代理人：＿＿＿＿＿，联系方式：＿＿＿＿＿）

被告一：同上（一般将涉案公司即被挂靠公司列为被告一）

被告二：同上（一般将实际接收人即大多数情况下的涉案项目的挂靠人／

续表

实际施工人，列为被告二）

案由：买卖合同纠纷

诉讼请求：

1. 请求判令被告一向原告支付×款_____元。

2. 请求判令被告一向原告支付逾期付款违约金/利息（有合同约定按约定，没有合同约定按法律规定）。

3. 请求判令被告二对被告一应承担上述第一项、第二项责任承担连带清偿责任（挂靠形式下需要表明的）。

4. 判令被告承担本案的全部诉讼费、保全费、保函费。

事实和理由：

1. 陈述原被告签订合同情况，列明涉案工程名称、所在地，建材使用于哪栋建筑、楼号；结合合同约定，陈述原被告履约情况，列明对方欠款数额与已付款数额，及欠款催要情况。

2. 结合合同陈述涉案工程的进展情况，合同的付款节点，证明被告的违约行为，及违约金计算依据。

3. 陈述多个被告之间的关系，并阐述承担责任的方式：①引用《建筑法》《最高人民法院关于适用〈中华人民共和国民事诉讼法〉的解释》第54条的规定确定挂靠人与被挂靠人承担连带责任；②引用《民法典》第172条，确定表见代理，应当由公司承担法律责任。

综上所述，原告与二被告的债权、债务清楚，被告违约事实明确，原告根据《中华人民共和国民事诉讼法》第119条之规定，特向贵院提起诉讼，希望法院依法判决，维护原告的合法权益。

此致

×××人民法院

具状人：

年　月　日

民事起诉状

（郑某诉A公司、牛某钢材买卖合同纠纷一案）

原告：郑某，男，汉族，××年×月×日出生，现住××，身份证号码：××

被告：A公司

法定代表人：××

住所：××

联系电话：××

统一社会信用代码：××

续表

被告：牛某，男，汉族，××年×月×日出生，现住××，身份证号码：××
联系电话：××
案由：钢材买卖合同纠纷

诉讼请求：

1. 请求判令二被告共同向原告支付货款 364.5565 万元。

2. 请求判令二被告共同向原告支付逾期付款违约金（以所欠货款为基数按月 2%的标准计算至 2017 年 11 月 9 日，违约金为 222.2859 万元；以所欠货款 364.5565 万元为基数自 2017 年 11 月 10 日起按月 2%的标准计算至实际付清日止）。

3. 判令二被告承担本案的全部诉讼费、保全费。

事实和理由：

原告郑某于 2013 年 10 月 8 日与被告 A 公司签订钢材采购合同，被告牛某作为被告 A 公司的委托代理人签字，并加盖 A 公司章。该合同约定由原告向被告 A 公司承建的某王城 1#楼工程供应各种型号的钢材，并就原被告的权利义务进行了约定。原告依据合同向被告 A 公司供应钢材共计 1013.4765 万元。2016 年 11 月 19 日，原告与被告牛某算账后确定，被告 A 公司已付货款为 646.92 万元，仍欠原告 366.5565 万元，违约金未计入内。此后，被告 A 公司又分两次共计支付 2 万元，至今仍欠 364.5565 万元货款未偿还。

被告 A 公司未按期支付货款，已构成违约，应当依约承担违约责任。因为，双方签订的《钢材采购合同》第 8 条约定："结算方式为货到当日起 3 日内付清货款，若到期未付，必须经供货方同意情况下超一天按 4 元/吨/天违约金。"原告根据上述条款，自愿按所欠款项每月 2%的标准计算逾期付款违约金，算至实际付款日，至起诉日（2017 年 11 月 9 日）暂计为 222.2859 万元。

被告牛某名义上系被告 A 公司涉案某王城 1#楼工程项目的项目经理，但实际为涉案项目的实际施工人，其与被告 A 公司是挂靠与被挂靠的关系。故被告牛某与被告 A 公司应对欠款和违约金承担共同责任。

综上所述，原告与二被告之间的债权、债务清楚，被告违约事实明确，原告根据《中华人民共和国民事诉讼法》第 119 条之规定，特向贵院提起诉讼，希望法院依法判决，维护原告的合法权益。

此致

洛阳市×××区人民法院

具状人：

××年××月××日

模板：民事起诉状

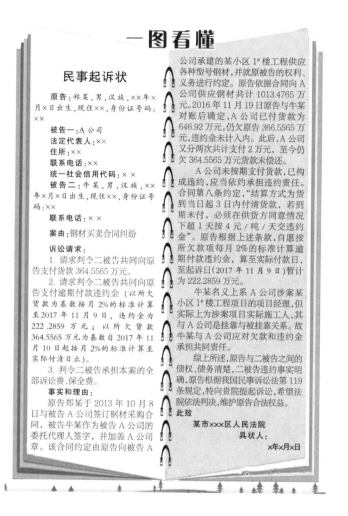

一图看懂

民事起诉状

原告：郑某,男,汉族,××年×月×日出生,现住××,身份证号码：××

被告一：A公司
法定代表人：××
住所：××
联系电话：××
统一社会信用代码：××
被告二：牛某,男,汉族,××年×月×日出生,现住××,身份证号码：××
联系电话：××

案由：钢材买卖合同纠纷

诉讼请求：

1. 请求判令二被告共同向原告支付货款364.5565万元。

2. 请求判令二被告共同向原告支付逾期付款违约金（以所欠货款为基数按月2%的标准计算至2017年11月9日，违约金为222.2859万元；以所欠货款364.5565万元为基数自2017年11月10日起按月2%的标准计算至实际付清日止）。

3. 判令二被告承担本案的全部诉讼费、保全费。

事实和理由：

原告郑某于2013年10月8日与被告A公司签订钢材采购合同，被告牛某作为被告A公司的委托代理人签字，并加盖A公司章。该合同约定由原告向被告A公司承建的某小区1#楼工程供应各种型号钢材，并就原被告的权利、义务进行约定。原告依据合同向A公司供应钢材共计1013.4765万元。2016年11月19日原告与牛某对账后确定，A公司已付货款为646.92万元，仍欠原告366.5565万元，违约金未计入内。此后，A公司又分两次共计支付2万元，至今仍欠364.5565万元货款未偿还。

A公司未按期支付货款，已构成违约，应当依约承担违约责任。合同第八条约定，"结算方式为货到当日起3日内付清货款，若到期未付，必须在供货方同意情况下超1天按4元/吨/天交违约金"。原告根据上述条款，自愿按所欠款项每月2%的标准计算逾期付款违约金，算至实际付款日，至起诉日（2017年11月9日）暂计为222.2859万元。

牛某名义上系A公司涉案某小区1#楼工程项目的项目经理，但实际上为涉案项目实际施工人，其与A公司是挂靠与被挂靠关系。故牛某与A公司应对欠款和违约金承担共同责任。

综上所述，原告与二被告之间的债权、债务清楚，二被告违约事实明确，原告根据我国民事诉讼法第119条规定，特向贵院提起诉讼，希望法院依法判决，维护原告合法权益。

此致

某市×××区人民法院

具状人：

×年×月×日

二、起诉文书操作指引

（一）关于原告

（1）不要在提交法院的材料里留下原告的电话，要留承办律师和协办律师的电话及通讯地址。

（2）在法院确认的送达地址栏里留本所的地址。

（二）关于被告

（1）被告一、被告二、被告三等要用序号明确列明。

（2）列被告主体有讲究。

被告一、被告二、被告三等要用序号明确列明；查明被告的实际住址；若实际住址与注册地址不一致，要明确列明；列明被告联系方式；被告为企业法人或其他组织的，起诉状应注明被告统一社会信用代码或组织机构代码证号。

列被告主体有讲究：要根据不同类型的案件、不同的法律关系及法律规定，列明被告：

材料款清欠案件，一般要将被挂靠公司及挂靠人或涉案项目的实际施工人列为共同被告。

实际施工人追索劳务费案件，转包人、违法分包人承担共同责任，发包人在欠付工程款范围内承担责任。实际施工人以发包人为被告提起的代位权，诉讼列转包人或者违法分包人为第三人。实际施工人对发包人提起的代位权诉讼，涉及建设工程价款债权的，应由建设工程所在地人民法院管辖；不涉及建设工程付款债权的，应由发包人住所地人民法院管辖。

实际施工人以发包人为被告，主张工程价款的转包人或者违法分包人为本案第三人。发包人在欠付工程价款范围内对实际施工人承担责任。

在多层转包或者违法分包的情况下，实际施工人向发包人主张权利的，包括工程价款、劳务费等，以转包人或者违法分包人为第三人。在查明发包人与转包人或者违法分包人与实际施工人之间欠付价款数额的基础上，发包人向实际施工人承担责任。实际施工人向发包人主张权利的范围以各当事人欠付工程价款的数额为限，发包人向实际施工人承担责任后，各当事人之间的建设工程价款，债权债务相应部分消灭。

发包人提起的工程质量索赔案件中，列出借资质的建筑企业、借用资质的实际施工人、挂靠人为共同被告，由挂靠人和被挂靠人承担连带责任。

第三人因建筑物倒塌提起的侵权赔偿纠纷，列施工单位、建设单位施工单位为共同被告，施工单位包括挂靠人与被挂靠人两个主体，有建设单位，施工单位承担连带赔偿责任。

房屋买受人因房屋销售合同提起的买卖合同纠纷，列无销售房屋资质的房屋销售公司与房屋开发公司为被告，由销售公司与房屋开发公司连带承担返还购房款的责任。

（3）查明被告的实际住址；若实际住址与注册地址不一致的，要明确列明。

（4）列明被告联系方式。

（5）被告为企业法人或其他组织的，起诉状应注明被告统一社会信用代码或组织机构代码证号。

（三）诉状写明案由类型

在诉状中，写明案件性质（案由：土地转让合同纠纷，或建设工程施工合同纠纷，或劳务合同纠纷，或材料款买卖合同纠纷，或建筑设备租赁合同纠纷），以便于法官审查归类。

（四）关于诉求问题

（1）注明本金具体数额。在列诉求时，如果双方对本金有争议，可有依据地"高开"，违约金、利息也应尽量高开，为日后采取"高开低走法"留有余地。

（2）多个被告的责任承担方式：陈述多个被告之间的关系，并阐述承担责任的方式：

引用我国《建筑法》《最高人民法院关于适用〈中华人民共和国民事诉讼法〉的解释》的规定，确定挂靠人与被挂靠人承担连带责任。

引用我国《民法典》第 172 条的规定，确定表见代理，应当由公司承担法律责任。

（3）材料款清欠案件，一般要将被挂靠公司及挂靠人或涉案项目的实际施工人列为共同被告，要求二被告承担连带责任；劳务费清欠案件，被告一为违法分包人，大多数为合同相对人；被告二为转包人（施工单位），承担连带清偿责任；被告三为发包人（业主单位），在欠付工程款内承担清偿责任。

（4）关于违约金、利息问题：

合同中有约定违约金、利息标准的，依据合同约定计算。

合同中有约定违约金、利息标准，但约定标准过高的，按法律规定调整后主张。

合同中未约定违约金、利息标准的，可依照法律规定，按全国银行间同业拆借中心公布的贷款市场报价利率的标准 1.3 倍至 1.5 倍计算违约金。

违约金、利息计算起止时间：注明要求付至实际付款日止；列明起算时间及暂计至起诉日的违约金、利息具体数额。

（5）合同中有约定律师费等承担的，起诉文书中需单独列明，具体数额以实际收费为准。

（6）诉讼费、保全费、公告费无须列明，可直接主张"相关诉讼费用"。

（五）关于事实与理由部分

（1）列明涉案工程名称、所在地以及楼号、建材使用于哪一处建筑。

（2）列明对方欠款数额及已付款数额，注意表述清楚。

（3）结合合同说明涉案工程的进展情况、合同的付款节点，证明被告的违约行为。比如，涉案公路已竣工并投入使用 5 年之久，但被告至今仍不归还建材款。

（六）关于管辖

在起诉文书中简单列明管辖依据，比如合同约定、法定等。

经典案例 5

工程转包遇债权纠纷，专业突破显奇效

2011 年，某区以某区撤村并城规划建设办公室的名义将某区 8 号小区 1 标段 16#楼项目发包给某建筑工程有限公司进行施工建设。某建筑工程有限公司将涉案工程转包给了陈某某。

2012 年 1 月 16 日，陈某某与吴某某签订一份建筑工程劳务承包合同，陈某某又将涉案工程中的劳务分包给了吴某某，吴某某系涉案劳务工程的实际施工人。

吴某某承包的劳务工程完工后，2017 年 1 月 9 日，吴某某与陈某某对吴某某已完工的工程款进行了结算，明确陈某某拖欠吴某某劳务费 64.554 万元，保证金 50 万元，共计 114.554 万元。2017 年 3 月 17 日，吴某某与陈某某、某建筑工程有限公司就支付劳务费等相关事宜达成了三方协议，某建筑工程有限公司的项目负责人在该协议上签了字。后陈某某、某建筑工程有限公司未按约向吴某某支付劳务费，截至 2018 年 5 月 17 日，陈某某共计欠吴某某劳务费 49.554 万元，保证金 50 万元。经吴某某多方协商、催要无果后，将该案委托律师处理。

承办律师承接案件后，详细查看了案件材料，研究了法律关系，从当事人处了解到：与当事人有合同关系的陈某某因其他案件涉及拒不执行法律生效文书而被判处刑事责任，现在监狱服刑中，可以看出只起诉陈某某无法最终实现当事人的诉求，承办律师最终确定诉讼方案，将陈某某、某建筑工程有限公司、某区管委会全部列为被告，要求三被告共同承担支付劳务费以及退还保证金的责任。

起诉后，承办律师与三被告联系、协商，多次电话、会面谈判后，最终达成和解，分期还款，由法院出具调解书：①某建筑工程有限公司于 2018 年 11 月 30 日之前支付吴某某劳务费 15 万元；②某建筑工程有限公司于 2019 年 5 月 30 日之前支付吴某某劳务费 30 万元；③某建筑工程有限公司于 2019 年 12 月 30 日支付吴某某劳务费 4.554 万元及保证金 25 万元；④陈某某于 2019 年 12 月 30 日支付吴某某保证金 25 万元，某建筑工程有限公司在欠付工程款范围内对此条承担连带责任；⑤某区管委会在欠付工程款内对上述款项承担连带责任。最终本案在律师的监督、跟踪下，完成债权清收。

 点评

本案中，承办律师卡准节点。律师向与原告吴某某签订合同的陈某某寄发律师函后，得知陈某某已经因为涉及刑事案件被逮捕，现在无法与其取得联系，且陈某某也没有能力实际偿还原告吴某某的款项，但施工单位仍欠陈某某的工程款未付。律师通过勘查现场，确定了具体的施工单位及业主单位，与他们取得联系并沟通后，充分了解了涉案项目的实际情况。

律师立足于建筑房地产领域专业法律知识，综合案件事实，深入分析法律关系，书写起诉状，除将跟原告有直接合同关系的陈某某列为被告外，还将施工单位及业主单位一并列为被告。律师巧用"顺藤摸瓜"的方法与业主单位、施工单位经过多轮谈判成功调解结案，实现了债权清收的目的。

经典案例6

写好起诉状，找好突破口

2017年3月，经某房产经纪有限公司居间中介，陈某购买某房地产营销策划有限公司代理销售的某房地产置业有限公司开发的××××楼盘的房屋一套，陈某与某房地产营销策划有限公司销售员工签订一份房屋销售协议。该协议约定：陈某购买某房地产置业有限公司开发的××××楼盘2号楼一单元14层04号，建筑面积为130.68平方米的房屋，购房款为65.34万元。

经协商，陈某先行向某房地产营销策划有限公司支付2万元定金以及13万元购房款，后由某房地产置业有限公司与陈某签订正式购房协议，并办理相关房屋交房、过户及贷款手续。但是，在陈某向某房地产营销策划有限公司支付了2万元定金和13万元购房款后，某房地产营销策划有限公司以各种缘由推脱，迟迟未办理后续事宜，陈某经了解知悉自己购买的房屋被卖给其他人，他已经无法取得房屋所有权。

陈某私下与某房产经纪有限公司、某房地产营销策划有限公司、某房地产置业有限公司多方协商，均无果。无奈之下，陈某向公安部门报案，要求追究某房产经纪有限公司、某房地产营销策划有限公司、某房地产置业有限公司诈骗的刑事责任。公安部门经调查，认为没有犯罪事实发生，作出不予立案的决定。

报案行不通，陈某联合了与自己情况相同的一些人，到住房保障和房产管理部门信访。住房保障和房产管理部门经调查了解到的情况是：涉案项目是某房地产置业有限公司开发的商品房，2017年1月某房地产置业有限公司与某联合会签订洛阳项目销售协议，委托某联合会销售涉案项目的房屋，销售委托日期为3个月（2017年1月1日至2017年3月31日）。某联合会与某房地产营销策划有限公司签订战略合作协议书，双方共同合作，根据分工共同销售涉案项目的房屋，合作时间为1年（2017年3月21日至2018年3月20日）。某房地产营销策划有限公司于2017年2月入驻售楼部，8月份撤出，期间共卖出46套房产，其中有9户涉及本案这样的问题，涉及金额约100万元。住房保障和房产管理部门经多次协调后，建议购房户依法通过司法途径维护自身的合法权益，并以该问题属于依法应当通过诉讼途径解决为由不予受理。

信访、向公安部门报案，均无法解决问题，无奈之下，陈某找到了承办律师。承办律师了解案情后给出了中肯的建议：向人民法院提起诉讼，通过诉讼程序解决面临的问题；在诉讼时，可将某房地产营销策划有限公司、某联合会、某房地产置业有限公司作为被告，将某房产经纪有限公司作为第三人向人民法院提起诉讼，要求被告共同返还陈某已经支付的13万元购房款以及双倍返还定金4万元，另向陈某支付资金占用期间的利息。

陈某听从了承办律师的建议，向人民法院提起诉讼。承办律师了解到公安部门在立案调查时调取了大量案件材料，故又向人民法院申请调取公安部门保存的案件材料，依此证实了某房地产置业有限公司委托某联合会销售涉案项目的房屋，某联合会与某房地产营销策划有限公司签订协议，双方共同合作销售涉案项目的房屋，继而查明了相关案情。

之后，承办律师向法官阐明了案件基本事实及法律分析意见：

1. 某房地产营销策划有限公司、某联合会收取了涉案款项，某房地产营销策划有限公司代理开发商出售房屋,故某房地产营销策划有限公司、某联合会与开发商应当对本案债务承担连带责任。

2. 开发商某房地产置业有限公司与某房地产营销策划有限公司、某联合会存在被代理与代理的关系,开发商应当对某房地产营销策划有限公司、某联合会代理行为承担法律责任。

3. 当事人陈某是在开发商的售楼部办理的购房手续,在售楼部设置的 pos 机上支付的购房款,开发商称对此情况不了解系不实之词。开发商对本案存在过错,应当承担责任。

法院采纳了承办律师的代理意见,依法判决某房地产营销策划有限公司、某联合会返还陈某购房首付款 13 万元,双倍返还定金 4 万元,并支付利息;开发商某房地产置业有限公司承担连带清偿责任。该判决结果依法维护了陈某的合法权益,化解了久拖无解纠纷,取得了维护债权人利益和社会效益的双向统一。

本案中,承办律师立足于专业法律知识,综合基本事实,深入分析法律关系,书写起诉状,将河南某房地产营销策划有限公司、洛阳某联合会与开发商纳入法律责任追究主体,维护了当事人的合法权益。

本案进入诉讼前,经过信访、公安机关等多方行政主体调解及处理,均无法化解矛盾。承办律师从专业知识出发,引导当事人通过诉讼解决纠纷。之后,承办律师深入研究,调取相关诉讼证据,分析法律关系,与承办法官多方沟通,最终代理维权胜诉。这样做,一方面,维护了当事人的合法权益,弥补了当事人的损失;另一方面,判决开发商承担连带责任,使得判决能够顺利执行,真正使得当事人权益得以维护,实现诉讼的目的,成功化解社会矛盾。

三、起诉阶段的律师操作指引

1. 起草起诉状时,在陈述涉案事实时应简短精练,避免长篇累牍。

2. 起诉状应当注重逻辑性,以诉讼请求为出发点,对涉案证据与事实进行"剪裁"，凡是与诉讼请求无关的事实与理由应一律删除，以保证起诉状篇幅的简洁。

3. 反复斟酌所描述的涉案事实，避免产生不利后果。在起诉状中描述的涉案事实，相当于自认。如果考虑不周，后期再提出相反事实，对方便会在之后的诉讼中将其作为我方不利的证据，最终使我方陷入被动。比如，对于争议发生时间的描述，可能涉及诉讼时效的起算问题。

4. 形式上，起诉状应尽可能做到页面布局、字体大小符合正常阅读习惯，事实分段、标点断句合理，从而给承办法官留下好印象。

5. 起诉状的文字语句要符合逻辑，尽可能严谨，不会产生歧义，避免意思表达不清、模棱两可。

6. 注意做好文字校对工作，防止低级错误。着重注意姓名、性别、数字、标点符号包括小数点、日期，避免发生笔误。

7. 在合法合规的基础上，以当事人利益最大化为原则，应尽可能为其减少诉讼成本费用支出。

第二节　立案前调查债务人财产信息

在债权清收案件中，承办律师必须有"敌情观念"——调查、掌握债务人的财产信息。否则，在诚信成为稀缺资源的当下，承办律师要想实现债权清收，不仅仅面临的是"蜀道难"，还可能很难保证债权的清收效果，极有可能无果而终。

大数据时代，万物互联，这为律师在立案前调查债务人财产信息提供了高效、便捷的条件。为了在诉前保全、诉讼保全阶段能够向法院提供财产线索，律师应充分利用各种方式，调查债务人财产信息，为以后的和解、调解谈判下好"先手棋"。本节探讨的立案前调查债务人财产信息手段及技巧，主要指律师依靠互联网大数据及相关对外公示公开信息搜集能力所进行的财产调查。

调查财产信息是保证债权最终能够清收的重要"武器"。但是，需要注意的是，对于尚未进入诉讼阶段的案件，该项权利是一项有限制的权利。毕竟，各行政机关或企事业单位需要在保障合法调查权与保护隐私之间进行平衡。这需要律师在调查财产时在合法合规的前提下进行。

一、律师在法院立案前可自行调查的债务人财产信息

在接受债权人委托后、法院立案前，律师可通过以下方式自行调查债务人的财产信息：

1. 涉案当事人之间签订的合同、往来函件、传真，债务人的网站，以及在经济往来中所了解的债务人的住址或办公地点、联系方式、动产、不动产和各种收益、债权、银行账号等基本情况。

2. 登录全国企业信用信息网或地方企业信用网查阅涉诉单位、个人的公示信息，包括工商基本信息、股权信息等。

3. 涉诉信息，包括本案债务人作为原告的对外债权涉诉信息，以及对外债务信息（查阅判决书、保全裁定、执行裁定等法律文书）。

4. 在招投标网及中国采购网等处，查询本案债务人所进行的招标、投标、中标信息。

5. 需要调查本案债务人书制工商档案资料的，由律师携带律师证、委托书、调查专用证明，到掌握相关资料的工商登记机关调取。

6. 通过天眼查、无讼、中国法院网、中国执行信息公开网等大数据网站查询本案债务人的涉诉、执行、失信、终本等信息。

二、诉前律师调查债务人财产信息操作指引

在建筑房地产领域债权清收案件中，诉前财产调查，即针对建筑公司、房地产公司进行的财产调查，应当特别注意以下五个方面的情况：

1. 注意查找房地产公司在银行开设的基本账户、资金监管账户以及进行商业贷款、按揭贷款的银行账户。基本账户、按揭贷款的银行账户是房地产公司的生命线，对这些账户进行保全，清欠效果会更好。

2. 了解房地产公司已建成、未建成房地产项目的土地、房产情

况。着重了解土地的面积、价值、在建房屋预售（房屋的数量、户型价值）等情况，对房屋是否销售、有无人居住、租赁等情况应当一并了解。

3. 查找建筑公司的基本账户。建筑公司的基本账户若被查封，大项目的招投标工作将不能进行，这对欠债不清偿的建筑公司的生存具有威慑作用。

4. 查找建筑公司在建、已建成的工程项目，查找招标文件、投标文件、中标通知书、备案合同等，了解建筑项目的面积、预算价款、合同、工期、付款节点等信息资料。

5. 调查、了解发包人、转包人、违法分包人、实际施工人之间的合同内容，以及付款信息、欠付工程款等情况。

三、制作被告财产信息一览表

模板：被告财产信息

被告财产信息

一、银行账户
原告提供：账号、开户行、开户行地址
其他来源：账号、开户行、开户行地址
二、土地信息
土地使用权证号：_____，登记机关：_____，地址：_____
_____，土地现状：_____，有无抵押：_____，
有无银行贷款：_____。
三、房产信息
房屋产权证号：_____，登记机关：_____，地址：_____
房产现状：_____，有无抵押：_____，有无银行贷款：_____。
四、车辆信息
车牌证号：_____，登记机关：_____，地址：_____，车辆
现状：_____，有无抵押：_____，有无银行贷款：_____。
五、可协助执行的财产
协助执行人：_____，财产类型：_____，财产状况：_____。
六、其他财产

CHAPTER 5 ｜ 第五章

立案和保全阶段

俗话说："民不告，官不究。"当事人或代理人向法院提交起诉状，是诉讼案件的起始阶段。法院经审查后受理原告提交的起诉状，意味着当事人采取法律手段主张权利。由于首先查封的法院在执行中有优势地位，在清欠案件代理中，通常通过保全措施争取首先查封债务人财产，这对原告实现诉求利益非常重要。

本章将对律师办理诉前保全、诉讼保全、立案工作的操作指引进行梳理，以飨读者。

第一节　起草诉前保全、诉讼保全文书

财产保全，分为诉前财产保全和诉讼财产保全。在具体实践中，是选择诉前财产保全，还是选择诉中财产保全，要根据实际案件情况、立案法院要求进行确定。在申请财产保全时，需要明确告知当事人提供相应资料、足额担保以及要承担的保全错误之法律后果。

一、诉前保全申请书应当载明的事项

1. 申请保全人与被保全人的身份、送达地址、联系方式。

2. 请求事项和所根据的事实与理由。

3. 请求保全数额或者争议标的。

4. 明确的被保全财产信息或者具体的被保全财产线索。

5. 为财产保全提供担保的财产信息或资信证明，或者不需要提供担保的理由。

6. 其他需要载明的事项。

模板：诉前财产保全申请书

诉前财产保全申请书

申请人：（个人写明：_____，性别，____ 年 ____ 月 ____ 日出生，____ 族，住_____，身份证号_____；

公司写明：公司名称_____，住址：_____ 市 ____ 区 ____ 大街 ____ 号 ____ 层 ____ 室，法人代表：_____ 电话：_____，统一社会信用代码：_____。）

委托代理人：_____，联系方式：_____

被申请人：同上

请求事项：

请求依法冻结被申请人银行存款 X 元或查封其相应价值的其他财产。

事实与理由：

1. 陈述双方签订合同、履约及欠款催要情况；

2. 陈述违约情况；

3. 陈述被申请人逃避合法债务的可能性。

综上所述，被申请人具有很大的逃避合法债务的可能性。为防止被告转移、隐匿财产，致使判决无法执行，从而导致原告遭受巨大经济损失，申请人恳请贵院依据《中华人民共和国民事诉讼法》第 101 条之规定，立刻裁定保全，保证判决的顺利执行，实现原告的合法债权。

此致

×××人民法院

申请人：
年　　月　　日

二、起草诉讼保全申请操作指引

诉讼保全申请书除应当列明诉前保全申请书应列明的事项外，还应当写明申请使用法院查控系统对被申请人名下银行账户、债券、房产、车辆等财产进行查控（有的法院需要书面申请使用查控系统）。

模板：财产保全申请书

财产保全申请书

申请人：(个人写明：_____，性别，____年____月____日出生，____族，住_____，身份证号_____；

公司写明：公司名称_____，住址：_____市____区____大街____号____层____室，法人代表：_____电话：_____，统一社会信用代码：_____。)

被申请人：同上

申请事项：

申请使用法院查控系统对被申请人名下财产进行查询，并依法冻结、查封或扣押被申请人银行存款×元（大写：×元），或查封、扣押被申请人等额价值的财产。

事实与理由：

申请人与被申请人因×纠纷一案，于_____年_____月_____日向你院起诉，为防止被申请人逃避债务，便于结案后生效的法律裁判文书顺利执行，为此，申请人向人民法院申请财产保全，依法冻结、查封或扣押被申请人存款_____元（大写：_____元），或查封、扣押被申请人等额价值的财产。

财产线索：_____。

此致
××××人民法院

申请人：
年 月 日

三、起草担保书操作指引

《最高人民法院关于人民法院办理财产保全案件若干问题的规定》第6条第1款和第2款规定："申请保全人或第三人为财产保全提供财产担保的，应当向人民法院出具担保书。担保书应当载明担保人、担保方式、担保范围、担保财产及其价值、担保责任承担等内容，并附相关证据材料。第三人为财产保全提供保证担保的，应当向人民法院提交保证书。保证书应当载明保证人、保证方式、保证范围、保证责任承担等内容，并附相关证据材料。"

模板：担保书

担保书

担保人：（个人写明：_____，性别，___年___月___日出生，___族，住_____，身份证号_____；

公司写明：公司名称_____，住址：_____市___区___大街___号___层___室，法人代表：_____电话：_____，统一社会信用代码：_____。）

被担保人：同上

担保事项：

在被担保人诉××纠纷一案中，根据《中华人民共和国民事诉讼法》第100条和第104条的规定，担保人愿意为被担保人申请诉讼保全提供担保，并愿意根据《担保法》的规定承担法律责任，提供担保金额为×元（大写：×元整）。

担保人愿意以下列财产提供担保：

此致

×××人民法院

担保人：

年 月 日

模板：财产保全申请书模板

一图看懂

财产保全申请书

申请人：

个人写明：

姓名_____，性别_____，____年____月____日出生，____族，住____，身份证号____。

公司写明：公司名称_____，住址为____市____区____大街____号____层____室，法人代表_____，电话_____，统一社会信用代码_____。

被申请人：同上

申请事项：

依法冻结、查封或扣押被申请人银行存款元（大写____），或查封、扣押被申请人等额价值的财产。

事实与理由：

申请人与被申请人因×纠纷一案，于____年____月____日向你院起诉，为防止被申请人逃避债务，便于结案后生效法律裁判文书顺利执行，申请人向人民法院申请财产保全，依法冻结、查封或扣押被申请人存款____元（大写：____元整），或查封、扣押被申请人等额价值的财产。

财产线索：____。

此致

××××人民法院

申请人：

年 月 日

担保书

担保人：

个人写明：姓名_____，性别_____，____年____月____日出生，____族，住____，身份证号____。

公司写明：公司名称_____，住址为____市____区____大街____号____层____室，法人代表_____，电话_____，统一社会信用代码_____。

被担保人：同上

在被担保人诉××纠纷一案中，根据《中华人民共和国民事诉讼法》第100条和第104条的规定，担保人愿意为被担保人申请诉讼保全提供担保，并愿意根据我国担保法的规定承担法律责任、提供担保金额为____元（大写：____元整）。

担保人愿意为以下财产提供担保：____。

此致

×××人民法院

担保人：

年 月 日

第二节　申请诉前保全

"保全是理无容失，所受于天或可还。"在债权清收案件中，无论是承办律师，还是委托人，都应高度重视、充分利用诉前保全这一维护债权人合法权益的"利器"，否则，很难对付诚信缺失者（包括"老赖"）精心设计的"查无账上资金"陷阱。

所谓诉前保全，是指情况紧急、不立即申请保全将会使其合法权益受到难以弥补的损害，利害关系人在提起诉讼后向被保全财产所在地、被申请人住所地或对案件有管辖权的人民法院申请采取的保全措施。

诉前保全具有一定的特殊性，申请人应当提供担保，不提供担保的，裁定驳回申请。人民法院接受申请后，必须在48小时内作出裁定；裁定采取保全措施的，应当立即开始执行。申请人在人民法院采取保全措施后30日内不依法提起诉讼或者申请仲裁的，人民法院应当解除保全。

一、申请诉前保全操作指引

1. 申请诉前财产保全，前提是因情况紧急，不立即申请保全将会使债权人合法权益受到难以弥补的损害。这里说的"情况紧急"，一般为相关财产可能被转移、转让、隐匿等，从而影响到债权的实现。

2. 诉前保全需要向法院提出书面申请，并提供相应的证据材料。申请书必须具有明确的给付内容，或者保全的是与本案有关的财物。申请保全人在诉前保全申请书中应载明将来提起诉讼的诉讼请求、明确的财产给付内容，或者载明保全的是与本案有关的财物。

3. 对诉前保全可以向被保全财产所在地、被申请人住所地或对案件有管辖权的人民法院申请。但在现实中，一般选择向对案件有管辖权的人民法院提出申请。

4. 申请人申请诉前保全，应当提供足额担保。

5. 人民法院在接受诉前保全申请后，应在 48 小时内作出裁定，裁定采取保全措施的应当立即开始执行。

6. 申请人可以在法院采取保全措施后 30 日内，积极与债务人联系，利用谈判策略进行协商，以期案件能尽快履行。

7. 若未能在 30 日内达成协议或是自动履行，申请人必须在人民法院采取保全措施后的 30 日内依法提起诉讼。否则，保全措施可能会被解除。

8. 诉前保全措施包括查封、扣押、冻结银行账户，但诉前保全阶段仅限于保全申请人提供的被申请人的财产线索，或者与本案有关的财物。

二、诉前保全担保操作指引

1. 财产保全担保的形式：财产保全担保，可以是不违反有关法律禁止性规定的、申请保全人或第三人的任何财产，保险公司或担保公司向法院出具的担保书（保函），金融机构出具的独立保函。

2. 申请保全人为商业银行、保险公司等具有独立偿付债务能力的金融机构及其分支机构的，法院可以不要求提供担保。

3. 虽然第三人可以为财产保全提供保证担保（人保），但是，在实践中，法院接受保证担保的不多。

4. 申请诉前保全的，应当提供相当于请求保全数额的担保。

5. 保险机构出具保函：①在司法实践中，根据各地法院的要求，保函中须注明"该保函为不可撤销保函"。②各保险机构的保费一般在 1‰~2‰，具体标准根据案件标的金额的多少与各保险机构协商确定。③注意保存保函费用发票，在起诉时，可以进行主张。

三、律师申请诉前保全操作指引

1. 提交《诉前保全申请书》（至少准备 5 份，提交 3 份）、担保材料、债务人财产信息及当事人主体身份信息材料、委托手续、全部证据材料。

2. 积极与法院沟通，并督促作出保全裁定、落实财产情况、采取保全措施。

3. 诉前保全裁定下发后，律师可以向法院申请出具调查令，对被申请人名下财产进行前期调查、摸排（比如被申请人是外地的，可以到被申请人户籍所在地或是经常居住地调查房产、土地、车辆信息；婚姻登记信息；涉案工程项目所辖建委的备案信息；被申请人对外债权信息；业主方、监理方、施工方管理保存的项目资料信息；未与法院执行系统联网的银行开户信息；社保开户信息；等等）。

4. 保全措施结束后，联系保全法官，索要保全裁定、协助执行文书、保全结果通知书等资料信息，以供申请执行使用。

5. 告知委托人保全财产的信息，设置查封到期提醒（到期前2个月申请续封）。

6. 在法院诉前保全结束后立案之前，及时与债务人联系，进行诉前和解；成功和解且履行完毕的，可以不再申请诉讼立案；若未能成功和解，应保证在采取保全措施结束之日起30日内申请立案。

四、诉前保全阶段律师谈判技巧

债权清收往往是一场看不见硝烟的战役，要想稳操"战役胜券"，就要把握战机。比如，在诉前保全过程中，承办律师可以在保全措施采取后30日内与对方当事人进行多轮谈判，并以保全措施作为战略威慑点，迫使对方坐到谈判桌旁，以违约金、还款期限为条件，运用"高开低走"等方法进行协商。在诉前保全措施结束后，律师的威慑已进入实质阶段，如果谈判成功，双方就能一次性解决问题，即使谈判不成功，也能为日后的谈判打下基础。

🔍 经典案例7
·····················

巧借诉前保全，打开和解大门

2013年，河南省某商品混凝土有限公司（以下简称"河南某混凝土公司")与北京某开发建设集团有限公司洛阳分公司(以下简称"北京某开发公司洛阳分公司")签订预拌混凝土买卖合同。该合同约定:由河南某混凝土公司供应北京某开发公司洛阳分公司承建的某项目1#2#工程所需的各种型号商品混凝土,供货过程中双方以结算确认供货量以及应付的混凝土款;付款节点为自整体工程竣工验收合格之日起2个月内,北京某开发公司洛阳分公司向河南某混凝土公司支付结算价款的90%,余款自整体工程竣工备案之日起1年内结清。

上述合同签订后,河南某混凝土公司按约履行了供货义务。2017年4月18日涉案工程竣工备案,根据合同约定,2018年4月18日前,北京某开发公司洛阳分公司应当支付全部混凝土款,但北京某开发公司洛阳分公司拖欠河南某混凝土公司混凝土款49.6697万元迟迟未付。北京某开发公司洛阳分公司要求按照欠付本金8折比例支付剩余货款。无奈之下,河南某混凝土公司将该案委托律师处理。

委托律师接到案件后,认真查阅了案件材料,向北京某开发公司及其洛阳分公司分别寄发律师函,并与北京某开发公司洛阳分公司项目经理联系约谈。在约谈时,该项目经理一开始态度强硬,最终他只同意按9折比例支付欠款,这与债权人要求相差甚远。

在多次谈判无果后,委托律师向法院申请诉前保全,要求法院查封北京某开发公司及其洛阳分公司的银行账户,特别是公司基本户。法院采取保全措施,律师在诉前保全规定的30日起诉期内,多次与北京某开发公司负责人主动联系洽谈。北京某开发公司表示愿意偿还债务,但需要几天的时间筹集资金,还款的前提是要求河南某混凝土公司申请法院解除对北京某开发公司银行账户的查封,尤其是对基本户的查封。

经过多次交涉,在债权人方与债务人方协商一致的情况下,北京某开发公司一次性支付所欠49.6697万元全部货款,河南某混凝土公司当天向人民法院提交解除查封申请,撤回起诉。

该案承办律师在寄发律师函、主动联系无果后，当机立断，向法院申请诉前保全。此外，根据经验，承办律师知道基本户对建设企业的重要性，即便是在基本户中没有资金的情况下，特申请法院对基本户进行查封、冻结。基本户被冻结后，影响到 B 公司的经营，故而引起了北京某开发公司高层的重视，主动联系承办律师还款。"打蛇打七寸"，找到债务人的要害，是化解本案纠纷的主要原因。

第三节　办理立案

办理立案是指从律师角度出发，根据自身的代理权限（一般由委托书确定）向人民法院提交民事起诉状、证据材料等资料，由法院进行审查，并决定立案的诉讼程序。正式办理立案，不仅能中断、重新计算诉讼时效，还能向债务人施加还款压力，督促债务人尽快还款。

律师在此期间主要的工作包括通过微法院上传涉案信息，代为网上立案、代当事人向法院提交民事起诉状、证据材料，按照法院要求代为书写地址确认书、送达回证、证据目录、财产信息、廉政告知书等相关资料，代为交纳诉讼费（当事人也可自行交纳），代为接受受理通知书、举证通知书等文书。

一、立案需准备的材料

1. 起诉状原件（份数一般为被告人数+3 份），须向法院提交的份数为被告人数+1 份，律师存档 1 份，当事人留存 1 份。

2. 原被告当事人主体资格证明材料：

（1）当事人是自然人的：身份证复印件等能证明身份的资料。

（2）原告是法人或其他组织的：①原告法定代表人（负责人）身份证明书盖章原件，原告法定代表人（负责人）身份证复印件；

②营业执照复印件。

（3）被告是法人或其他组织的：国家企业信用信息公示系统的查询文件。

3. 当事人的委托代理材料：

（1）授权委托书原件：授权委托书，请注明代理阶段、一般授权或特别授权及相应权限。

（2）律师代理人资格证明材料：①律师事务所所函原件；②执业证复印件；③网上立案时需要提供律师的身份证照片。

4. 证据材料：当事人提交的书证用 A4 纸单面复印并整理成册，并扫描备份照片格式的电子档。

5. 证据目录及材料：详细列明所提交材料的名称、页数及份数，并在备注栏注明各项材料是原件或复印件及证明目的。

6. 在法院需要现场填写的文书：

（1）达地址确认书：详细注明原被告联系地址及联系方式并签字确认。

（2）送达回证。

（3）证据材料清单。

（4）被告身份信息，联系方式及送达地址。

二、办理立案操作指引

1. 律师在办理立案前，需与当事人确定准备立案的时间，确定当事人是否一起前往。若当事人都到场，需告知当事人带上银行卡或相应现金；若当事人无法都到场，则要求当事人提前将相应的诉讼费转账给准备立案的律师。嘱咐当事人将诉讼费票据原件保存好。（在后续调解或撤诉、申请退诉讼费或诉讼费减半收取时，均需要诉讼费票据原件。）

2. 办理立案时，需提交 1 套与原件一致的证据复印件，若同时申请诉讼保全则需要提交 2 套证据复印件。

3. 如今，各地法院推行网上立案制度，律师在代理办理立案前，需要向拟申请立案法院询问是否需要提前在网上立案；河南省部分法院要求需要先在微信"河南移动微法院"小程序上立案，若不提前上传资料，将无法现场直接立案或将耗损大量时间。因为，那意味着需要临时在法院拍照、上传图片等。

4. 立案流程进行完以后，承办律师需要向法院索要受理案件的通知书，以便申请诉讼保全或对债务人财产情况进行调查时使用。

三、充分利用诉调机制解决纠纷

充分利用人民法院诉调对接机制，引导当事人尽可能达成调解协议。立案后，如律师在庭前同对方商谈顺利，可由人民法院诉调中心出具调解书，也可利用人民法院设置的行业调解、律师调解机制达成协议，由人民法院出具确认书。

🔍 经典案例8

战略威慑促回款 高开低走终结案

刘某曾多次在洛阳某商砼公司处购买商品混凝土，2017年12月19日洛阳某商砼公司向刘某出具了情况明细表，载明了洛阳某商砼公司向刘某供货的事实。洛阳某商砼公司、刘某双方就应付货款进行了确认，刘某应支付货款157.7576万元。刘某承诺一周内用某府邸两套住房折抵部分欠款，余款分期解决。可是，一周后刘某未履行承诺。洛阳某商砼公司多次向其追讨货款未果。

承办律师接受洛阳某商砼公司委托后，向刘某寄发律师函，并约刘某到律师办公室就还款一事进行商谈，刘某认可欠付款项，但以资金困难为理由不付款。2019年1月31日，承办律师代理洛阳某商砼公司向法院起诉，要求刘某支付货款157.7576万元及违约金。

法院立案后，承办律师充分利用诉调机制，在法院涉诉纠纷人民调解委员会主持调解下与刘某达成调解协议。该协议约定：刘某共支付洛阳某商砼公司货款157.7576万元；于2019年3月20日前支付100 000元（已履行）；于2019年3月30日前支付200 000元，余款1 277 576.35元分三次支付完毕；于2019年4月30日前支付

700 000 元；于 2019 年 6 月 30 日前支付 20 万元；于 2019 年 10 月 1 日前支付 37.7576 万元。该协议还约定：若刘某按上述期限足额支付货款，则洛阳某商砼公司放弃货款逾期支付违约金；如刘某未能按上述期限足额履行任一笔款项，则洛阳某商砼公司有权就剩余全部款项向人民法院申请强制执行，并自逾期还款之日起以 147.7576 万元为基数、月利率 2% 计算支付至本息还完为止；刘某支付洛阳某商砼公司诉讼费 4499 元。该协议由法院出具正式调解书予以确认。

调解书生效后，在承办律师的主持下，洛阳某商砼公司与刘某达成协议，约定刘某将名下一套房屋以 70 万元的价格抵偿给洛阳某商砼公司，但后续款项未按照调解书约定时间履行。洛阳某商砼公司于 2019 年 5 月申请强制执行。在执行过程中，协助法院执行的承办律师，依法合规地多次实施"战略威慑法"，最终保证了被执行人在 2020 年 4 月底按法院生效判决履行完毕，共计支付剩余货款及违约金 86 万元。

1. 严格流程节点，通过寄发律师函、邀请刘某到律师办公室茶叙方式，了解刘某真实态度。在确定刘某是采取拖延态度不偿还欠款时，果断提起诉讼，向刘某施压，以督促其还款。

2. 充分利用诉调机制快速结案。本案于 2019 年 1 月 31 日立案，2019 年 3 月 21 日结案，充分利用了法院诉调机制，仅用 50 天、在立案后等待开庭期间与刘某达成调解协议。在实务中，律师在办理债权清收案件时要充分利用调解机制，以"短、平、快"的方式解决案件所涉问题。

3. 在一般情况下，调解协议要约定违约责任，为后续执行作伏笔。在本案中，调解约定违约金按月 2% 支付，这为后续执行埋下了伏笔。

4. 调解协议达成后，为了更好地履行，律师积极联系刘某，督促其履行，最终达成以物抵债协议，刘某用名下一套房产抵偿 70 万元债权。

5. 战略威慑促回款，高开低走终结案。本案执行后，承办律师在与刘某联系时多次督促其"欠债还钱"，同时告知其拒不执行应受承担的法律责任。在与刘某执行和解时，按照调解书计算的违约金及罚息共计约 32 万余元，承办律师运用"高开低走法"促成和解。最终，刘某将所欠货款及违约金共计 86 万元支付结案，法院生效判决得以全部履行。

四、立案阶段律师谈判技巧

立案阶段是非诉讼与诉讼的衔接过程。在立案后，律师可以以案件已进入诉讼程序、人民法院可能采取的法律强制措施为威慑点，利用被告收到起诉状之后心态的变化，运用"战略威慑""高开低走"等方法迅速与被告展开谈判。

 经典案例 9

立案后调解效果好

2010 年 12 月 1 日，陕西某建设公司与中国石油某公司就宝鸡某公司搬迁改造项目安装工程一事签订了分承包工程合同。合同约定，由陕西某建设公司承包该工程，方式为包工包料。在合同专用条款部分，双方约定工程质量保证金为合同总价款的 5%。双方还同时约定，若在履行合同的过程中发生争议，应将争议提交广西某仲裁委员会仲裁解决。

合同签订后，陕西某建设公司即入场动工。2012 年底，该工程竣工并交付到中国石油某公司。2012 年 12 月 18 日，该厂房正式投入使用。陕西某建设公司与中国石油某公司共同确认该工程结算总金额为 2474.6325 万元。工程结算完毕后，中国石油某公司拖延支付剩余工程款 252.3961 万元。

律师接受委托后，鉴于该案总包方是国有大型企业，付款能力强且注重商誉，建议当事人在仲裁前由律师主导进行和解，这样既能有效沟通、取证，谈判若有回款也会降低当事人的仲裁数额，减轻当事人的仲裁费用支出。当事人欣然同意律师的方案，于是委托律师代理该案。

律师先是向该案总包方司发送律师函，以合法的催告形式再次向该公司叙明诉求、告知其履行期限、怠于履行后果。随后，律师与对方公司通电，告知当事人诉求。接着，律师赶至该公司并与其负责人详述该案法律关系、当前案件局面、走向以及案件法律后果。面谈后，律师已从对方公司负责人的语气中察觉出松动迹象，于是继续与该公司沟通，但未能有实质性进展。

2017年6月，律师至某市仲裁委员会立案，要求被申请人向申请人支付工程款252.3961万元（其中工程尾款为128.6645万元，工程质保金为123.7316万元），向申请人支付工程尾款128.6645万元利息（利息按中国人民银行同期贷款利率，从工程实际使用日2012年12月18日开始计算，算至实际付款日为止；暂计至起诉日2017年4月19日为32.0083万元），被申请人向申请人支付工程质保金123.7316万元的利息14.7592万元（利息按中国人民银行同期贷款利率，从工程实际使用日后两年2014年12月18日开始计算，算至实际付款日为止；暂计至起诉日2017年4月19日为14.7592万元）。

立案当日，律师与仲裁委进行沟通，建议仲裁委先行与中国石油某公司联系，居中调解。仲裁委负责人同意律师的意见与该公司进行了沟通、商谈。得知律师已经要提起仲裁的消息，对方公司立即与律师取得联系，邀请律师进行协商。因中国石油某公司所提付款时间过长，当事人不愿接受，故律师在谈判次日代理委托人立案，并将立案通知书发送中国石油某公司。

在看到律师已经正式立案，中国石油某公司又一次邀请律师会谈，最终，该公司在谈判当日就将所欠款项本金252.3961万元全部支付给申请人，申请人免除被申请人债务利息。该案顺利结案，仲裁费用亦减半收取。

1. 在本案中，债务人系一家大型国企，付款能力强且注重商誉。

在一般情况下，大型国企不情愿为一点小事情而打官司，因为，一旦败诉，便会影响企业声誉。执业经验丰富的承办律师为合法合规地代理债权人实现工程款回款，及时代理申请立案，之后"边打边谈"促本案和解，实现以最小的代价取得最大的成果。

2. 中国石油某公司多次以"未到付款节点"为由拖延付款，律师利用专业知识分析本案涉及的"背靠背"条款（通常是指合同的负有付款义务的一方在合同中设置的，以其在与第三方的相关合同中收到相关款项作为其支付本合同相关款项的前提条件的条款）及法律责任。本案中，当事人所签合同条款即是如此情况。因此，律师亮明自己的法律意见：本案涉及的"背靠背"条款效力有效，但在司法实践中会针对当事人有无付款给对方当事人，未付款的责任在谁，诉讼（仲裁）哪一方应当承担不利后果等问题进行重点审查。经律师不厌其烦地做工作，中国石油某公司最终同意向债权人支付所欠工程款。

3. 非诉讼与诉讼流程相互衔接，律师应灵活运用"边打边谈"的办案技巧，找"战机"。在本案中，律师利用前期寄发律师函、上门催要等非诉讼手段多次与中国石油某公司协商。当时机成熟时，及时利用立案程序进行"战略威慑"，最终达到迅速调解、实现工程款回款之目的。

第四节　申请诉讼保全

为避免债权清收生效判决、民事调解书因执行程序遭遇"执行难"而被搁置，及时启动诉讼保全程序是明智的选择。

诉讼保全，是人民法院对于可能因当事人一方的行为或其他原因，使判决不能执行或难以执行的案件，可以根据对方当事人的申请，作出财产保全的裁定，当事人没有提出申请的，人民法院在必要时也可以裁定采取财产保全措施。诉讼保全可以由当事人申请，也可以由人民法院根据职权自行决定。

不同法院的诉讼保全流程是不一样的。律师在代理立案时，需要先详细询问受理案件法院的诉讼保全流程，能否使用执控系统，清楚流转周期、具体负责保全的部门是哪个、哪个部门具体负责采取保全措施等。

一、诉讼保全的流程

1. 当事人、利害关系人向有管辖权的人民法院提出申请。申请书的具体内容及注意事项，详见本书第四章第一节的内容。

2. 申请人应提供财产线索。"知己知彼者百战不殆。"在建筑房地产债权清收案件中，诉讼保全申请人了解或相对熟悉债务人的财产情况，否则，他是不会借款给人家或形成对方欠款之事实的。因此，承办律师不能忽视向债权人了解债务人财产信息或线索的机会。

3. 没有明确的保全线索，想要查询债务人银行账户的情况，申请保全人可以向已经建立网络执行查控系统的法院提出查询被保全人财产的书面申请。

4. 申请人应当提供相应数额的担保。（担保数额不超过请求保全数额的30%；申请保全的财产系争议标的的，担保数额不超过争议标的的价值的30%。）

5. 在债权清收案件中，对于事实清楚、权利义务关系明确，且发生保全错误可能性较小的案件，理论上可以不提供担保，但在一般情况下，法院均要求提供担保。

6. 担保形式（同本章诉前保全的担保形式）。

7. 法院应当依法作出保全裁定，由执行机关采取保全措施。

8. 财产保全期限和延续的问题。（银行存款的期限不得超过1年，查封、扣押动产的期限不得超过2年，查封不动产、冻结其他财产权的期限不得超过3年。）

9. 当事人对保全裁定不服的，可以申请复议一次。复议期间不停止裁定的执行。

10. 财产纠纷案件，被保全人或第三人提供充分、有效担保请求解除保全的，人民法院应当裁定准许。被保全人请求对作为争议标的的财产解除保全者，须经申请保全人同意。

二、律师办理诉讼保全操作指引

1. 提交诉讼保全申请、担保书、担保人身份资料、律师委托手续、备份民事起诉状。

2. 督促法院出具保全裁定、采取保全措施；保全措施结束后联系保全法官，备份保全裁定、协助执行文书、保全结果通知书等资料信息，以供申请执行使用。（房产、车辆，需备份协助执行文书，标注所有权信息、查封时间等；查封银行账户的，需备份协助执行文书，标注银行账户信息、余额、查封时间等。）

3. 告知委托人保全财产的信息，设置查封到期提醒。（到期前2个月申请续封。）

4. 在法院保全措施结束后，及时与被告联系，进行保全调解，成功和解的，申请法院出具撤诉裁定或调解书，若未能成功和解，督促保全法院尽快将卷宗流转至审判庭。

🔍 **经典案例 10**

混凝土货款要不回，巧用保全促清收

2012年6月23日，洛阳某商砼有限公司与洛阳某建设公司签订商品混凝土购销合同，约定由洛阳某商砼有限公司供应洛阳某建设公司的伊川县某医院迁建工程住院部项目所需各种型号商品混凝土。

洛阳某商砼有限公司按照合同约定完成相应的供货义务，经核算，洛阳某建设公司欠付混凝土货款数额为182.7944万元。在几次催收应收货款未果后，洛阳某商砼有限公司委托律师提供债权清收法律服务。律师仔细研判了涉案资料，发现洛阳某商砼有限公司提供的对账单均不是合同指定人员签署的，不能直接起诉，需要补证。

律师在接案后，向洛阳某建设公司及实际施工人金某寄发了律师函。对方接收律师函后，未主动与律师联系。律师主动上门催要，与洛阳某建设公司的法定代表人刘某进行面谈，经刘某联系，实际施工人金某赶到和谈地点——洛阳某建设公司。在洽谈过程中，刘

某、金某向律师介绍了涉案项目的实际情况，说明是由于甲方拖欠工程款，才导致未按约定支付混凝土款。虽然本次洽谈未能达成一致和解意见，但刘某、金某均在律师会见笔录上签字，认可了洛阳某建设公司仍欠付洛阳某商砼有限公司混凝土款182.7944万元的事实。

在本次会谈中，律师在洛阳某建设公司的财务室留神看到了该公司常用转账的对公账户为建设银行某支行等账户信息，之后多次与刘某、金某联系和谈，但均没有实际进展。在此情况下，律师代理委托人迅速向法院申请立案，同时申请了诉讼保全，将洛阳某建设公司的上述账户进行了查封，冻结金额30余万元。

法院采取保全措施后，律师立即联系刘某进行和谈，刘某及金某迫于诉讼保全压力，在与律师的和谈中达成了调解协议：先支付债权人30万元，此后每个月支付10万元，直至履行调解协议完毕。在律师的催促下，洛阳某建设公司按照调解协议履行完毕，本案债权得以清偿。

1. 律师利用上门催要与对方签订会见笔录的形式，完善了本案中证据不足的缺点，达到了补正的目的。且在上门催要的过程中，律师积极寻找有利证据及信息，获取了对方常用的银行账户，为后期保全做好了准备。

2. 在本案中，律师实现了非诉讼与诉讼的完美衔接。律师在上门催要协商无果后，迅速启动代理诉讼申请立案程序，并申请诉讼保全。在诉讼保全后，主动联系对方公司的法定代表人，迅速利用"战略威慑法""高开低走法"等策略，通过代理债权人减免部分违约金的做法，实现双方当事人的互相让步——妥协。最终，双方达成分期履行的调解协议书。在协议履行过程中，经过律师的催促及监督，对方当事人自动履行调解协议。

第五节　立案后调查债务人财产信息

"律者，所以定分止争也。"面对诚信遭遇危机，律师办理债权清收案件，若不想让债务人的财产信息成为"只能看、不能动"的奶酪，就得想方设法地调查清楚债务人（尤其是蓄意逃债者）的财产信息，如此，才有望在债权清收中实现"定分止争"。

立案前调查债务人财产信息，主要是律师依靠当事人反馈的信息及通过网络大数据搜集而取得的财产信息。限于法律规定及相关政府机构的规定，房产、土地、婚姻状况、涉案工程等相关信息均需要通过法院出具的相关立案证明（比如受理通知书等），银行账户信息等查询必须要有法院出具的律师调查令才能够查询。因此，对于律师而言，为保证案件得到顺利执行、维护原告的正当合法权益，案件在正式立案后，就可以根据案件的特殊情况全面开展财产调查。

对于律师能在案件立案前采取的财产信息调查措施及方法，本书第三章第二节进行了详细的讲解。此处仅就立案保全后律师能调查债务人财产信息、采取的手段及操作指引进行说明。

1. 保全裁定下发后，法院能主动通过网络执行查控系统查询的：通过法院现有的执行查控系统查询债务人的银行账户、证券、车辆等财产信息。

2. 律师可以持立案证明等查询的：不动产登记、车辆登记、户籍登记信息、工商内档备案信息、婚姻登记信息。

3. 需法院出具《律师调查令》调查的：涉案工程项目所辖建委的备案信息；业主方、监理方、施工方管理保存的项目资料信息；未与法院执行系统联网的银行开户信息；社保开户信息；等等。如需调查上述需法院出具《律师调查令》调查的财产信息，需要律师与法院提前沟通，并向法院提交正式的书面申请，列明需要调查的资料明细及内容。

模板：律师调查令申请书

律师调查令申请书

当事人：

申请人：××律师事务所律师

执业证号：

联系电话：

接受调查人：

请求事项：

请求贵院开具律师调查令，以便申请人能够持律师调查令前往××公司调查收集下列信息：

1.

2.

事实和理由：

××委托本所代理其与×××纠纷一案，贵院业已受理。现因保全需要，需查询下列信息：

1.

2.

因客观原因本所律师无法自行收集上述信息，特请求贵院开具律师调查令。

此致

××人民法院

××律师事务所

年　　月　　日

模板：律师调查令申请书

一图看懂

律师调查令申请书

（调查财产信息）

当事人：＿＿＿＿＿＿＿＿＿＿＿＿
申请人：××律师事务所律师某某某
执业证号：＿＿＿＿＿＿＿＿＿＿＿
联系电话：＿＿＿＿＿＿＿＿＿＿＿
接受调查人：＿＿＿＿＿＿＿＿＿＿
请求事项：
　　请求贵院开具律师调查令，以便申请人能够持律师调查令前往××单位调查收集下列信息：＿＿＿
＿＿＿＿＿＿＿＿＿＿＿＿＿＿＿＿＿＿＿＿＿＿＿

事实和理由：
　　××委托本所代理的其与×××纠纷一案，贵院业已受理。现因保全需要，查询下列信息：＿＿＿
＿＿＿＿＿＿＿＿＿＿＿＿＿＿＿＿＿＿＿＿＿＿＿
因客观原因，本所律师无法自行收集上述信息、材料，特请求贵院开具律师调查令。
此致
　　××人民法院

　　　　××律师事务所
　　　　　　　　年　月　日

庭前和解及准备阶段

"台上一分钟，台下十年功。"艺人如此，执业律师亦然。因为，对于律师来说，庭审效果取决于庭前准备工作的充分、到位与否，参加庭审只是律师诉讼工作的重要部分，而不是全部，有很多看不见的繁重工作是需要在庭前做好"功课"的。只有庭前准备工作做充分了，律师才能从容不迫地应对法官的"严格考问"，才能在庭审辩论中游刃有余，所谓"磨刀不误砍柴工""不打无准备之仗"，说的就是这个道理。

律师的庭前准备工作，主要包括解庭审信息、庭审协调（律师与法官、当事人之间的协调）、证据材料的最终编排与确定、开庭前与债务人之间的和解谈判等内容。

第一节　庭前和解

"上兵伐谋，攻心为上，不战而屈人之兵。"这是《孙子兵法》的重要思想之一。为便于及时化解建筑房地产领域纠纷、有利于"诉调对接"和减少诉累，同时不浪费司法资源，实施庭前和解是很有必要的。

庭前和解是法院在立案后、开庭之前，案件当事人通过协商或者第三方居中协调，以达成和解意向并签署和解协议的案件解决方式。

庭前和解的目的在于缩短诉讼周期，尽快解决纠纷。

庭前和解的优势是：法院立案保全后，通过采取诉讼保全措施、告知对方当事人诉讼情况、第三方居中斡旋等方式，给对方当事人施加压力，促使双方就整个案件达成和解协议，或者是减少争议，为后续诉讼打下基础。

庭前和解与非诉催要达成的诉前和解，两者的区别在于法院有无立案。非诉催要，是案件代理律师立案前组织涉案当事人的和谈。庭前和解，是案件代理律师在立案后、开庭前组织开展的谈判。

一、庭前和谈律师实务技巧

1. 在庭前和谈阶段，原告方可以通过律师函、立案、保全等措施，利用"战略威慑法"向对方施压，以达到和解之目的。

2. 在协商和谈过程中，为了促成和解顺利达成，原告方应当在诉前确定的和解方案底线内与对方当事人进行协商，通过"高开低走法"对违约金、诉讼费用等金额进行让步，以达到和解之目的。

3. 在协商和谈过程中，可以针对原被告双方争议的事实，使用"求同存异"的方法，先解决无争议部分，争议部分可以先搁置，后续双方可以再协商或是由法院裁决争议部分，这样可以提高和解效率，且能帮法官缩小审判范围，便于裁决。

4. 巧用"顺水推舟法"。在案件进行中，如果遇到案外人讲情等情况，律师可以化被动为主动。介入讲情的案外人一般对案件当事人相对熟悉，律师要能够以该案外人为中间人，利用当事人对"中间人"的信任，让"中间人"搭桥牵线，在促成解决纠纷的前提下，了解对方当事人的要求，充分发挥"中间人"作为案件"润滑剂"的作用，以使双方在各自能接受的范围内"各退一步"。

5. 使用蚕食策略解决疑难案件。在建筑房地产债权清欠案件中，对于疑难案件，如直接要求被告全部履行，难度较大，在此情况下，原告方可以要求对方分期付款，即通过稳步推进、步步为营，积小胜成大胜，逐渐达到债权清欠目的。

6. 在协商和谈中，针对支付时间，同意被告分期分批支付的前提是：被告一般先支付应付款项的 1/3。

7. 一般应设置让步的条件，比如被告方若不能按时付清欠款，则应承担支付全款及违约责任等。

8. 若被告未按任意时间节点、金额支付，原告有权就剩余全部金额的本金、违约金、利息申请人民法院强制执行。

9. 在和解协议签订后，除了能一次性付清全款结案的案件外，其余案件均需要联系承办法官，提交和解协议，并在法官面前签署调解笔录，由法官制作民事调解书。制作调解书的目的是确保协议未能得到履行时可立即向法院申请强制执行，而非另行起诉或者申请仲裁。

10. 在和解协议签订后，除了能一次性付清全款结案的案件外，如果采取了诉前保全或财产保全措施，在对方付清全款之前尽量不要申请法院解除财产保全。因为对于被告来说，这是原告方向其施压，要确保和解协议得到履行，这是和解的目的所在。

11. 承办律师在选择协商和谈地点时，最好选择律师办公室或项目所在地。

12. 承办律师在和谈时，一般要求债务人的项目部负责人、项目经理、实际施工人参加，以便当场拍板决策。

二、庭前和解操作指引

1. 协商和谈的地点最好是律师办公室或项目所在地。

2. 参加协商和谈的人员，一般可以要求债务人的项目部负责人、项目经理、实际施工人参加，这样便于当场拍板决策。

3. 确认使用何种清欠技巧。开庭前的协商和解，一般采用求同存异法、战略威慑法、高开低走法、顺水推舟法。

三、相关模板

模板：调解（和解）协议

和解（调解）协议

甲方（原告）：

特别授权代理人：

代理权限：

乙方（被告）：

特别授权代理人：

代理权限：

经甲乙双方确定，乙方应支付甲方的本金 元、违约金 元、诉讼费 元、保全费 元、保函费 元，共计 元。甲、乙双方为保证案件顺利履行，达成如下和解协议：

一、乙方应于 年 月 日前一次性偿还 元。

分阶段支付的：

乙方分 次向甲方支付完毕。

第一期，乙方应于 年 月 日前支付甲方 元；

第二期，乙方应于 年 月 日前支付甲方 元；

剩余 元，乙方应于 年 月 日前一次性支付完毕。

二、若乙方未按上述约定支付，乙方自愿另行支付违约金 元。

三、若乙方未按任意一期时间节点、金额支付，甲方有权按照依据本协议出具的民事调解书中剩余全部款项申请人民法院强制执行。

四、若乙方按照本协议约定全部履行完毕，甲乙双方就本项目的全部债权债务一次性清结，均无异议。

五、本协议书自乙方支付第一笔款项时生效，由人民法院出具民事调解书。

六、本协议书一式3份，甲、乙双方各执一份，报×××人民法院备案一份，内容相同，具有同等效力。

甲方：　　　　　　　乙方：

年 月 日　　　　　　年 月 日

经典案例 11

购销合同起纷争，顺水推舟清收巨额货款

嵩县某镇高都小区工程原系武夷山某建筑公司承建，李某系该项目的项目负责人（也是实际施工人）。嵩县某混凝土公司是一家预拌混凝土生产、销售企业。经人介绍，嵩县某混凝土公司与武夷山某建筑公司签订预拌混凝土购销合同。该合同约定，由嵩县某混凝土公司供应武夷山某建筑公司承建的嵩县某镇高都小区工程所需混凝土。

2015 年 3 月 1 日，经双方对账，武夷山某建筑公司欠嵩县某混凝土公司混凝土款 83.7672 万元。律师承办案件后，向武夷山某建筑公司寄发律师函，并到项目施工地与武夷山某建筑公司负责人李某进行商谈。武夷山某建筑公司负责人李某出具了还款计划，但武夷山某建筑公司并未按还款计划履行。经查武夷山某建筑公司已被列为经营异样企业，且其涉诉案件多达百余起，19 个案件因实际未履行而终止，偿还能力不足。

律师通过现场勘查及调查涉案项目工程信息得知，因武夷山某建筑公司资质问题，实际施工人李某已经变更了被挂靠单位，现在涉案项目的施工单位已经变更为河南某建筑公司。律师通过上门催要，以及与实际施工人李某进行多次洽谈，最终李某以河南某建筑公司的名义向律师出具了承诺书。

承诺书上载明，河南某建筑公司及李某认可并自愿承继原预拌混凝土供需合同中约定的武夷山某建筑公司享有和承担的全部合同权利与义务。李某在原对账单中加盖了河南某建筑公司项目部专用章。河南某建筑公司自愿偿还武夷山某建筑公司应付的 83.7672 万元混凝土款，并承诺于 2018 年 2 月 10 日前一次性支付嵩县某混凝土公司 83.7672 万元混凝土款。但是，之后河南某建筑公司并未按照承诺书承诺的时间支付货款。

嵩县某混凝土公司遂将河南某建筑公司及李某诉至法院，请求

法院判决河南某建筑公司赔付本金83.7672万元及违约金32万元，同时还依法申请法院采取了诉讼保全措施。法院依法查封了河南某建筑公司名下的多个银行账户，其中一个账户冻结了47万元存款。

在开庭前，李某找到当地混凝土协会会长向嵩县某混凝土公司董事长说情，表明愿意偿还本金，但希望免除违约金。承办律师与嵩县某混凝土公司董事长沟通后，与李某取得了联系，并将李某约至承办律师办公室进行协商，采用"顺水推舟法"向其讲明其中的法律关系，表明因为混凝土协会会长的说情，嵩县某混凝土公司董事长"也买账"。最终，双方当事人达成和解协议，并由法院出具调解书确认：①河南某建筑公司支付嵩县某混凝土公司本金837 672.6元、诉讼费8863元、保全费5000元、包函费2154元、违约金10万元，共计953 689.6元。②河南某建筑公司于2018年7月10日前支付40万元；于2018年8月10日前支付20万元；于2018年9月10日前支付20万元；2018年10月10日前付清剩余153 689.6元。③若河南某建筑公司未按期付款，则应向嵩县某混凝土公司支付20万元违约金。在和解协议签订后，法院出具了正式调解书，河南某建筑公司按照调解书履行完毕，本案正式结案。

这个案件由河南万基律师事务所建筑房地产专业律师团队的青年律师主办。办案律师有几点体会予以分享：本案流程节点控制精准，专业突破得当，调解技巧运用准确，保证了律师可以化被动为主动，顺利、圆满地完成债权清收任务。

1. 准确把控流程节点。这个案件，是在诉讼立案、启动财产保全措施后、法院开庭前这个节点进行协商和解谈判的，流程节点把控准确，避免了清欠程序时间过长。

2. 和解技巧运用得当。在财产保全以后，法院查封了被告的银行账户。（被告为南阳市某企业，查封的是被告在项目所在地洛阳市嵩县开设的项目账户。）保全措施结束后，本案律师积极同被告联系，使用了"战略威慑法"，告知被告本案已起诉立案，并对其银行账户进行了保全。被告得知其上述银行账户被查封，显得比较着急，因为这个账户是其支付工程款的专用账户，此时临近付款节点，随时可能有钱进账，所以被告从心态上更倾向于和解。另外，案件代理律师在和解时运用了"顺水推舟法"，便于原告实现诉求。起诉时，违约金计算金额比较高，被告找到当地有关领导说清，原告及案件代理律师顺水推舟，提出的和解意见为：本金不能少，违约金减至原主张的1/3。最终，这个案件得以顺利和解。

3. 专业突破点找得准。在本案中，供需合同中需方为福建省一家建筑公司，后经律师调查，该公司涉及诉讼案件百余起，很多案件均为公告送达，公司根本不应诉，该公司还多次被列为失信人。鉴于福建公司没有偿还能力，实际施工人也没有偿还能力，且施工工程基本上成为"烂尾楼"（停工时间已达一年左右），原告代理人并未盲目起诉，而是进行了大量的调查。律师在勘查现场走访中得知，本案涉案项目的实际施工人本来挂靠的是这个福建公司（即供需合同中需方盖章的公司），后因甲方原因，此时成为更换项目的施工方。律师找准时间点，在项目施工方变更后，联系到项目的实际施工人，将涉案项目原有的这个债务转移给了新的被挂靠的公司，要求由新变更的施工方（即案件的被告）重新出具手续——变更了供需合同主体。正是基于办案律师对于建筑房地产这个行业的深入了解、专业突破点找得准，才保证了案件能够得到及时、圆满结案。

4. 律师化被动为主动。建筑房地产债权清收案件，以实现清欠回款为最终目的。因此，在有的时候，原告方律师不能一味依赖法官，不能总是被动地走诉讼程序，否则，可能造成案件诉讼程序时间过长、被告不配合或失去调查取证、依法申请财产保全（防止被告恶意逃债）的最佳时机。诚如此，则需要花费更多时间、精力和司法成本。

附：该案件的开庭前和解协议

开庭前和解协议

甲方：某建设有限公司

委托代理人：

乙方：某商品混凝土有限公司

委托代理人：刘律师、李律师

因某建设有限公司拖欠某小区工程建设款一事，某商品混凝土有限公司于2018年6月4日向某县人民法院提起诉讼。现在，为了保持双方友好合作关系以及遵循契约精神，双方经协商达成如下条款：

1. 甲乙双方共同确认，甲方应支付乙方本金83.7672万元、减半收取诉讼费8863元、保全费5000元、保函费2154元、违约金10万元，共计95.3689万元。

2. 甲方同意于2018年7月10日前支付乙方40万元，2018年8月10日前支付乙方20万元，2018年9月10日前支付乙方20万元，2018年，10月10日前付清剩余15.3689万元。

3. 若甲方按本协议全部履行完毕，甲乙双方就甲方拖欠乙方混凝土款之事一次性结清，再无争议。

4. 若甲方任何一笔未按本协议履行，甲方同意另行支付乙方违约金20万元，乙方有权自甲方违约之日起就剩余全部金额及20万元违约金向某县人民法院申请强制执行。

3. 本协议一式三份自签字盖章之日起生效，协议双方各一份，某县人民法院留存一份出具正式调解书。

　　　　　　甲方：　　　　　　　　乙方：
　　　　　　年 月 日　　　　　　　年 月 日

🔍 **经典案例 12**

施工合同起纠纷 庭前和解清债权

2010年8月14日，陕西某建工公司与新疆中油某公司就宝鸡石油机械有限责任公司搬迁改造项目安装工程一事签订建筑安装施工合同。合同约定，由陕西某建工公司承包宝鸡石油机械有限责任公司搬迁改造项目齿轮单元钢结构工程，工程地在宝鸡市渭滨区某村，工程预造价为1600万元，工期为2010年8月14日至2011年2月9日。由甲方即新疆中油某公司所在地法院管辖。

合同签订后，陕西某建工公司入场动工并如期完成建设工程。2012年12月18日，涉案厂房正式投入使用。此后，陕西某建工公司开始向新疆中油某公司要求进行竣工结算并支付工程款。新疆中油某公司只是不时地向陕西某建工公司支付部分工程款，却一直未进行结算、审计等合同约定工作。2014年12月18日，工程已过保修期间，而新疆中油某公司仍未进行结算，也未向陕西某建工公司支付完毕工程尾款和返还质保金。之后，经陕西某建工公司再三要求，新疆中油某公司与陕西某建工公司等单位签订清算协议，确定该工程结算总金额为1326.4229万元。

工程结算完毕后，虽多次催促，新疆中油某公司却仍旧拖延支付剩余工程款。2016年12月31日，新疆中油某公司向陕西某建工公司寄《往来账项询证函》，确认新疆中油某公司现仍剩余工程款136.2555万元未向陕西某建工公司支付。

早在2016年，律师就已接触该案，并通过发送催款函的形式，追回部分款项。鉴于此，律师与债权人陕西某建工公司进行商议：该案新疆中油某公司系国有企业，具备付款能力，现在其拒不付款，是以合同中的"背靠背"条款为由，只需释明该条款，同时以诉讼方式协调，该案应该能实现和解。

2017年7月1日，本案律师到建设工程所在地进行实地考察，调取了大量工程已经完工并且实际使用的证据。律师经过分析发现，合同中约定的新疆法院管辖属于无效约定，应当根据民事诉讼法的相关规定确定本案管辖法院——宝鸡市渭滨区人民法院。该案正式立案。开庭前，新疆中油某公司主动与律师联系商议还款事宜，8月14日新疆中油某公司向陕西某建工公司出具了还款承诺书，先付50万工程款，剩余工程款在1个月内支付完毕。同日，陕西某建工公司同意撤诉。

2017年8月21日，陕西某建工公司撤诉。现新疆中油某公司已将 1 362 555.61 元款项全部支付完毕，本案顺利解决。

 ···

1. 律师承办案件后，严格把控流程节点，立案后、庭审前，抓住了对方迫于开庭压力的时机，利用了对方不愿开庭，开庭后承担违约金、诉讼费、律师费，且路途遥远不愿到宝鸡法院开庭的心理，与对方进行和谈。

2. 专业突破点找得准。首先，虽然合同中约定有"背靠背"条款，但是律师通过类案检索，发现在司法实践中法院对此一般不予采纳，可以在和谈中利用律师的身份向对方表明如果继续诉讼，对方也无法实现利用该条款拖延付款的目的。其次，本案中的合同约定是被告住所地法院管辖即在新疆，律师根据本案建设工程施工合同的法律关系及民事诉讼法的相关规定确定本案的管辖法院为宝鸡市渭滨区人民法院，避免了当事人及律师长途跋涉到新疆起诉，为当事人减少了差旅费等损失，也回避了可能涉及的地方保护等不利因素。

3. 运用高开低走的策略。本案中，律师在庭前与被告进行了和谈，利用合同约定违约金高开，在和谈中让步，双方达成了和解协议，被告分批将工程款及保证金全部支付，原告予以撤诉。

第二节　庭前准备

如果庭前和解未达成协议，承办律师应当积极为开庭做准备，需要了解庭审信息，进行庭审协调。律师了解庭审信息和庭审协调的目的在于尽快确定开庭审理的相关信息（比如主审法官、开庭时间、开庭地点），并及时与委托人进行开庭前的沟通与确认，确保其能按时到庭并正常参加庭审。在此期间，承办律师需要针对承办案件法官进行有针对性的相关情况搜索、分析。

一、了解庭审信息及庭审协调阶段操作指引

1. 领取传票并确认开庭时间，确定主审法官及联系方式。

2. 搜索承办法官同案由类似案件的裁判文书，并分析法官对本案的判决倾向。

3. 在开庭前几天，承办律师需要将起诉状、证据目录、代理词等资料的电子版（最好是 Word 版本，好多法院电脑不支持 WPS 格式）保存至 U 盘。

4. 开庭前，提前告知委托人庭审时间、审判庭信息，确定开庭当天的交通方式（提前查询一下所在法院的停车情况和路况，做好导航），在开庭前按照证据目录准备好所有的证据原件，并提醒在开庭当天进法院时需要进行安检，携带身份证原件。

二、法律法规、案例检索操作指引

在复杂的建筑房地产债权清收案件中，律师在庭前必须了解：对方会如何主张、反驳、抗辩，涉案争议焦点是什么，法官审理或裁判思路是怎样的，本案承办法官是如审理此类案件的，以及此类案件涉及的法规、司法解释、司法观点、最高人民法院指导案例、同类案件的司法判决是什么，诸如此类问题，都是律师在开庭前需要做好的"功课"。

针对案件的特殊性，律师在必要时可以综合法律法规、相关案例及司法观点甚至是相关判决，形成有效的检索报告、编订成册，注明这些内容与本案的适用关系、方向，送交法官，以方便查阅，为判决作参考。

三、法律案例检索操作指引

1. 法律检索要穷尽各效力级别的法律法规。比如，法律、法律解释、司法解释、行政法规、行政规章、地方性规范性文件、法院指导意见、国家、地方标准、行业标准等。但要注意，搜索到的法律法规是否现行、有效，能否直接引用。

2. 案例检索。优先检索合议庭成员（尤其是承办法官）和受理案件法院审理的以往同类型案例、最高人民法院指导性案例、上诉法院案例、再审法院案例、最高人民法院案例。案例检索后，需将案例中与案件有关的"本院认为""判决如下"的内容筛选标注出来，以便法官能速度看到并适用对我方当事人有利的法律依据及裁判观点。

3. 司法观点、说学理论的检索。优先从人民法院出版社出版的最高人民法院编著的丛书中搜索。其次，可以在权威性高的网站（如中国裁判文书网）或评价高度的商业数据库（法信、阿尔法大数据库、北大法宝、无讼案例等）中检索。

4. 可以利用百度、微信、知乎、搜狗等平台进行大范围检索，逐步精确到所要搜索的问题。例如，利用微信搜索功能，检索关键词，能找到很多权威机构或是律师同行利用微信公众号发布的众多高质量文章。

第三节　证据材料的最终编排与确定

律师编排证据目录及材料的过程，其实是在厘清诉讼思路，讲"一个对己方有利的故事"。作为证据材料直观呈现的文书，证据目录的重要性不言而喻。编排清晰、逻辑缜密的证据目录，会让阅读者在看完之后对案件事实及主张的依据了然于胸，对案件结果有一定的预判。

一般情况下，在建筑房地产债权清收案件中，律师在立案时就应当提供基础的证据材料。立案后，法院通过举证通知书明确举证期限（第一审普通程序不得少于15日，一般为30日），有的注明若当事人未在举证期限内提交，视为放弃举证权利，并承担不利后果。这要求在举证期限届满前将全部的证据材料提交法院。

建筑房地产案件专业性强，代理人应将专业化问题摸清、吃透，要学会将复杂的专业问题简单化，并将建筑工程师、建造价师使用的"业外人士"感到晦涩难懂的专业词语在证据目录中写明，提交给法官，以供法官参考使用。

一、编排证据材料及证据目录操作指引

1. 证据编排应讲究"全面"。在一审案件中，法官审理的重点是全面查清案件事实。因此，建筑房地产领域专业律师对证据的编排也应围绕案件事实重点，尽可能全面，能够还原案件原貌。只要是支持我方主张、论点的证据，都应提交。

2. 提交的证据都应尽量保持"完整"。只要文件中的某个片段或表述支持我方主张，就应当提交完整的整份证据，以便法官对证据的真实性、关联性形成内心确认。

3. 标明证据的形式及来源。证据包括当事人的陈述、书证、物证、视听资料、电子数据、证人证言、鉴定意见、勘验笔录。

4. 编排证据目录时，应紧扣诉讼请求、待证明的案件事实，按照时间先后、证明事实、证明力大小等顺序进行整理。

5. 证据项目包含的项目简明扼要，最好按照诉讼请求和案件事实进行分组编排。证据目录的形式可以是表格，也可以是文字，写明有编号/组别、证据名称、证据内容和证明目的，注明提交人及提交时间即可。

6. 证据间注意区分。比如，不少建筑房地产案件中，多份证据名称重复，需要用时间、序号等进行标注区分。

模板：建材买卖合同纠纷案件证据目录模板

×××与×××买卖合同纠纷

证据目录（年月日原告/被告提交）

分组	序号	材料名称	份数	规格	证明方向	备注
第一组	1	营业执照	3	加盖公章	证明当事人主体资格符合法律规定	1. 当事人为自然人的，应提交身份证明资料，如身份证、户口簿（指如果涉及当事人为未成年人且未办理身份证的）等；2. 当事人为法人或其他组织的，应提交主体登记资料，如工商营业执照副本或由工商登记机关出具的工商登记清单，社团法人登记证、组织机构代码证等；3. 当事人为法人或其他经济组织的名称在讼争法律事实发生后曾有名称变更或分立、合并的应提交变更登记资料；
	2	法定代表人身份证明	3	加盖公章		
	3	法定代表人公民身份证	3	复印件		
第二组	1	买卖合同	1	原件	证明合同成立及生效的证据（说明合同订立系双方真实意思表示的证据，买卖合同不违反法律禁止性规定和社会公共利益；）	提供双方签名的书面合同或能证明口头合同存在的其他证据；

续表

分组	序号	材料名称		份数	规格	证明方向	备注
第三组	1	结算单据	总结算单	1	原件	证明整体项目结算情况,实际履行中出卖方已经完成提交合同标的的义务	
	2		月结算汇总明细	1	原件		依据月结算制作的明细表,便于法官查阅,应于与月结算单相一致
	3		月结算单	1	原件		结算单数量会比较多,应依据汇总明细进行相应标号
第四组	1	付款单据	付款票据	1	原件	证明付款人、付款金额、事项、时间等信息	进账单、银行流水、承兑汇票等
	2		付款明细	1	原件	证明付款比例、是否逾期等信息	反映整体货款收取情况
第五组	1	欠款证据	欠付款明细表	1	原件	证明欠款金额、合同约定或认可的违约金金额	依据履行过程中双方签字确认的对账单记载总金额为实际发生的总货款,扣除已支付金额后,列表明确欠付款金额(一般包括本金及违约金)
	2		还款协议/承诺	1	原件		
第六组	1	其他	付款节点	1	原件	证明合同约定的付款节点是否到期	顶层楼面部浇筑、女儿墙浇筑、工程验收、工程交付等关键时间点的证明
	2		发票	1	原件	证明实际发生交易数额、发票的开具及需方签收情况	
	3		发票签收单	1	原件		

分组	序号	材料名称	份数	规格	证明方向	备注
第六组	4	对方负责人身份文件或录音文件	1	原件	证明合同、结算单上签字的效力	
	5	律师函及邮寄单、回执等	1	原件	证明主张权利的情况，中断诉讼时效的作用	
	6	施工项目现场照片	1	原件	证明项目现状，说明是否达到付款节点、对方负责人身份等问题	

二、证人证言和证人出庭操作指引

证人证言简称证言，是指证人就自己所知道的与案件有关的情况（可以是亲自看到或听到的情况，也可以是别人看到或听到而转告他知道的事实），向法官所作的陈述。证人证言作为一种特殊的证据种类，有别于书证和物证等其他证据，一般以口头形式表达，由询问人员制作成笔录，证人在核实无误后亲笔签名。但在现实中，基于证人不熟悉庭审流程、对法庭心怀敬畏等因素，庭审效果往往并不理想。所以，律师在开庭前应当对证人进行辅导。

证人证言及证人出庭作证的注意事项：

1. 申请证人出庭，需在举证期限届满前或开庭前提出，是否准许，由法官决定。

2. 经法院同意后，证人应当出庭作证。仅提交证人证言，证人未出庭、没有接受双方当事人当庭质证、法庭询问的，证人证言是不会被法院采纳的，除非证人系出于健康原因或者路途实在遥远，或者因为自然灾害等不可抗力而不能赶过来。

3. 在开庭前，应对要出庭的证人进行庭审辅导。主要是让证人知悉法律规定、庭审流程，提醒备齐资料（身份证原件及复印件、书面的证人证言），并告知证人开庭时间和地点、可选择的交通方式。

4. 代理律师要结合办理案件思路，更好地在向证人发问环节，设计高质量的发问提纲，通过证人的回答，更好地证明我方的主张。

5. 根据案件的情况，考虑引入专家辅助人。专家辅助人又被称为有专门知识的人，是指一些在某些领域或者专业有一定特长，并且该项特长有利于案件事实审查的人。

模板：证人出庭作证申请书

证人出庭作证申请书

申请人：

地址：

法定代表人或负责人：

请求事项：

请求贵院依法传唤证人（身份证号：）出庭作证。

事实与理由：

申请人诉×××纠纷案件，贵院已经以（×××）×××法民×初字第××号案件予以立案。证人×××系参与涉案×××人员，了解涉案×××情况。为查明案件事实，申请人根据《最高人民法院关于民事诉讼证据的若干规定》第 54 条之规定，申请×××出庭作证，证明涉案×××情况，请予以准许。

此致

×××人民法院

申请人：

年　月　日

附：

1. 证人基本情况：×××，身份证号码××× ××× ××；联系电话：××× ××××××××

2. 证人身份证复印件

庭审及判决阶段

"有人的地方就有江湖。"就律师江湖而言，庭审过程是最能展现律师专业能力的"擂台"——案件承办律师与对方当事人及其代理人进行辩论的"角斗场"。律师作为优秀的"武者"，想要征服并说服法官，必须与对方当事人及其代理人以证据为"武器"进行"论剑"，最终由法官"裁判"谁输谁赢。

在庭审阶段，律师只有全面、积极地参加庭审工作，其专业性才能得到更好的发挥。有的律师简单地认为，开庭是照本宣科、走流程；有的律师认为，开庭全凭技巧。这两种观点都是片面的。律师应当做好充分准备，编排好支撑己方观点的证据，以法律为依据，善于利用庭审程序，让法官形成内心确认，最终判决。

法官在形成内心确认后，会根据法律规定，按照案件事实进行判决。然而，很多时候，基于时间、案情难易程度，法官很难在一次庭审中理清解决案件全部问题的思路或形成裁判观点。因此，律师在庭后积极与法官进行沟通，与对方当事人进行谈判，就显得很有必要了。

第一节　法庭调查和辩论

在开庭审理过程中，法庭调查、法庭辩论环节是当事人及律师的"舞台"。双方当事人及律师会利用庭前准备及提交的证据陈述、证明己方的主张或意见，直观地让法官理清案件事实；也可为法官审理案件提供清晰路径，固定双方无争议的事实，确定双方的实际争议焦点，确保大量案件能够公正审理，为开庭、庭后、判决后进行和解、调解奠定坚实的基础。

一、法庭调查、辩论阶段的操作指引

1. 向法庭明确诉讼请求或抗辩意见。

2. 围绕诉讼请求提交证据目录，并阐述证明方向，完成举证、示证工作。

3. 向法庭出示或阐述委托代理人诉求所依据的法律规定、司法观点、相关判例。

4. 以拍照、复印等方式保存对方当事人的答辩状、证据目录、证据材料。

5. 记录开庭笔录，注明主审法官、合议庭成员、书记员、对方出庭人员身份，明确双方无争议的事实、原被告双方的争议点。

二、律师庭审笔录、庭审调查与辩论提纲

模板：律师庭审笔录

律师庭审笔录

时间：年　月　日

地点：　　　　　　合议庭人员：　　　　书记员：

原告：委托代理人：

被告：委托代理人：

案由：

审判员：庭审准备阶段（略）

审判员：现在进行法庭调查，首先请原告宣读起诉状或者简要陈述你的诉讼请求、事实与理由。

原告：宣读起诉状……

审判员：原告是否变更、增加或者放弃自己的诉讼请求？

续表

原告：

审判员：被告进行答辩。

被告：

审判员：经双（各）方当事人陈述，本庭归纳本案争议焦点如下：

1.

2.

3.

审判员：双方（各方）当事人对本庭归纳的本案争议焦点有无异议？

审判员：下面进行举证、质证和认证。举证和质证应当

（1）举证和质证应当围绕各自的诉讼主张和本案的争执焦点进行；

（2）举证时应当宣读证据的名称、证据的主要内容，并说明证据的来源和证据所要证明的对象；（3）质证应当围绕证据的真实性、合法性、关联性及证据的证明方向、证明力大小等方面提出意见。首先由原告进行举证。

原告：（详见证据目录）

审判员：被告对原告提供证据的质证意见：

证据一 证明的事实与对象 对证据一的质证意见：

证据二 证明的事实与对象 对证据二的质证意见

证据三 证明的事实与对象 对证据三的质证意见

审判员：下面由被告提供证据。

被告：（详见证据目录）

审判员：原告对被告提供证据的质证意见：

证据一 证明的事实与对象 对证据一的质证意见

证据二 证明的事实与对象 对证据二的质证意见

证据三 证明的事实与对象 对证据三的质证意见

审判员：现在发表终结性陈述意见，首先由原告及其代理人发表终结性陈述意见。

审判员：被告及其代理人发表终结性陈述意见。

审判员：现在进行法庭调解，原告说一下调解意见。

原告：

审判员：被告说一下调解意见。

被告：

审判员：由于调解达不成协议，现在休庭。当事人在核对庭审笔录无误后，签字确认。调解工作庭后进行，退庭！

郑某与河南省某建筑公司、牛某买卖合同纠纷案

2013年10月8日，郑某与河南省某建筑公司签订钢材采购合同，实际施工人牛某作为河南省某建筑公司的委托代理人在该合同书上签字，并加盖河南省某建筑公司的项目章。

这个钢材采购合同约定，由原告郑某向河南省某建筑公司承建项目1#楼工程供应各种型号的钢材。该合同还就合同双方的权利、义务进行了约定。原告依据该合同向河南省某建筑公司供应钢材共计1013.4765万元。2016年11月19日，原告与河南省某建筑公司算账后确认该公司已付货款为646.92万元，欠原告货款366.5565万元，违约金未计入内。此后，河南省某建筑公司分2次共计支付郑某2万元，欠364.5565万元货款未偿还。

经郑某多次催要，河南省某建筑公司拒不支付所欠货款，故原告就自己与河南省某建筑公司、牛某买卖合同纠纷提起诉讼，要求被告支付未付货款及逾期付款损失。

庭审调查与辩论提纲

一、关于责任主体方面：目的在于补充证明被告公司与被告个人的关系，是挂靠关系、职务行为、表见代理，最终明确责任的承担问题。

问被告牛某：你与被告公司是什么关系

牛某：我在被告公司干活

问被告牛某：涉案项目工地上的公示信息显示，你是涉案项目的项目经理，这是真实的吧

牛某：真实的，我在涉案项目上担任项目经理职务，这个工程实际上是我干的

问被告牛某：工程是你干的，你跟A公司有无挂靠协议

牛某：没有

问被告牛某：你担任项目经理，有无授权委托书，职权范围是什么

牛某：有授权委托书，在甲方处保存，主要负责项目上的一切事务

二、关于涉案主要证据的补充发问：主要目的在于证明案件的主要事实，包括但不限于合同签订事实、合同履行、支付情况、下欠货款的事实

问被告牛某：涉案《购销合同》上的签字是你签的吧，你是这个合同的经手人么 　　<u>牛某：是本人签的，这个合同是我负责的</u> 　　问被告牛某：涉案《购销合同》上的资料章，是哪里的、干什么用吧 　　<u>牛某：是项目上的，用于与甲方签署资料</u> 　　问被告牛某及 A 公司：原告提交的材料接收清单上的货物，你们是否实际收到，上面签字的人员与你们什么关系， 　　<u>牛某：货物收到，签字的是项目上的材料员</u> 　　问牛某：收到的货物用到哪里了 　　<u>牛某：用到涉案工地上了</u> 　　问 A 公司：原告提交的发票，你们是否实际收到，是否验证 　　<u>A 公司：收到，已经挂账，但甲方未付款，导致我公司没有资金支付。</u>

第二节　法庭调解

　　法庭调解，是由法官主持，在涉案双方同意调解并提出调解方案的情况下，由涉案双方协商确定调解协议的过程。

　　法庭调解有利于提高法院工作效率，缓解当事人之间的矛盾，彻底解决纠纷。

一、法庭调解的律师操作指引

　　相比于开庭前所进行的其他调解、和解方式，法庭调解的优势在于：涉诉案件已经开过庭，通过法庭调查及辩论，固定了双方无争议的事实，明确了原被告双方的争议点及分歧点，且调解是在法官的主持下进行的，双方当事人对法官的信任感较强，更容易让步促成调解。

　　在法庭调解这个程序中，律师操作指引有两个方面内容：一是在法庭调解时运用多种方法及技巧进行调解；二是在法官的主持下协商确定调解方案。

二、法庭调解适用的调解方法及技巧

1. 通过开庭，双方当事人经历了法庭调查，案件基本事实及争议焦点已经明确，之后，在法官的主持下进行法庭调解，律师可以提前与当事人确定一个或多个调解方案，一般最好准备 3 个调解方案（实际情况，根据调解情形进行调整）。

2. 一般情况下，合同约定的违约金额度与利息都比较高，律师可以利用"高开低走法"，使对方在这两项上适当让步，若对方能立即还款，征得委托人同意后，可免除或减免部分违约金与利息。

3. 通过法庭调查，从案件所呈现的证据出发，根据相关法律，指出案件当事人证据中的瑕疵，降低双方当事人的预期，减少当事人的争议。如果建筑公司存在挂靠资质情形、判决书上确定出借资质的事实，建筑公司将有面临行政处罚的风险。此时，律师可利用"披露瑕疵法"，与对方进行谈判。

4. 一般情况下，在庭审结束后，双方当事人看似基本没有和解的可能，只能等待判决。可是，在这个阶段，不是绝对没有调解成功的机会。因为，这个时候，双方当事人在庭审时已对案情、证据有了充分了解，双方当事人的意见在庭审过程中也已表达清楚，双方的怨气也已基本消减，而且，人的精力、体力也消耗了大部分，人在疲惫状态下较为容易松口。因此，律师可根据双方当事人的态度及精神状态适时提出和解、调解方案，见缝插针地化解纷争，要做到不到和解、调解破裂的"最后一刻"绝不轻易放弃。

5. 在协商本金金额时，若以定额价、发布价起诉，因定额价、发布价一般高于市场价，存在高开的情况，对本金部分可适当让步。

6. 在协商还款期限时，可根据情况确定 3 个月到 6 个月的分期还款期限。

7. 经过保全，在查封了被告银行账户的情况下，若该账户无款，经协商达成协议后，可将冻结的被告账户解冻，以换取被告一次或整体支付更多本金。

8. 在采取保全措施冻结被告账户的情形下，若不能及时解冻被

告银行账户，将影响房地产公司的按揭贷款、建筑公司招投标，代理人在征得原告同意后，可以此为条件与被告进行谈判。

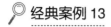 **经典案例 13**

庭审调解促清收

2011 年 8 月 1 日，洛阳某房地产公司与洛阳吉利某开发公司签订土地转让协议。该协议约定：洛阳吉利某开发公司将已摘牌的 7.1 亩土地转让给洛阳某房地产公司；洛阳某房地产公司向洛阳吉利某开发公司支付转让款 593.6 万元后，若洛阳吉利某开发公司不协助洛阳某房地产公司办理相关手续，洛阳吉利某开发公司须向洛阳某房地产公司支付违约金 200 万元。

洛阳某房地产公司支付全部约定的款项后，洛阳吉利某开发公司以因手续问题一直未取得土地使用权证为由，拖延为洛阳某房地产公司办理土地过户手续。2017 年，洛阳某房地产公司了解到：洛阳吉利某开发公司已经于 2014 年 1 月 22 日取得涉案土地的土地使用权证，2017 年年初重新开始开发，并于 2017 年 6 月 30 日取得预售许可证。

鉴于洛阳吉利某开发公司已实际开发那块土地并明确拒绝办理土地过户手续的事实，洛阳某房地产公司委托洛阳市"十星级律师事务所"——河南万基律师事务所提供代理法律服务。该律所承接案件后，经寄发律师函、上门催要后，均未取得效果。于是，该所律师到涉案项目施工现场进行勘查，发现涉案项目已由洛阳吉利某开发公司进行实际开发：两栋楼已经全部主体封顶。但是，由于洛阳吉利某开发公司拖欠该项目施工单位的工程款，两栋楼已经实际停工半年之久。

之后，律师到两栋楼的售房部进行探访，发现涉案项目的房屋已经五证齐全，开始售卖房屋。律师在售房部对土地使用权证、预售许可证等相关证件进行拍照取证。律师在此还了解到：涉案项目是洛阳吉利某开发公司的第一个楼盘，涉案项目房屋已经售卖不少。

基于此，律师向委托人建议尽快起诉，之后申请法院尽快采取诉讼保全措施，防范遭遇无法实现回款的风险。

承办律师代理此案后，审核了本案涉及洛阳某房地产公司与洛阳吉利某开发公司签订的 11 份合同，最终采用"高开低走法"确定起诉方案：代理委托人请求法院解除洛阳某房地产公司与洛阳吉利某开发公司签订的包括土地转让协议在内的 11 份协议，要求洛阳吉利某开发公司退还洛阳某房地产公司支付的转让款 593.6 万元，并支付利息（按照同期贷款利率计算，暂计起诉之日约 219 万元）及违约金 200 万元。律师代理提起诉讼后，向法院申请诉讼保全，申请保全洛阳吉利某开发公司该项目房屋 21 套。

此案经开庭审理，因洛阳某房地产公司的证据确凿，洛阳吉利某开发公司对案件事实予以认可。鉴于本案当事人双方争议不大，庭审后，在法官的主持下，对双方当事人进行了调解，承办律师代理原告在还款期限及违约金方面予以让步，表明"洛阳吉利某开发公司在半年内如果将本金及利息支付完毕，违约金 200 万元不再主张，若未按期偿还，洛阳吉利某开发公司需一次性支付全部本金、利息及违约金"。洛阳吉利某开发公司同意律师意见，于是双方当事人达成协商一致意见，由法院出具了调解书。

调解书写明："洛阳吉利某开发公司于 2018 年 6 月 30 日前一次性向原告支付 593.606 万元；若洛阳吉利某开发公司未按前条约定支付款项，由洛阳吉利某开发公司向原告支付违约金 100 万元及利息（其中，以 523.606 万元为本金，自 2011 年 8 月 6 日起算至实际付清之日止；以 40 万元为本金，自 2011 年 8 月 10 日起算至实际付清之日止；以 30 万元为本金，自 2011 年 9 月 7 日起算至实际付清之日止。上述利息均按年利率 6% 计算）。"

最终，本案以调解形式实现圆满结案。

1. 严格把控流程节点，利用现场勘查。在"山重水复疑无路"的情况下，承办律师到涉案项目施工现场进行勘查。结果发现，涉案项目已由某开发公司实际进行开发，两栋楼已全部主体封顶，但是，由于某开发公司拖欠项目施工单位工程款，项目工程已实际停工半年之久。律师到售房部进行探访发现，涉案项目的房屋已经五证齐全，并开始售卖。在售房部，承办律师对土地使用权证、预售许可证等相关证件进行拍照取证。此外，还深入调查了解到：涉案项目是某开发公司的第一个楼盘，该楼盘房屋已售卖不少。基于此，承办律师向委托人建议尽快起诉，并在法院立案后尽快采取诉讼保全措施，从而避免了债权人遭遇案件无法实现回款之风险。

2. 在本案中，承办律师成功采用"高开低走法"确定起诉方案。案件双方当事人经过开庭审理，对本案事实以及法律关系均有了明确观点。此时，借助法官的权威性，不妨采取调解方式，利用"高开低走法"，在违约金及还款期限上予以适当让步，从而使双方尽快达成调解协议。

3. 在双方签订调解协议时，律师为了督促某开发公司按约还款，约定了高额违约金：若对方按照调解协议履行，只用支付本金及利息约 800 余万元；若对方没有按照调解书履行，履行金额即为 1000 余万元。该调解协议对委托人而言，可谓扩大了战果，维护了委托人的权益。

第三节　庭后和解

"调解是息诉止争的最优路径"，但是，在一般情况下，能一次性直接在庭审过程中当庭达成调解的案件不多，大多数调解、和解通常是在庭审结束后、判决前进行的。这个时候和解的最大好处是：经过开庭庭审以及法庭调解后，双方当事人对案件情况已经了解，争议的事实已经基本确定，而且，了解了对方当事人的调解方案，对双方的底线也有一定认识，这更利于律师在之后的工作中把握和解分寸，得出更符合双方利益的和解方案，为庭后和解奠定基础。

在法庭调查和辩论后，对方当事人承受着不知法院会作出怎样判决的压力，承办律师可及时联系对方当事人（包括其代理律师），约对方当事人到承办律师办公室以茶叙等方式进行面谈，进而促使双方和解。

一、律师庭后和解的方式和技巧

（一）"求同存异法"技巧的运用

根据庭审情况，律师可以找出双方对案件事实的分歧点：双方是存在对合同关系成立与否、建材款本金的差距，还是存在违约金、利息、诉讼费承担的差距？假如被告同意付本金，不同意支付利息、诉讼费，利息、诉讼费可以由法官在调解中予以酌定调解。即使没有达成和解协议，也可以利用"求同存异法"确定无争议部分，双方有争议的部分由法官开庭裁决。"求同存异法"的应用，有利于提高庭审效率，争取实现当庭调解。

（二）"打开天窗法"技巧的应用

律师可根据双方提供的证据，以专业知识判断出案件进入诉讼程序后的大致裁判结果。律师在主持双方当事人和解时，可以适时将自己预测的诉讼结果向双方当事人明示，并将诉讼过程中双方当事人需承担的费用、时间、经济成本明示，让对方当事人自行权衡利弊，降低当事人的各自预期，从而促使纠纷化解，促成双方当事人和解。

（三）律师要尊重和善于利用法官权威

在庭后和谈时，律师可以提出一个或多个和谈方案。律师要尊重和善于利用法官的权威。比如，主动向其汇报案件情况，由法官主持庭后调解，促成双方的和解。

经典案例 14

供货合同"爽约"庭后和解促清收

2012 年 8 月 19 日，某混凝土工程有限公司与某工程集团签订预拌混凝土供需合同，以供应某工程集团某部队 801#建筑物工程所需各种型号商品混凝土。该合同就双方的权利、义务进行了约定。

2013 年 9 月至 2014 年 12 月，某混凝土工程有限公司向某工程集团供货价款共计 391.9554 万元。

根据某混凝土工程有限公司与某工程集团签订的预拌混凝土供需合同及结算单，截至 2015 年 4 月 30 日，该项目仍欠某混凝土工程有限公司货款 121.9554 万元。

2015 年 7 月 9 日，某混凝土工程有限公司将上述债权以及对某工程集团的全部合同债权，一并转让给某混凝土公司。某混凝土工程有限公司通过邮寄方式，将上述债权转让通知被告。之后，某混凝土公司多次催要，但是，某工程集团一直未履行上述债务。

无奈之下，某混凝土公司将某工程集团诉至人民法院。在法院开庭审理案件的过程中，某工程集团认可的欠付货款数额为约 110 万元，剩余约 11 万元（签字的员工）不认可。双方在法庭庭上进行了激烈辩论。

庭后，由于双方已明确，某工程集团欠付 110 万元无争议，争议金额仅为 11 万余元，代理律师在与某混凝土公司确定和解方案后，积极主动地联系某工程集团负责人，利用"求同存异法"，同意原来有争议的 11 万余元费用由某工程集团承担 5 万元，由某工程集团共计支付 115 万元货款，某混凝土公司不再主张剩余货款，而且，某混凝土公司也放弃了违约金。

经过几轮谈判，双方最终签订和解协议。某工程集团一次性支付全部 115 万货款，某混凝土公司按照约定进行撤诉，本案得以顺利结案。

本案中，法院判决后，案件双方当事人已经知道案件的一审判决内容。此时，对败诉一方而言是考虑上诉与否的关键时期，如果上诉面临的就是上诉费用的支出及二审改判的可能性等问题，并直接面临法院的强制执行。对胜诉一方而言，如果能在此判决后和解，那么就能尽快回款，消除执行过程中存在的风险。因此，判决后进行和解是债权清收流程中不可缺少的一步。

二、庭审后沟通工作

现实中，许多人会误以为在庭审工作结束的同时，代理律师的工作也将告一段落，等着法官判决就行了。其实，这是一个常见的大众认识误区。在庭审结束后，代理律师不仅要积极与对方当事人进行庭后和解，更要与委托人及主审法官进行积极有效的沟通、协调。所以，代理律师要重视庭后沟通工作的重要性。

在倡导法官与律师构建新型关系的今天，如果律师能积极、主动地做到与法官进行有效沟通，帮助法官梳理案件争议焦点，明确代理律师的代理观点，明确案件的裁判依据，那将十分有益于律师与法官对案件的情况做到心中有数。

庭审汇报及沟通操作指引：

1. 对于未到庭参加庭审的委托人而言，代理律师可以根据庭审了解更为全面的案件事实，及时向委托人沟通汇报开庭情况（包括庭审中对方的观点以及对相关证据的认可程度等），确定庭后调解方案。

2. 对于法院要求补充的证据材料，代理律师应当告知委托人法院规定提交的期限，要求委托人尽早提交。

3. 对于律师团队内部的案情汇报，代理律师在汇报案情时，要附加相关材料。

4. 在向法庭提交补充代理意见时，代理律师可适时与主审法官进行再次约谈，以便就庭审中的争议焦点问题沟通看法，进一步表达自己的代理意见，增强法官对代理律师辩护意见的认同度。

第四节　判决及判决后和解

一般情况下，案件进入审判阶段，意味着案件即将揭晓法院的审判结果。在此之前，律师通过庭审程序及庭后与法官、对方当事人的沟通，对案件判决结果已基本有一个了解。此阶段的重点是，律师在收取法院裁判文书后，及时将文书送达或告知委托人相关结果，并将判决结果向委托人进行分析说明。在判决结果的基础上，律师要使用合适的和解技巧，与对方当事人进行和解谈判，注意把握时机及时间。

一、判决后律师工作操作指引

1. 领取或接收裁判文书；若本案一审生效，对方仍不履行，律师需要及时向主审法官索取地址确认书、送达回证、生效证明，以便能够及时申请执行。

2. 将裁判文书送交委托人，或是及时告知委托人审判结果。

3. 根据判决结果，确定合适的和解方案与技巧，把握时机与对方当事人进行和解谈判。

二 、判决后和解

判决后和解的优势在于，法院已经对双方当事人的争议焦点作出明确的判决认定，对方当事人对判决结果已经明知，且面临着法院强制执行的压力，此时承办律师可以主动联系对方当事人，进而提出违约金、还款期限让步等条件，促使双方达成和解，以达到对方当事人能主动履行的目的。判决后和解不仅可以消除委托人在执行中存在的风险，也可以缓解双方当事人之间紧张的合作关系。

（一）判决后和解技巧的运用

1. "战略威慑法"的运用。判决生效后，将很快进入强制执行阶段。在强制执行阶段，法院可能采取一系列强制执行手段。在对方当事人可能面临执行措施的前提下，承办律师可以以法院采取的强制执行措施为威慑点，与对方进行判后和谈。

2. "高开低走法"的运用。一审判决一般都判决较高的违约金和利息，承办律师可以部分或全部免除利息、违约金为条件，与对方展开和谈。一审判决中，一般判决履行时间均为判决生效后 10 日内；在判后和解中，承办律师可以适当延长履行期限、分期付款为条件，与对方展开和谈。

（二）判决后和解的注意事项

1. 在法院判决后，找出双方和解中可能存在的争议点，是对合同关系成立与否、建材款本金的差距，还是违约金、利息、诉讼费承担的差距。

2. 与委托人进行沟通，向其明示判决后和解的好处，可以避免上诉，缩短清欠时间，减少执行风险，作出最大可能的让步。

3. 可以约请对方当事人进行茶叙沟通，以判决确定的案件事实为基础，适当让步，以促进和解的达成。

经典案例 15

"战略威慑" 促债权纠纷和解

河南某混凝土公司与某建设公司于 2016 年 5 月 20 日签订了预拌混凝土供需合同，约定由河南某混凝土公司供应某建设公司承建的演艺中心综合楼工程所需的各种型号商品混凝土。后经结算，某建设公司欠河南某混凝土公司混凝土款共计 54.4696 万元。河南某混凝土公司及承办律师多次向某建设公司催要，但某建设公司拒不支付。为此，河南某混凝土公司将某建设公司诉至法院。

法院经开庭审理，在河南某混凝土公司提交充分证据的情况下，某建设公司以合同上加盖印章为伪造（并申请鉴定、申请法院移送公安机关处理）、结算单上签字人员并非其工作人员为由否认与河南某混凝土公司之间存在混凝土买卖合同关系。由于某建设公司不配合，也不提交任何证据，本案一拖再拖，最终由法院作出了判决：被告某建设公司于本判决书生效之日起 10 日内支付拖欠原告河南某混凝土公司的货款 54.4696 万元及违约金（违约金 54.4696 万元为本金，自 2016 年 8 月 26 日起至实际清偿之日按月利率 2% 计算），诉讼费 1.1063 万元由被告某建设公司承担。

在某建设公司上诉期内，承办律师主动约谈某建设公司负责人。在约谈期间，承办律师向某建设公司负责人表明：现在法院已经判决由某建设公司在判决生效之日起 10 日内支付河南某混凝土公司本金 54.4696 万元及按月利率 2% 计算的违约金，违约金暂计至和谈时已经有 24 万元，如果没有具有实质意义的上诉或被采取强制执行措施，会对某建设公司产生不利影响。承办律师同时指出：如果某建设公司同意一次性主动履行法院判决，原告方可以对被告应承担的违约金予以减免或免除。

被告某建设公司在一审法院判决后，清楚自己上诉的胜诉希望渺茫，而且还得交上诉费、拖延诉讼违约金等，特别是其惧怕执行措施对自己产生不利影响。最终，某建设公司同意了承办律师提出的和解方案，在达成和解协议后，其在 1 个月内一次性支付河南某混凝土公司货款 54.4696 万元、诉讼费 1.1063 万元以及保全费、保函费。至此，本案顺利结案。

1. 把握流程节点。承办律师掐准时机，把握住被告在收到判决后的心理变化，积极与被告某建设公司进行的和谈，促使本案和谈成功。

2. "战略威慑法"得到成功应用。本案中，承办律师在对方考虑是否上诉的关键时刻，及时告知对方：如果不上诉，有可能被法院采取列入失信名单、保全、查封等的强制执行，而且，案件结案时间拖得越长，败诉方需要支付的违约金越多。承办律师以后期法院可能会采取的执行措施为战略威慑点，促被告方自愿与原告方达成和谈。

3. "高开低走法"得到成功应用。一审已经判决某建设公司在判决生效之日起 10 日内支付河南某混凝土公司本金 54.4696 万元及按月利率 2% 计算的违约金，且违约金已经计算 24 万元。在此情况下，承办律师利用一审判决直接"高开"——向被告表明：如果某建设公司能一次性主动履行法院生效判决，原告方可以对违约金予以减免或免除。经过协商，最终某建设公司在 1 个月内直接支付全部本金 54.4696 万元、诉讼费 1.1063 万元、保全费 4225 元、保函费 1111.5 元，共计赔付 56.1095 万元。

模板：判决后和解协议书

判决后和解协议书

甲方：某建设集团有限公司

委托代理人：

乙方：某商品混凝土有限公司

委托代理人：李律师

因某建设集团有限公司拖欠建设工程货款一事，某人民法院于2018年6月15日作出　号民事判决书。如今，双方为了友好合作关系及更好地履行，经协商达成如下条款：

1. 甲方同意于2018年7月11日前支付乙方20万元，剩余36.1095万元（包含本金34.4696万元及诉讼费11 063元、保全费4225元、诉保费1111.5元），于2018年8月31日前一次性付清。上述款项全部付清后，乙方自愿放弃原民事判决书明确的违约金。

2. 若甲方按本协议全部履行完毕，乙方不得再就本案申请强制执行，乙方配合甲方办理保全解封手续，甲乙双方就甲方拖欠乙方混凝土款之事一次性结清，再无争议。若甲方任何一笔未按本协议履行，乙方有权按照原　号民事判决书判决的内容申请强制执行，并要求支付剩余全部货款、未支付费用及违约金。

3. 本协议一式3份，自签字、盖章之日起生效。协议双方各持一份，律师留存一份，具有同等法律效力。

甲方：　　　　　　　　　乙方：

年　月　日　　　　　　　年　月　日

模板：判决后和解协议书

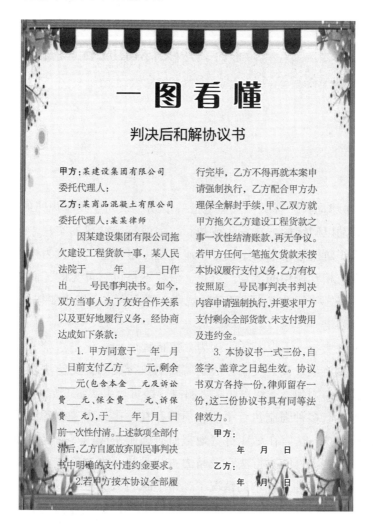

一图看懂

判决后和解协议书

甲方:某建设集团有限公司
委托代理人：

乙方:某商品混凝土有限公司
委托代理人：某某律师

因某建设集团有限公司拖欠建设工程货款一事，某人民法院于＿＿年＿＿月＿＿日作出＿＿号民事判决书。如今，双方当事人为了友好合作关系以及更好地履行义务，经协商达成如下条款：

1. 甲方同意于＿＿年＿月＿日前支付乙方＿＿＿元，剩余＿＿＿元(包含本金＿＿元及诉讼费＿＿＿元、保全费＿＿＿元、诉保费＿＿元)，于＿＿＿年＿月＿日前一次性付清。上述款项全部付清后，乙方自愿放弃原民事判决书中明确的支付违约金要求。

2. 若甲方按本协议全部履行完毕，乙方不得再就本案申请强制执行，乙方配合甲方办理保全解封手续，甲、乙双方就甲方拖欠乙方建设工程货款之事一次性结清账款，再无争议。若甲方任何一笔拖欠货款未按本协议履行支付义务，乙方有权按照原＿＿＿号民事判决书判决内容申请强制执行，并要求甲方支付剩余全部货款、未支付费用及违约金。

3. 本协议书一式三份，自签字、盖章之日起生效。协议书双方各持一份，律师留存一份，这三份协议书具有同等法律效力。

甲方：

＿＿年＿＿月＿＿日

乙方：

＿＿年＿＿月＿＿日

执行阶段标准流程概述

《牛津词典》释义：流程是指一个或一系列连续有规律的行动，这些行动以确定的方式发生或执行，促使特定结果的实现。国际标准化组织对流程给出的定义是：流程是一组将输入转化为输出的相互关联或相互作用的活动。可见，流程不是可有可无的，而标准流程则是有规律行动方式或活动的规则，简而言之，做事要按规矩来，办事要靠谱。

在现实中，不少人往往认为，执行程序的主体是法院，申请执行人只要将生效裁判文书、法院需要的执行文书提交给法院即可高枕无忧了，因为，一切由法院强制执行即可。事实绝非如此！因为，法院虽然有多种强制执行手段，但因存在案多人少等制约因素，有些案件的执行法官在尽职尽责地把所有强制手段用尽后仍难以实现执行。有些案件的执行法官没精力查找被执行人财产线索，特别是在法官承办案件量剧增的情况下，申请执行人完全依托法官，执行案件有可能没有结局。在这种情况下，承办律师代理债权清收执行案件，更要有阶段标准流程。

一般情况下，申请执行人都想尽快实现债权，他们会全方位配合执行法官的工作。可是许多申请执行人由于没有专业知识、时间和精力完成上述工作，就必须要请专业律师介入，运用专业知识、办案经验寻找被执行人的财产线索，配合或协助执行法官有效化解"执行难"。即便有申请执行人及律师的介入，如何解决"执行难"

问题，大幅提高实际结案率，实现当事人与承办律师、承办法官共赢也仍然是现在面临的首要难题。

建筑房地产债权清收案件的执行是一场战役，甚至可以被称为是一场硬仗，要想在这场战役中取得胜利，除了需要法院的强制执行权力，执行律师在其中也有着举足轻重的作用，对承办律师有着较高的职业素养要求。承办律师除了要熟悉执行流程、执行的相关法律法规，还要掌握谈判沟通的技巧、和谈策略，灵活运用战略威慑等债权清收技巧，一方面配合执行法官采取强制执行手段，一方面寻找、把握时机与被执行人和谈，做到"打打谈谈，谈谈打打"，以强制手段促进协商谈判，在协商谈判过程中寻找执行线索，从而高效化解执行案件，破解"执行难"问题。根据笔者多年的实践经验，沟通、谈判是破解"执行难"问题的基本路径，建筑房地产债权清收执行阶段以不动产的调查、变现为主要任务，在法院的执行流程中，同执行法官密切配合，以法院的强制执行手段为依托，寻找财产线索，引导执行方向，提供执行思路，以打促谈，最终实现建筑房地产债权清收的目的。

河南万基律师事务所建筑房地产专业律师团队，根据法院执行流程，结合自己多年承办执行案件的实务经验，制定并坚持实行了一整套行之有效的律师工作执行流程，将执行案件工作按阶段、节点划分，保证律师在执行案件中工作清晰化、条理化，在有效推进案件进程的同时实现批量办理案件，并达到事半功倍的效果。

第一节　执行阶段标准流程概述

民事执行是通过公权力实现债权清收的最后一项措施，也是最具有强制力的一项措施。民事执行程序虽然由人民法院主导，但是，为使得执行案件得到高效化解，律师也扮演着举足轻重的角色。本章将从实务出发，根据人民法院的执行流程，总结出建筑房地产债权清收案件承办律师在执行过程中的工作流程，该流程既依托人民法院的民事执行流程，也有律师工作的独特性。其除了配合执行法官工作外，还能使承办律师占据主导地位。比如，在借助公权力的同时，巧妙运用谈判技巧实现债权清收目的，维护当事人的合法权益。

本书主要从执行立案前、执行立案阶段、财产调查、财产执行、执行变更追加当事人、执行和解等方面，对执行阶段的律师工作进行详细讲解，列明工作节点，并对每一个工作节点的注意事项进行分析，使民事执行过程中律师的工作清晰明了，既有利于承办律师工作有章可循和实现产品化、可视化，又可以避免"漏网之鱼"逍遥法外。

1. 法院执行案件节点、期限示意图。

2. 律师申请执行流程图。

模板：法院执行案件节点、期限示意图，律师申请执行流程图

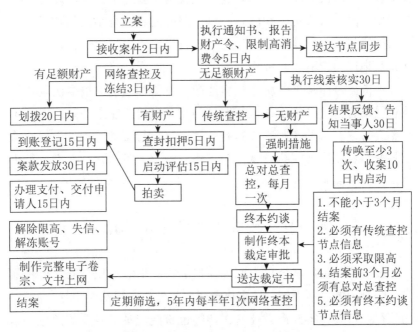

法院执行案件节点、期限示意图

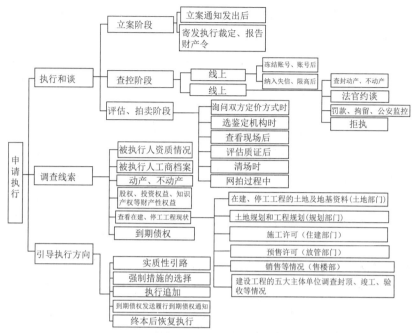

律师申请执行流程图

第二节　律师代理执行的角色定位

"定位定天下，定位不准，努力白费。"在案件执行过程中，律师代理执行的角色定位，需要承办律师在执行过程中明确自己的立场，确定从何种角度出发，需要做哪些工作，在执行案件中扮演什么角色，怎样最为有效地推进案件进程，化解"执行难"问题。在明确角色定位后，承办律师在执行程序中，一方面要配合执行法官开展执行活动，对被执行人采取强制执行措施，另一方面要能独立作为引导者，甚至要成为执行法官的"引路人"，化被动为主动，切实发挥承办律师在执行案件中的能动性，将执行进行到底——实现执行目的。

一、特别授权代理人

在执行阶段，律师首先要接受申请执行人的委托，这样才有资格参与执行程序。为了在执行过程中有效发挥作用，承办律师需要取得申请执行人（委托人）的充分信任，这样才有可能得到委托人的充分授权，包括对清欠款利息、执行罚息、违约金减免、本金让步、被执行人分期付款或以物抵债的处理等，承办律师要有主见，当然这要取得委托人的书面或口头同意。

一般情况下，执行阶段的律师代理往往是特别授权的"深度代理"，一般代理的"浅尝辄止"难以完成执行清收。毕竟，执行阶段的和谈时机稍纵即逝，承办律师如果没有决策权、贻误"战机"，会造成执行不能。所以，律师接受委托人的委托后，一方面应站在委托人的立场，坚守代理人的职责，维护委托人的合法权益，尽心尽力地为委托人的委托事务考虑，做到全方面审查案件，调查被执行人的财产线索以及配合执行法官推进执行程序。另一方面，律师作为特别授权代理人，需要代理委托人跟踪案件进展，调查被执行人资产状况，抓住时机与被执行人进行谈判，恰当地运用债权清收调解技巧及谈判策略，化解"执行难"问题。

二、谈判专家

"什么？专业律师要有谈判专家意识，在案件执行中要会做谈判专家？"对于有些人来说，乍听到专业律师的另一个身份——谈判专家，可能都会感觉新鲜或好奇。这说明，专业律师改变传统思维，努力成为谈判专家，需要形成广泛共识和得到社会的理解、支持。

让法律人感到可喜的是：最高人民法院为解决"执行难"问题，相继出台了《最高人民法院关于公布失信被执行人名单信息的若干规定》《最高人民法院关于限制被执行人高消费的若干规定》等多部关于执行的规定。最高人民法院向"基本解决执行难"发起总攻后，法院从"基本解决执行难"到"切实解决执行难"，使得"老赖"处处难行，呼唤诚信成为习惯。

"楚客莫言山势险，世人心更险于山。"现实中，民事执行案件逐年增加，造成债权清收"诉累"或"讼累"，债务人往往难辞其咎。一些恶意欠债、玩"躲猫猫"的被执行人，习惯于"上有政策，下有对策"，他们规避执行的手段可谓花样翻新，有的被执行人早早便转移执行财产，造成法院在采取强制执行措施时，面对账上无财产可供执行的"坑"，难以实现执行。代理诉讼债权清收的专业律师或专业律师团队，如果完全依赖法院的执行手段，其实现"受人之托，忠人之事"的律师职责不仅"压力山大"，而且很可能"徒劳无功"。所以，专业律师参与破解"执行难"问题，需要以法院强制执行手段为依托，进一步与被执行人进行谈判、协商，甚至需要"以打促谈"或"打打谈谈""边打边谈"。如此，才能实现有效执行之目的。

法律权利与法律义务犹如一枚硬币的两面，债权人与债务人从当初的"浑然一体"到不得不对簿公堂、靠律师代理"诉讼+和解谈判"、法院判决甚至采取强制执行手段，才能弄清是非曲直，以求解决债权债务纠纷问题。可以说，这是一个从"一体化"到分庭对立再到相对一致的过程。在解决这个闹心事儿的过程中，执行法官采取的强制执行手段以"线上"为主，而与被执行人的沟通、交流、谈判或深挖被执行人财产线索和查明其真实财产状况等工作则需要依靠承办律师、专业律师团队锲而不舍的努力。

因此，承办律师、专业律师团队在建筑房地产债权清收过程中，依法合规运用执行阶段标准流程，采取成熟谈判技巧，辅之以"攻心为上"的办案策略，能够为破解"执行难"问题做出积极贡献。万基律所建筑房地产专业律师团队经过多年反复实践，深深体会到执行回款常常是打官司"'打'回来的"，更是其间进行和解谈判"'谈'回来的"。

三、思路引领者

近年来，法院执行案件数量剧增，为解决"执行难"问题，各级法院均增加了执行法官数量。但是，面对现实中数量庞大的执行案件，执行法官往往只能根据现有强制执行手段逐个推进案件执行，在疲于应对案件多、压力大的工作中，他们难以保证将更多的时间和精力用在寻找被执行人及其财产线索的查询上。于是乎，一些被执行人在摸清法院手段后，面对强制执行威慑，仍然存有侥幸心理——规避法院执行。

建筑房地产债权清收阶段，律师代理执行的所有工作的终极目标均与法院并行不悖——"将诉讼清欠进行到底"。在这个思想指导下，无论是承办律师，还是专业律师团队，都将自己的执业境界确立为"法律之师""道德之师"（"正义之师"），能够在"山重水复疑无路"的情况下，实现"柳暗花明又一村"。这不仅是与法官同为法律人的光荣，也是委托人——债权人之幸。因此，在破解"执行难"问题时，承办律师、专业律师团队大有用武之地。需要指出的是，这些年，随着律师行业的蓬勃发展，各地律所规模、律师队伍得到了迅速壮大，在这种背景下，相对于法官工作负荷重、办理案件数量居高不下、执行困难多等情况，我国（至少是内陆城市、三四线城市的）律师，尤其是年轻律师，每年承办的案件相较于法官而言少之又少，一些新入职律师常常为缺少案源或优质案源发愁。所以，专业律师、专业律师团队或专家律师、成熟律师带领的年轻律师，在代理建筑房地产领域的债权清收案件或执行案件中，应变被动为主动，学会在多方面创新思维，在跟踪案件中做到"抽丝剥茧"，从纷繁复杂乱象中找到有用的执行线索，及时将这些执行线索提供给执行法官，从而助力、引导执行法官实现有效强制执行，在服务法院解决案多人少矛盾、破解"执行难"问题的过程中彰显律师价值。"我国律师队伍是党和人民可以信赖的队伍，是建设中国特色社会主义事业的重要力量。"专业律师、专业律师团队或专家律师、成熟律师带领的年轻律师，在"将诉讼清欠进行到底"方面若能起到思路引领者的作用，可谓功莫大焉。

四、调查者

在实际中，"机关算尽"的被执行人——"老赖"，转移财产已成其常态。现在法院案件多，仅仅依靠执行法院去查询、追踪执行线索，对于执行法官而言往往力不从心。为解决这方面的问题，准确、全面调查清楚被执行人的实际履行能力和财产状况，及时实现当事人的合法权益，充分发挥律师在执行程序中的作用，各省陆续出台了关于律师调查令的规定。例如，2019 年 4 月 15 日，河南省高级人民法院、河南省司法厅、河南省律师协会联合发布了《关于在民事诉讼和民事执行中实行律师调查令的若干规定》。该规定对人民法院签发律师调查令作出了明确规定，有利于律师更为便捷地查找执行线索以及摸清被执行人的实际履行能力和财产状况，优化利用资源，充分调动律师的能动性，减轻执行法官的工作压力。

根据万基律所专业律师团队的经验，律师在代理执行案件时应学一些侦查手段，做到在找人、查物方面具有"摸排"能力。因为债权清收专业律师在执行阶段做"私家侦探"是客观需要，律师为了履行调查者的职责，更应当掌握一些"私家侦探"的技巧，明确如何大海捞针，如何在毫无线索的案件中找到切入点。为便于同仁掌握与之有关的内容，笔者在下面的章节将详细阐明怎样确定执行阶段的调查方向、如何采取相应措施。

🔍 经典案例 16

把握角色定位，专业突破化解"执行难"

2014 年 11 月，某银行洛阳某分行与河南某集团有限公司签订综合授信协议，约定由某银行洛阳某分行向河南某集团有限公司提供最高授信额度为 1 亿元的承兑汇票，期限为自 2014 年 11 月 19 日至 2015 年 6 月 18 日。

2014 年 11 月 19 日，担保人申某某与某银行洛阳某分行签订最高额保证合同，担保人承诺为河南某集团有限公司上述债务承担连带保证责任担保，保证期间为自具体授信业务合同或协议约定的授信人履行期限届满之日起 2 年。同日，洛阳某有限公司与某银行洛阳某分行签订最高额抵押合同，洛阳某有限公司自愿将其名下的土地抵押给了某银行洛阳某分行，并办理抵押登记，抵押担保范围为主债务（综合授信协议约定的最高授信额度 1 亿元中的风险敞口额度 5000 万元）、利息、复利、手续费、实现债权的费用和所有其他应付费用。

2015年5月25日、2015年5月26日，某银行洛阳某分行作为承兑行，分别与河南某集团有限公司签订2份银行承兑协议，约定由某银行洛阳某分行承兑河南某集团有限公司作为出票人的银行承兑汇票，金额分别为4000万元、6000万元，风险敞口分别为2000万元、3000万元，签发日至到期日分别为2015年5月25日至2015年11月25日、2015年5月26日至2015年11月26日，承兑行多垫付的任何款项均转成对承兑申请人的逾期贷款，并按日5‰的逾期罚息利率计收利息，如承兑申请人未按约支付利息，承兑行有权计收复利等。

承兑汇票到期后，某银行洛阳某分行依约承兑了上述汇票，河南某集团有限公司却未按约定如期偿还票款及利息、复利。之后，某银行洛阳某分行根据相关规定及约定，以河南某集团有限公司的5000万元保证金及保证金的利息抵偿了部分逾期贷款。之后，经某银行洛阳某分行多次催要，担保人洛阳某有限公司还款2000万元，剩余贷款本金3000万元及利息、复利借款人、担保人均久拖不还。无奈之下，某银行洛阳某分行委托律师提起诉讼。

承办律师接收案件后，根据办案流程，结合债权清收技巧，调查了被告名下所有的财产线索，迅速向法院提请了保全，由法院对被告的财产采取了冻结、查封等保全措施。该案经历了一审、二审后进入执行程序。在执行程序中，承办律师准确把握执行程序的流程，明确自己的角色定位，实现专业突破，最终顺利化解了该案，实现了委托人利益。

承办律师首先与委托人协商，要求委托人出具特别授权的委托手续。承办律师作为特别授权代理人参与案件执行程序，一方面可以更好地调查被执行人的财产线索，另一方面也可以更为高效地配合执行法官推进执行程序。获得当事人的授权后，承办律师先行与执行法官就已经采取保全措施的土地情况进行了沟通，通过法院执行查控系统对被执行人名下银行账户、车辆等进行了基本筛查。之后，承办律师陆续联系被执行人河南某集团有限公司、洛阳某有限公司、申某某，多方了解被执行人的基本财产情况，为后续开展执行强制措施、谈判等执行方向选择提供了基础信息。承办律师根据调查认为，虽然本案借款人为河南某集团有限公司，但实际用款人为担保人洛阳某有限公司。承办律师根据工商企业信息调查了解到：被执行人河南某集团有限公司经营状况不佳，以其公司经营现状以及资金情况，除非河南某集团有限公司自行筹集资金还款，否则仅仅靠着强制措施根据无法执行到位；被执行人洛阳某有限公司名下仅有抵押给申请执行人的一块土地，无其他资产；被执行人申某某个人名下有2套商业用房，但是该资产较小，无法覆盖本案执行标的。涉案抵押物也属于洛阳某有限公司，经查看现场了解到：涉案抵押的土地上一部分已经被建设了一个小学，学校正常运营，大量学生入学上课，还有一部分已经被洛阳某有限公司出资建设26层建筑，该项目因缺乏资金而停工，但剩余后续工程不多、证件不齐全。

承办律师进行综合调查后，发现被执行人有能力偿还债务，但是，如果仅靠法院采取强制措施，无法全面实现执行回款。因此，承办律师选择和被执行人进行谈判，化身"谈判专家"，主动联系被执行人河南某集团有限公司、洛阳某有限公司、申某某。最初，被执行人河南某集团有限公司、申某某均称实际用款人为洛阳某有限公司，应该由洛阳某有限公司还款，自己可以配合，但自身没有钱还款。被执行人洛阳某有限公司称，其名下抵押给申请执行人的土地上的小学系其建设，后被政府收购，而政府还欠付其回购款，故而无力偿还。

承办律师认为，面对当前情况，仅仅靠谈判无法解决问题，于是，承办律师及时找到执行法官，与执行法官沟通执行思路。最终确定：由法院对被执行人采取纳入限制高消费、失信人名单，查封银行账号等强制措施，并对被执行人洛阳某有限公司承建的26层建筑物进行查封，对被执行人申某某名下房产进行查封。然后，根据财产状况对被执行人名下财产进行处置。

承办律师出面与被执行人继续进行谈判，明确执行思路后，与执行法官分工开展工作。在法院对被执行人采取了基本强制措施并对其名下房产进行查封后，被执行人河南某集团有限公司、申某某意识到了事情的严重性，于是坐到谈判桌前与承办律师协商。申某某称，自己愿意先偿还一部分款项，但要求法院先不要强制拍卖其名下的房产。根据对其名下房产价值的估测，承办律师与申某某商谈确定：由申某某先行支付400万元，申请执行人申请法院暂不对申某某名下房产进行评估拍卖，给申某某3个月的时间，由其协调解决涉案剩余款项的落实。

虽然给了申某某3个月的时间，但是在这个时间内，承办律师并没有停止对被执行人背景、财产线索进行查询以及与其他执行人进行谈判。经了解，被执行人洛阳某有限公司的实际控制人名下设有多个公司，且有众多房产。从此处入手，承办律师找到了洛阳某有限公司的实际控制人刘某某以及代理人，商谈解决方案。承办律师从洛阳某有限公司的实际控制人处得知：涉案抵押的土地上，洛阳某有限公司自行出资建设了小学，但是被区政府回购，然而区政府仅支付部分回购款，尚欠3000多万元未支付，洛阳某有限公司就此事与区政府商谈多次均未果。根据该线索，承办律师找到小学校长了解情况，经了解区政府已经将款项支付给了洛阳某有限公司，洛阳某有限公司应当将该款项支付给贷款行并办理解押手续。然而，洛阳某有限公司收到钱后，并未办理解押。于是，承办律师找到洛阳某有限公司的实际控制人刘某某，以此事与刘某某商谈。刘某某称区政府还拖欠其几千万元款项，只要这笔款项回来就先还本案的债务。承办律师了解情况后，建议其通过诉讼或者仲裁解决其问题。刘某某听取了承办律师的建议，提起了仲裁，取得了仲裁裁决书。

2019年6月份，经多次和谈，三方达成一致意见：2019年6月20日之前，河南某集团有限公司向申请人偿还300万元；2019年6月20日之前，洛阳某有限公司向申请人偿还500万元；2019年7月31日之前，洛阳某有限公司向申请人偿还500万元；2019年8月31日之前，洛阳某有限公司向申请人偿还不低于1000万元；2019年9月30日之前，洛阳某有限公司向申请人偿还不低于1000万元；2019年10月31日之前，洛阳某有限公司连本带息一次性履行完毕剩余全部欠款。之后，河南某集团有限公司支付了 300 万元并签署了上述和解协议，但是洛阳某有限公司一直拒签。2019 年 12 月，法院拍卖涉案资产得到 585.69 万元，法院通过执行扣划给申请人。

前后经多数十次的约谈会见，2020 年 3 月 6 日，三方最终达成和解协议：确认截至 2020 年 2 月 29 日，被执行人尚欠申请人借款本金 2600 万元，利息 560.0429 万元，迟延履行金 320.11 万元，评估费 15.0696 万元，共计 349 522.25 万元。2020 年 3 月 9 日前，洛阳某有限公司向申请人偿还 2000 万元；2020 年 6 月 30 日之前，洛阳某有限公司向申请人偿还 1150 万元，如洛阳某有限公司按约向申请人支付了 1150 万元，则申请人放弃执行案件中其他申请事项的款项金额，该执行案件执行终结，三方对该案再无其他争议。合同签订后，洛阳某有限公司按约支付了 2000 万元。2020 年 7 月 30 日，在承办律师的多方协调下，洛阳某有限公司支付了 1150 万元。至此，本案实现了债权的全部清收，共计回款 48 356 900 元。

建筑房地产债权清收执行阶段以不动产的调查、变现为主要任务，在法院的执行流程中，同执行法官密切配合，以强制执行手段为依托，引导执行方向，提供执行思路，"以打促谈"，最终可以实现建筑房地产债权清收之目的。

在执行过程中，律师首先要改变以往的思维模式，成了推进案件的主导力量。其次，律师要掌握"边打边谈"的技巧，一方面配合法官采取强制执行措施，另一方面灵活运用战略威慑等谈判沟通技巧进行和谈。此外，律师要明确自己的角色定位，从自身出发，主动成为化解案件的主力军。实践证明，沟通、谈判是破解"执行难"问题的基本路径。

在本案的执行过程中，承办律师准确把握律师的角色定位，取得了委托人的信任。于是，承办律师作为特别授权代理人参与案件执行，并以专注、专业的工作回报当事人的信任。承办律师经深入了解、探究案件及被执行人的情况得到被执行人的财产线索，成了执行案件的思路引领者。除了配合法院的强制执行措施以外，承办律师还凭借调解技巧和谈判策略与被执行人进行和谈，综合运用专业知识，实现案件的最终化解。

1. 准确把握角色定位，以特别授权代理人的身份参与案件执行

近几年执行案件日渐增多，为了化解"执行难"问题，最高人民法院也陆续出台了多部司法解释及规定。但是，被执行人为了规避执行，也是费劲脑汁、想尽办法，可谓是"上有政策、下有对策"，执行难度也是日益增加。承办律师如要在执行过程中发挥其作用，取得委托人的充分信任是前提。在执行过程中，很多机会都是稍纵即逝的，需要准确把握时机、及时作出决断，而承办律师对案件情况应该是最为了解的，如何作出决断，承办律师是最有话语权的，如不能取得委托人的充分信任，将在紧要关头错失良机，或者导致决断失误。

本案中，承办律师在代理案件伊始即取得了委托人的信任，以特别代理人的身份参与案件，积极、主动地查询被执行人财产线索，针对已经掌握的情况配合法官采取执行措施。承办律师秉承着对委托人负责的态度，在取得特别授权的情况下，从工作出发，以实际工作回报当事人的信任，在执行关键节点主动为委托人争取最大利益，并及时与委托人沟通执行情况，在谈判、和解等过程中，主动提供和解意见以及谈判的可行性。基于承办律师的及时沟通以及案件的承办效果，委托人最终将案件的决策权全权委托给承办律师，在利息、执行罚息、违约金的减免，分期付款，本息还款顺序等方面，律师均有决策权。在此情况下，承办律师在后续的执行以及谈判过程中，及时与被执行人沟通，充分把握时机，最终以和解的方式化解了本案。本案的承办律师在取得委托人的充分授权的基础上，在代理工作过程中充分维护了委托人的权益，积极、主动地向委托人汇报案件进展，在互相信任、追求利益一致的情况下，更容易化解案件。

2. 化身谈判专家，破解"执行难"问题

面对"执行难"问题，仅仅依靠法院的强制措施很难予以化解，被执行人各种转移财产、规避执行的方法使得法院有时会显得束手

无策。解决"执行难"问题一方面需要法院的强制执行措施，另一方面也需要承办律师化身谈判专家，与被执行人进行谈判。以法院的强制措施为手段，配合承办律师的谈判。

本案中，承办律师多次与被执行人进行谈判，把握时机、以法院的强制措施为手段，与执行法官相互配合，最终化解了本案。第一次和谈，承办律师以评估拍卖被执行人申某某名下房产为切入点，与被执行人申某某进行谈判，经过多次和谈，最终双方协商一致：申某某先行支付 400 万元，但是该 400 万元先偿还本金，申请执行人向人民法院申请暂缓 3 个月评估拍卖其名下的房产。该次谈判承办律师要求申某某出面协调本案，利用申某某自身的关系，共同督促实际借款人洛阳某有限公司还款。后承办律师对涉案抵押土地上的房屋进行现场勘查后，要求人民法院对房产进行查封，并要求法院以现状分层分户进行评估拍卖。承办律师对抵押土地进行深入调查后，找寻到了抵押土地涉及的各种问题，房产的拍卖以及土地问题的揭开对被执行人洛阳某有限公司的影响较大，要求申某某对洛阳某有限公司进行施压。在承办律师、法院、申某某的配合下，第二次和谈协议达成，被执行人分期分批还款，但是鉴于被执行人洛阳某有限公司暂无流动资金用于偿还本案债务，最终被执行人洛阳某有限公司未按和解协议履行，但是经过本次谈判以及承办律师的后期跟踪，被执行人还款 700 万元，也算是取得阶段性的成绩。鉴于和解协议未能完全履行，承办律师继续配合法院，要求法院对被执行人洛阳某有限公司名下的房产进行评估、拍卖，此外了解到洛阳某有限公司的情况后，也为洛阳某有限公司提供了一些行之有效的办法，追回洛阳某有限公司的债权，以便化解本案。在人民法院对洛阳某有限公司名下房产进行评估后，洛阳某有限公司也相继追回部分债权，在洛阳某有限公司有资金偿还本案债务的情况下，各方又坐回谈判桌前，达成了和解协议，被执行人洛阳某有限公司先偿还 2000 万元，剩余 1500 万元 2020 年 6 月 30 日之前支付。最终在承办律师跟踪以及多方协调下，最后一笔款项被执行人在迟于和解协议约定的时间 1 个月后支付给了申请执行人，至此本案全部执行回款。通过谈判化解本案，一方面实现了申请执行人的目的，维护了申请执行人的权益；另一方面也化解了法院的执行案件，对被执行人来说也是化解了其面临强制措施的难题，实现了三方共赢。

3. 深入了解案件情况，为法官提供执行思路

法院执行案件数量激增，面对堆积如山的执行案件，执行法官能做的也只是按照执行流程，采取相应措施，但是深入调查了解被执行人以及案件情况可知，执行法官没有那个时间以及精力，在此情况下，就需要承办律师把工作做在前面，并根据案件情况，给法官提供执行思路。

本案中，前期调查到的仅仅是一块抵押的土地，但是后期查看现场后发现土地上已经加盖了一所小学，附属楼是一栋烂尾楼，无法处置，在此情况下，法院能做的也就是继续查封涉案土地，对掌握的财产线索无能为力。后承办律师经过调查了解到被执行人申某某名下有2套房产，可以进行处置，承办律师将该线索提交法院，要求法院对该房产进行查封、评估、拍卖。后抵押土地上的附属楼建完，承办律师经过多次现场查看，要求法院对该房产进行分层分户评估、拍卖。在配合执行法官采取各种措施的情况下，承办律师也及时把握时机，与被执行人进行谈判。承办律师就"打打谈谈"的思路与执行法官进行深入沟通，执行法官也认可承办律师的思路，积极配合承办律师的谈判，最终化解了本案。

4. 深入、细致地调查案件详情，寻找化解"执行难"突破口

"执行难"问题的主要成因在于被执行人利用各种手段逃避执行，转移财产，基于现有的法院强制执行措施，很多无法查询到被执行人的真实财产状况，对于关联人或者公司也无法进行执行。在此情况下，承办律师要化身侦探，深入调查案件情况以及被执行人的财产状况，关联公司、财产转移情况等。本案中，承办律师到各个部门调查被执行人的房产、土地、车辆等资产，到被执行人申某某的户籍地调查其婚姻状况以及子女信息，并对其配偶、子女名下财产进行了调查。针对河南某集团有限公司、洛阳某有限公司，到工商部门调取相关工商信息，查询其涉及的关联公司，对涉案抵押

物的现状，抵押物被政府回购的情况，抵押物上房产的信息，洛阳某有限公司实际控制人以及实际控制人名下公司进行了详尽的调查，深入剖析了案件情况，寻找突破口，各种手段、措施相配合，最终实现了执行回款的目的。

5. 建筑房地产专业突破，破解执行困境

现阶段，大部分执行案件均涉及房地产，例如对被执行人名下的房产进行评估、拍卖，但是，很多房产存在证件不齐全甚至是烂尾楼等问题。在这样的情况下，能否执行、如何执行涉及建筑房地产的专业知识，承办律师要利用其掌握的专业知识，突破执行困境。

本案中涉及的建筑房地产的专业问题在于涉案抵押土地上加盖了小学，小学被政府回购且已经有学生上课，学校附属楼未被政府回购，但是附属楼证件不齐全，没有政府部门出具的平面图，后期评估、拍卖如何进行，如何保障竞拍人的利益。根据法律的规定，抵押的土地是无法进行买卖的，先行抵押，且抵押手续齐全的，后期买卖合同无效。但是，基于学生已经在学校上课，对学校进行处置则会影响学生的学习，因此承办律师在与法院沟通后决定先行对其他财产进行处置，先行对附属楼进行查封、评估、拍卖，没有政府部门出具的平面图，但是承办律师调查到该楼售楼部有洛阳某有限公司对外公示的平面图以及房屋面积，可以根据双方认可的平面图进行房屋区域及面积划分，拍卖时将该问题公示出来，以便竞拍人进行综合考量。对于无证房屋的问题，可以进行瑕疵公示，就现状进行拍卖。在各种问题下，承办律师找到了法律依据以及行业依据，与执行法官进行深入探讨，最终突破各种难题，对涉案房屋进行了评估。律师还就挂牌拍卖问题与法院进行了沟通，符合法律规定，在不侵犯任何人合法权益的情况下，对房屋进行分层、分户拍卖。因为后期双方和解，本案没有经过拍卖程序，但是面对执行过程中的各项难题，承办律师应利用自身掌握的专业知识，逐个击破，化解执行问题。

执行立案前的律师准备工作

《孙子兵法》曰："谋定而后动，知止而有得。"在法院文书生效后，对于在执行阶段才委托律师的案件，更要先行做好执行准备——勿盲目申请立执行案。因为，需要法院采取强制措施才能保证执行的案件，往往是疑难复杂案件，"谋定而后动"、知己知彼方能取得胜利。

在申请执行前，应当做好如下工作：

一、主动出击，先行谈判

执行立案前，承办律师应主动与被执行人联系约谈，承办律师可采取电话沟通或者登门拜访的方式，最好到被执行人公司与其面谈。这样做的好处有两个方面：一是可以了解被执行人的公司现状、还款能力；二是可以了解在法院文书生效后被执行人未履行的真实原因。

鉴于律师并非案件双方主体，约见被执行人也仅是为了解决案件问题，再加上案件并未真正进入执行程序，因此，在一般情况下，被执行人与承办律师不会有过多敌意，被执行人在正常情况下还是能将真实情况告知承办律师的，遇到仅仅因为暂时的资金不到位等非人为主导因素未履行生效判决文书的情况，经过双方谈判能够达成还款协议——实现申请人债权清收之目的。在谈判过程中，即便无法形成一致意见，初期约谈也能为下一步执行以及后期谈判打下良好基础。

根据案件执行进展情况，如有必要，承办律师可以在法院文书生效后先行向被执行人寄发一份律师函，详细告知被执行人应履行的具体还款义务，告知被执行人如未按生效判决书履行应当承担的法律责任。

模板：律师函

律师函

×××：

　　河南万基律师事务所受×××委托，指派本律师就×××与贵公司×××纠纷的相关事宜郑重致函贵公司。

　　×××诉贵公司×××纠纷一案，某年某月某日，经×××人民法院依法审判，作出×××号民事判决书，判决：贵公司应于×××号民事判决书生效后 10 日内（即某年某月某日之前）向×××支付款项××元；利息（违约金）××元；迟延履行金××元；诉讼费、保全费××元。（就判决书确定的还款义务进行详尽陈述。）

　　请贵公司接到此函后 7 日内向×××支付上述款项，如逾期，我律所将按照法定程序，就民事判决书中贵公司未履行的全部款项申请人民法院强制执行，将贵公司及法定代表人纳入黑名单、限制高消费、限制贵公司的招投标等法律后果均由贵公司承担。

　　敬请贵公司领导重视本律师函，尽快与承办此案的律师联系。

河南万基律师事务所
年　　月　　日

承办律师联系方式：
地址：洛阳市洛龙区开元大道 248 号五洲大厦 9 楼
电话：（0379）6481××××

二、勘查现场

　　承办律师在执行案件立案前，应当对诉讼期间查封的不动产状况进行现场勘查，进一步了解保全财产情况，了解清楚其是否可以通过变卖、拍卖等程序进行变现，同时要调查其周边同类型不动产的行情，以便后期执行。对于诉讼期间未采取保全措施或者因为其他原因无法采取保全措施的涉案施工项目，在执行前也应进行勘查，了解项目的最新进展以及是否能够通过该项目实现执行目的。

　　对涉案项目或者被查封财产进行现场勘查后，承办律师应当进一步到房管局、土地局、不动产登记中心查询其权属登记、抵押、查封等情况，对于未完工房产项目，应当走访售楼部及相关部门，调查其已审批的权证情况，包括建设用地规划许可证、建设工程规划许可证、建筑工程施工许可证、国有土地使用权证、商品房预售许可证，明确其审批状况，以便于执行法官对执行财产进行强制执行。

🔍 经典案例 17

承办律师仔细、全面勘查，不放过蛛丝马迹

2015年3月，洛阳B商贸有限公司向A银行借款2000万元，借款期限至2015年8月19日，年利率为10.7%。后来，洛阳C置业有限公司以其名下一块土地为洛阳B商贸有限公司的上述贷款提供抵押担保。洛阳C置业有限公司自愿为上述债务提供连带担保责任。

洛阳B商贸有限公司借款到期后，未按约偿还借款本金及利息，A银行向法院提起诉讼。一审、二审法院经过审理此案判决：被告洛阳B商贸有限公司归还原告A银行借款本金2000万元及利息（截止A银行申请执行时利息约为1500万元）；原告A银行对被告洛阳C置业有限公司名下抵押的土地享有优先受偿权，被告洛阳C置业有限公司对上述债务承担连带清偿责任。被告未履行生效判决，原告A银行向法院申请执行。在执行阶段，A银行委托律师为本案执行提供代理法律服务，以实现对金融借贷款项清收。

参加人：刘建伟、李瑞、肖晓、肖克、钱玉明

勘查时间：2020年8月1日

承办律师在了解案件基本情况后，对涉案抵押土地进行现场勘查，具体勘查情况如下：

1. 在现场查勘前，先行进行网络调查。通过网络信息筛查，了解执行案件的基本情况。

2. 抵押土地上加盖了一栋D大厦，但是，因洛阳C置业有限公司资金链断裂，D大厦于2015年停工，结果形成"烂尾"。

3. 拍摄现场查勘照片两张，照片显示 D 大厦位于 E 路与 F 街交叉口。

4. D 大厦占地面积 7459.9 平方米，约 11.2 亩，土地有土地使用权证，贷款时抵押给申请执行人 A 银行。D 大厦有建设用地规划许可证，其他权证尚未办理。

5. D 大厦建筑面积约 47 800 平方米，地上 4 层裙楼商业房每层面积约 3300 平方米，裙楼以上有 18 层，每层约 1300 平方米，现场提取楼层平面图一份。

6. D 大厦自 2014 年 11 月 29 日开始内部认购，价格为 4000 元/平方米起。

7. 现场售房部封闭，大厦内部有工人缓慢进行施工，施工项目尚未完工。

三、集体研判

在案件进入执行程序前，承办律师应先行组织召开团队会议，由团队成员对案情进行集体研判，明确案件执行思路以及执行方案，对于执行过程中可能存在的疑难问题进行全面剖析，对执行财产的调查方向、执行追加和变更等问题进行探讨，并细化解决方案。会议过程中，协办案件律师对研判会议内容进行详细记录，会后由承办律师将集体研判的案件执行思路与当事人沟通。

集体研判案件注意事项：

1. 在执行过程中是否有谈判和解的可能？如果存在和解可能，怎样进行谈判？何时适宜谈判？谈判的底线是什么？

2. 被执行人名下是否有可供执行财产？可供执行财产是否存在其他抵押、查封情形？需要采取何种途径变现？

3. 被执行人能否找到？

4. 人民法院的何种强制措施对被执行人的影响最为重大，且有利于案件执结？

5. 案件是否存在执行追加或者执行变更情形？

🔍 经典案例 18

团队集体研判，确定执行思路并付诸实施

2015年3月，洛阳B商贸有限公司向A银行借款2000万元，借款期限至2015年8月19日，年利率为10.7%。后洛阳C置业有限公司以名下的一块土地为洛阳B商贸有限公司的上述贷款提供抵押担保，洛阳C置业公司自愿为上述债务提供连带担保责任。

借款到期后，洛阳B商贸有限公司未按约偿还贷款本金及利息，A银行向法院提起诉讼，经过一审、二审法院审理判决：被告洛阳B商贸有限公司归还原告A银行借款本金2000万元及利息（截止A银行申请执行时利息为1500万元）；原告A银行对被告洛阳C置业有限公司名下抵押的土地享有优先受偿权，被告洛阳C置业有限公司对上述债务承担连带清偿责任。被告未履行生效判决书，原告A银行向法院申请执行。执行阶段A银行委托律师办理本案，对金融借贷款项进行清收。

经承办律师了解案件基本情况后，对涉案抵押土地进行现场勘查发现：洛阳C置业有限公司在涉案抵押土地上加盖了一栋大厦（以下简称"D大厦"），因洛阳C置业有限公司资金链断裂，D大厦于2015年停工"烂尾"至今。后期洛阳C置业有限公司断断续续集资继续建设D大厦，现D大厦剩余水电等少部分工程未完工。D大厦有土地使用权证和建设用地规划许可证，其他权证尚未办理。对现场查勘后，承办律师对该案进行集体研判。

参加人：刘建伟、李瑞、肖晓、肖克、钱玉明

研讨时间：2020年8月1日

经过清收团队律师集体研判，确定该案执行思路并付诸实施。

1. 本案金融借贷纠纷应以不动产（D大厦）为中心展开清收工作。因开发商资金链断裂，大厦停工多年，且无工程规划许可证、施工许可证、预售许可证，变现困难，短期内无法完成清收。

2. 会见洛阳C置业有限公司法定代表人，鼓励、引导其打破传

统思维，引进战略投资人，寻找有资金实力的运营团队，进行合作经营，层层剥茧，破解资金短缺难题，尽快走出困境。

3. 虽然土地抵押给申请人，但土地无法评估、拍卖变现，应迅速申请法院查封价值为 3500 万元的房屋，为日后不动产变现打下坚实基础。

执行立案阶段

第一节　申请执行

一、申请执行书

制作申请执行书，要依托于生效的法律文书，根据申请人的执行要求，按生效法律文书确定的给付义务确定执行请求。拟申请人需要根据我国《民事诉讼法》第 224 条、第 236 条之规定，向法院提出采取强制执行的申请。在起草申请执行书时，律师应从以下几个方面进行准备：①明确申请执行人及被执行人的身份信息；②明确执行请求事项、执行款项、违约金、利息、迟延履行金、诉讼费及保全费数额，当然，计算方法也应当注明；③注明执行依据；④明确执行费用的承担主体；⑤明确申请执行的事实及理由。

模板：申请执行书

申请执行书

（郑某诉 A 公司、牛某买卖合同纠纷一案）

申请人：郑某，男，汉族，××年×月×日出生，

户籍地：××，现住××，身份证号码：××

被申请人：A 公司，住所地：××，统一社会信用代码：××

法定代表人：××（注明公司职位）

联系电话：××

被申请人：牛某，男，汉族，××年×月×日出生，

户籍地：××，现住××，身份证号码：××

联系电话：××

执行依据：

1. ××市××区人民法院（201×）豫××民初××号民事判决书；

2. ××市中级人民法院（201×）豫民终××号民事判决书。

请求事项：

1. 请求法院强令被申请人 A 公司、牛某向申请人郑某支付货款××元及违约金××元（违约金以所欠货款为基数，按月利息 2%的标准，自××年××月××日至实际付清之日止，暂计至申请执行日××年××月××日为××元）；

2. 请求法院强令被申请人 A 公司、牛某向申请人郑某支付申请迟延履行期间的利息，以所欠货款××元为基数，按日利息 1.75‰标准，自××年××月××日（生效法律文书确定的履行期限届满后一日）计算至实际清偿之日；

3. 被申请执行人 A 公司、牛某向申请人郑某支付垫付的案件受理费××元、保全费××元，共计××元；

4. 本案执行费用由被申请执行人承担。

事实和理由：

申请人郑某诉被申请人 A 公司、牛某买卖合同纠纷一案，××市××区人民法院、××市中级人民法院分别作出（201×）豫××民初××号民事判决书、（201×）豫民终××号民事判决书，现判决书已经生效，但被申请人 A 公司、牛某怠于履行判决，拒不履行给付义务。为维护申请人的合法权益，现根据我国《民事诉讼法》第 224 条、第 236 条之规定，提出以上请求，请贵院依法强制执行。

此致

××市××区人民法院

申请人：

年　月　日

二、申请执行立案材料

申请执行人向人民法院申请执行需要提交的材料如下（各法院所需要提交的材料大同小异，以下材料基本涵盖）：

1. 申请执行书（需申请人本人签名或盖公章的原件、模板及相关注意事项在下文详述）。

2. 执行依据（均需提交原件）：

（1）一审生效的案件（即未经过二审的案件）：一审裁判文书原件（判决书、调解书、裁定书等）及生效证明（主审法官在生效判决书原件上加盖生效章，或者另行出具加盖有法院印章的生效证明）。

（2）经过二审的案件：一审及二审裁判文书原件及生效证明（二审主审法官在生效判决书原件上加盖生效章，或者另行出具加盖有法院印章的生效证明），二审案件文书双方签收的送达回证复印件——从二审卷宗中找到并复印。

（3）其他具有法律效力可向法院申请强制执行的生效法律文件。

3. 申请执行人的资料：

（1）申请执行人为个人：有效身份证复印件、授权委托书、律师事务所函、律师证复印件。

（2）申请执行人为法人：营业执照复印件、法人身份证明书、法定代表人身份证复印件；授权委托书、律师事务所函、律师证复印件。

4. 被执行人的资料：

（1）被执行人为个人的，提供有效身份证复印件（某些法院仅要求提供被执行人的身份证号码，不需要提供其身份证复印件；如没有被执行人身份证复印件，可向被执行人户籍所在地公安机关户籍科调取，所需具体材料在下文详述）。

（2）被执行人为法人的，需提供其企业工商信息（注：可从国家企业信用信息查询系统中查询其企业工商信息并打印）。

5. 一审、二审诉讼费、保全费（有保全的情况）票据复印件。

6. 被执行人的送达地址确认书（通过承办法官，从案件卷宗里找到并复印）。

7. 申请人填写的送达地址确认书。

8. 生效法律文书的送达回证（如仅经过一审的案件，只需要从一审法院案卷中找一审裁判文书——各方当事人签署的送达回执证明并复印；如经过二审的案件，则需要从二审法院案卷中找二审裁判文书——各方当事人签署的送达回执证明并复印）。

9. 诉前或者诉讼阶段做过诉前或者诉讼保全的，需要提供保全裁定、协助执行通知书（该部分材料可以到法院保全部门查找并复印）。

10. 提供在诉讼期间掌握的被执行人房产、土地、车辆的登记信息、不动产现场照片、开发施工现场照、被执行人银行账户信息等财产线索，以供执行。

律师到公安机关调查公民身份信息所需材料：①律师的居民身份证原件及复印件；②律师执业证书原件及复印件；③律师事务所介绍信；④当事人委托书；⑤人口信息查询申请表。注：公安机关的户籍信息已全国联网，互通信息，承办律师可就近到公安机关查询基本信息，但是，如需要出具信息登记表，还需要到被执行人户籍所在地调取。

附：人口信息查询申请表

人口信息查询申请表

申请单位（盖章）　　　　　　　申请日期：　　年　　月　　日

申请人信息	申请人姓名	（律师姓名）
	性别	
	公民身份证号码	
	查询事由	案件需要
	律师执业证号码	
	通讯地址、联系电话	
申请查询事项	（查询××，身份证号为××××的户籍信息）	
申请查询人承诺	本人所提供的证件证明真实有效，申请内容真实，若有填报不实或将查询信息用于其他途径或泄露公民个人信息行为，本人愿承担由此产生的一切法律责任。 　　　　　　　　承诺人签名： 　　　　　　　　　　年　　月　　日	

一图看懂

人口信息查询申请表

| 申请单位(盖章) | | 申请日期：　年　月　日 |

	申请人姓名	(律师姓名)
申请人信息	性　别	
	公民身份证号码	
	查询事由	案件需要
	律师执业证号码	
	通讯地址、联系电话	
申请查询事项	(查询 XX，身份证号码为＿＿＿＿＿＿＿＿的户籍信息)	
申请查询人承诺	本人所提供的证件证明真实有效，申请内容真实，若有填报不实或将查询信息用于其他途径或泄露公民个人信息行为，本人愿承担由此产生的一切法律责任。 承诺人签名： 　　　　　　　　　　年　月　日	

　　承办律师将执行立案材料提交执行法院后，应向执行立案人员询问执行案件分配法官的时间、如何查询执行法官和执行案件号。在一般情况下，执行案件立案后，先由立案庭将案件登录法院系统、编制执行案件，后将纸质案件材料转移至法院执行局，再由执行局分配执行法官，由执行法官承办执行案件。从执行立案到案件材料转移至执行法官，一般需要 2 周左右的时间（该时间与根据执行法院的案件数量等因素确定的时间有所区别）。

　　在案件分配执行法官后，承办律师应及时与执行法官联系，领取执行裁定，并配合执行法官向被执行人寄发执行裁定、报告财产令等材料。此阶段，主要是配合人民法院找到被执行人，并将上述材料送达被执行人。

第二节 执行管辖

执行管辖主要分为级别管辖、地域管辖、指定管辖等，本节主要介绍执行案件的地域管辖以及级别管辖，确定权利人应当向哪个法院申请执行，以实现生效法律文书所确认的权利。

一、民事执行管辖的一般规定

发生法律效力的民事判决、裁定、调解书，由第一审人民法院或者与第一审人民法院同级的被执行财产所在地人民法院执行。发生法律效力的实现担保物权裁定、确认调解协议裁定、支付令，由作出裁定、支付令的人民法院或者其他同级的被执行财产所在地人民法院执行。

两个以上人民法院都有管辖权的，可以选择向其中任意一个人民法院申请执行。在通常情况下，建议在一审人民法院申请执行，因为，案件在一审诉讼过程中已采取保全措施，一审人民法院对保全财产的情况比较了解，在一审人民法院申请执行便于后期执行。再则，被执行财产往往不在同一个地方，对于不在执行法院所在地的财产情况、被执行人的情况，其他人民法院往往没有一审人民法院了解，故建议申请执行人到一审人民法院申请执行。

申请执行人向被申请执行人的财产所在地人民法院申请执行的，应当提供该人民法院管辖区有可供执行财产的证明材料。根据被执行财产种类的不同，该财产所在地的认定规则如下：

1. 被执行的财产为房屋、土地使用权等不动产的，以不动产的所在地为财产所在地。

2. 被执行的财产为一般动产的，以实际存放地为财产所在地。

3. 被执行的财产为车辆、船舶、航空器等特定动产的，以登记簿记载的所在地为财产所在地，由实际存放地、停泊地人民法院执行更为方便的，也可以以实际存放地、停泊地为财产所在地。

4. 被执行的财产为金融机构存款及其利息的，以开户行所在地为财产所在地。

5. 被执行人的财产为股权、红利等投资权益的，以投资权益所涉及的法人、其他组织的所在地、主要经营地、主要办事机构所在地为财产所在地。为上市公司流通股的，以上市公司的住所地、主要经营地、主要办事机构所在地为财产所在地。为非流通股的，以流通股所涉及的法人、其他组织的住所地、主要经营地、主要办事机构所在地为财产所在地；根据《最高人民法院执行局关于法院能否以公司证券登记结算地为财产所在地获得管辖权的意见》，证券登记结算机构视为证券交易提供集中登记、存管与结算服务机构的，其存管的仅是股权凭证，不能将股权凭证所在地视为股权所在地。

6. 被执行的财产为商标、专利等知识产权的，以知识产权人的住所地、主要营业地、主要办事机构所在地为财产所在地。

二、商事仲裁裁决的执行管辖

仲裁即俗称的公断。仲裁是根据双方当事人协议将争议提交第三者，由该第三者对争议的是非曲直进行评判，并作出裁决的一种解决争议方法。商事仲裁是商事领域的仲裁。商事仲裁因为在解决纠纷中具有快捷性、实用性、专业性和高效性，而成了国际通行的经济纠纷解决方式。在现实中，商事仲裁作为解决多元化纠纷机制中除诉讼以外最主要的路径之一，凭借其专业、灵活、高效、重视意思自治等优势，已成为越来越多商事法律主体在订立合同时的首选。商事仲裁裁决的执行一般由被执行人住所地或者被执行财产所在地的中级人民法院执行。

《最高人民法院关于适用〈中华人民共和国仲裁法〉若干问题的解释》第29条规定："当事人申请执行仲裁裁决案件，由被执行人住所地或者被执行的财产所在地的中级人民法院管辖。"

《最高人民法院关于人民法院办理仲裁裁决执行案件若干问题的规定》第2条规定："当事人对仲裁机构作出的仲裁裁决或者仲裁调解书申请执行的，由被执行人住所地或者被执行的财产所在地的中级人民法院管辖。符合下列条件的，经上级人民法院批准，中级人民法院可以参照民事诉讼法第三十八条规定指定基层人民法院管辖：（一）执行标的额符合基层人民法院一审民商事案件级别管辖受理范围；（二）被执行人住所地或者被执行的财产所在地在被指定的基层人民法院辖区内；被执行人、案外人对仲裁裁决执行案件申请不予执行的，负责执行的中级人民法院应当另行立案审查处理；执行案件已指定基层人民法院管辖的，应当于收到不予执行申请后三日内移送原执行法院另行立案审查处理。"

财产查控阶段

法谚曰："法者，天下之仪也。"承办律师、专业律师团队为完成好债权债务清偿这一彰显公平、正义的任务，依法、合规配合法院开展财产查控工作，对破解"执行难""执行不能"有着重要意义。

财产查控，主要指被执行财产调查以及对被执行财产采取强制控制措施。财产调查，又分为法院依职权调查以及承办律师调查，该阶段的工作是律师工作的重中之重，是执行案件能否执结的关键。因此，承办律师应当及时跟踪，主动调查，并配合法院采取相应措施。下文，笔者将分节点及情况对相应的律师工作进行详细阐述。

第一节　法院依职权调查

一、被执行人报告财产

执行法官接收执行案件后，一般先行向被执行人送达执行通知书、执行裁定、报告财产令。被执行人收到报告财产令后，应当在报告财产令载明的时间内如实向人民法院报告其财产状况。

1. 如被执行人拒绝报告、虚假报告或者无正当理由逾期报告财产情况，申请人可以向人民法院申请对被执行人或者其法定代表人采取相应措施。

2. 如被执行人如实向人民法院报告其财产状况，则应及时申请人民法院对被执行人报告的财产进行核实。

二、法院调查

法谚曰："法律乃良善允正之术。"为了努力让人民群众在每一个司法案件中都能感受到公平正义，律师必须认真做好法院调查工作，这是审判机关做好核实案件事实、甄别证据、正确分析和判断是非曲直、维护社会公平正义的实体审理要求。

1. 法院可通过网络执行查控系统查询被执行人的银行账户信息，部分法院可查询被执行人的住房公积金、微信、支付宝、车辆等信息。

2. 法院可通过法院系统查询被执行人的其他执行案件；通过查询被执行人作为申请执行人的案件，了解被执行人债权情况，要求执行法院协助执行；通过查询被执行人的其他被执行案件，了解被执行人在其他案件中的执行财产，调查其是否存在协执可能。

3. 法院可向有关部门查询被执行人的房产、金融理财产品、收益类保险、股息红利等财产信息。

4. 向法院及时调取财产保全情况，如有保全财产，进一步采取续封或直接予以执行。若法院未能及时依职权调查被执行财产，申请人应向执行法院提交书面申请，要求法院进行调查。

三、法院查控阶段的律师工作

1. 代理律师认为被执行人有拒绝报告、虚假报告财产、隐匿或转移财产等逃避债务情形，或其股东、出资人有出资不实、抽逃出资等情形，可书面申请法院委托审计机构对该被执行人进行审计。被执行人隐匿审计资料的，法院可依法采取搜查措施。

2. 被执行人拒不提供、转移、隐匿、伪造、篡改、毁弃审计资料，阻挠审计人员查看业务现场或有其他妨碍审计调查行为的，法院可根据情节轻重对被执行人或其主要负责人、直接责任人员予以罚款、拘留，构成犯罪者依法追究其刑事责任。

3. 为查明被执行人财产情况和履行义务能力，申请法院传唤被执行人或被执行人的法定代表人、负责人、实际控制人、直接责任人员，到法院接受调查询问。

对于必须接受调查询问的被执行人、被执行人的法定代表人、负责人或实际控制人，经依法传唤无正当理由拒不到场的，可申请法院拘传其到场。上述人员下落不明的，依照相关规定申请法院通知有关单位协助查找。

4. 对查询到的被申请人的动产、不动产等，配合法院采取查封、扣押、评估、拍卖措施，对通过网络查控到的银行存款等进行冻结、划拨。

5. 申请、配合执行法院，将被执行人纳入失信被执行人名单、限制高消费名单。

6. 申请、配合执行法院，向被执行人的债权人发出协助执行通知书。

7. 申请法院对被执行人或被执行人的法定代表人办理拘留相关手续：先向被执行人发出拘留通知书，若被执行人拒不到庭，由法院移交公安机关采取临控措施。

8. 收集被执行人涉嫌拒执罪的材料，构成拒执罪的，向法院提起自诉（见《最高人民法院关于拒不执行判决、裁定罪自诉案件受理工作有关问题的通知》）。

第二节　律师调查

一、律师调查内容

1. 调查被执行人的房产、车辆等资产情况。

2. 调查被执行人的债权情况。

（1）通过裁判文书网，查询被执行人作为原告的胜诉判决、申请执行人的执行案件。

（2）通过招投标网，查询被执行人在执行法院所在地的招投标情况，包括招标项目、中标金额、工期。线上查询后，到发包人处查询施工合同，了解项目工程款支付情况、付款节点。

3. 查询被执行人的资质情况（通过被执行人的企业官网、住建部门、国家企业信用信息公示系统查询）、线下查询被执行人全部工商档案，以了解被执行人的企业成立、演变情况、股权结构及变动、对外投资情况，分公司、子公司、注册资本情况、是否存在出资不实情况。

4. 调查在建工程及停工烂尾工程情况（现场查看、拍照留存，其流程及操作指引与非诉讼阶段的现场勘查相同）。

（1）到土地部门查询在建项目、停工烂尾项目的土地登记以及地籍资料。

（2）到土地规划部门查询土地规划许可、工程规划许可情况。

（3）到住建部门查询施工许可情况。

（4）到房管部门查询预售许可情况。

5. 到建设工程的五大主体单位（建设单位、勘察单位、设计单位、施工单位、监理单位），调查相关情况，如竣工验收时间、主体封顶时间、挂靠协议等。

二、律师调查令

"文本的灵魂在于它的意图。"律师调查令本身是一种制度，该制度的意图是更好地查明案件事实。作为法院为支持律师调查案件相关情况而签发的一种具有法律效力的正式文件——律师调查令，对于有效推进案件执行具有重要作用。

在现实中，对于确实由于客观原因无法调查取证的情况，承办律师可书面向法院申请律师调查令。申请律师调查令操作指引：

（一）申请调查令所需材料

（1）申请书。申请书应载明申请调查所涉案件案号、案由、申请人、申请调查证据的名称、证明目的、无法自行调查的原因、协助义务人名称或姓名、被执行人财产线索、申请调查特定证据的线索。

（2）律所出具的公函、持调查令调查的律师执业证书等，申请人委托代理人授权委托书，委托权限应为特别授权。

（3）申请人及持调查令的调查人保密承诺书。

（4）申请人及持调查令的调查人严格按照发出调查令法院告知的权利、义务使用调查令，如有违反，愿意接受司法行政机关或律师协会的处罚或惩戒，构成妨害民事诉讼行为，按照我国民事诉讼法的规定承担相应的法律后果。

（二）调查令期限

法院应当自收到调查令申请之日起 5 日内决定是否准许持调查令调查；如情况紧急，在证据可能灭失或以后难以取得的，法院应及时审查；符合规定的，应当在 1 个工作日内审查并签发调查令；调查令的有效期限一般为 15 日。

（三）律师调查令调查范围

调查令可用于调查法院认为适合持调查令调查与案件待证事实有关的证据，以及有关被执行人的实际履行能力、利害关系人的财产情况、被执行人是否违反限制消费令、是否违反限制出境措施、是否隐藏转移财产以及涉嫌拒执犯罪等相关证据、信息或财产状况。

（1）执行人为自然人身份的基本身份信息，包括户籍登记、身份证登记、护照及其他出入境证件信息、本人相片、婚姻登记、配偶或者其同住亲属、社会保障情况、征信记录、被执行人的手机号码、固定电话号码、微信、QQ、微博、支付宝、网络虚拟账号信息等。

（2）被执行人为法人或者非法人组织的基本身份信息，包括股权结构、经营性质、公司规章制度、经营范围、股东会或董事会会议记录、股东名册、出资情况等。

（3）工商登记、税务登记及税收违法行为信息、纳税情况明细、非企业法人登记情况等。

（4）自然人签订劳动合同、企业用工信息、企业缴纳社会保险费的相关信息等。

（5）在银行、证券、保险、信托等金融机构的存款、理财、债券、股票、基金份额、信托受益权、保险金请求权、保单现金价值、住房公积金、拆迁补偿安置等财产情况，及其变动或交易明细。

（6）在支付宝、财付通、余额宝、微信等互联网金融机构的财产情况，以及其变动或交易明细。

（7）不动产、机动车辆及其交强险和商业保险、船舶、航空器、股权、注册商标专用权、专利权、著作权等经法定登记机构登记的财产情况、抵押或质押登记情况及其变动。

（8）被执行人债权情况，以及作为债权人的其他案件审理、执行情况。

（9）被执行人出口退税、各类补贴等情况，及其变动或交易明细。

（10）执行财产真实性，以及可能虚假报告的财产情况。

🔎 经典案例 19

律师恪尽职责调查疑难复杂案件
委托人拿到全部执行款赞不绝声

洛阳某房地产公司与洛阳某安装公司建设工程施工合同纠纷一案，经洛阳市瀍河回族区人民法院依法审理后，于 2009 年 10 月 16 日作出民事判决：判令被告于判决生效后 10 日内支付原告工程质量赔偿金 31.4492 万元，诉讼费 1 万元、鉴定费 5.8 万元，由洛阳某安装公司负担 5.5 万元。

2010 年 5 月 6 日，洛阳某房地产公司于向瀍河法院申请强制执行。2010 年 10 月 10 日，因洛阳某安装公司无财产可供执行，瀍河法院裁定本次执行程序终结。到此阶段，承办律师仍未放弃执行。2016 年 5 月，承办律师通过现场勘查发现洛阳某安装公司已于 2007 年人去楼空——不再经营。经查阅其工商信息发现：由于其未参加年审而被吊销营业执照，此后未再更新过工商信息；该公司已经无偿还能力。

之后，承办律师通过对洛阳某安装公司的相关判例信息进行搜索，发现一份判决书中提到该公司将其承建的与洛阳某房地产公司存在工程质量责任纠纷的房屋交由田某个人处置，且其中一份判决书中显示洛阳某安装公司与田某签署过一份协议书。该协议内容显示：早在2005年，洛阳某安装公司就将9套房屋抵给涉案工程实际施工人田某，由田某进行处置，并约定"此后由涉案工程产生的与洛阳某房地产公司的全部债权债务均由田某负责，费用由田某承担"。承办律师申请执行法院出具调查令后，调取了上述案件的判决书及协议书。

找到了案件突破口后，承办律师于2016年7月接受洛阳某房地产公司委托，依据《最高人民法院关于审理建设工程施工合同纠纷案件适用法律问题的解释（一）》之规定，对实际施工人田某提起诉讼，追加田某为赔偿义务人。法院于2017年3月7日作出判决书，判决实际施工者田某对洛阳某安装公司应当支付给洛阳某房地产公司工程质量赔偿金31万元及诉讼费、鉴定费5.5万元，并承担连带赔偿责任。法院作出该判决后，田某未上诉，该判决生效。

法院判决生效后，洛阳某房地产公司立即申请强制执行。在执行过程中，承办律师从洛阳某房地产公司处得知田某名下有一套房产，于是，经申请执行人同意，立即与本案执行法官联系要求查封田某名下的房产。承办律师到房管局查封时发现：田某购房时使用的是一代身份证，且该一代身份证与田某二代身份证载明的出生年、月、日均不相同。于是，房管局以不能确定两个身份证是否为同一人的为由，拒绝进行查封。承办律师又到田某户籍地进行调查，派出所以一代身份证年代久远未保存为由，表示不能出具证明。

在多番调查无果的情况下，承办律师通过大数据查询，发现在洛阳市西工区人民法院审理的一起案件中显示有田某以该房产为抵押物向他人借款的情况。于是，承办律师申请执行法院出具调查令，调取了与田某有关的洛阳市西工区人民法院案卷，结果发现：该案件中有一份田某为办理房产抵押登记而开具的证明。承办律师将以上证据出示后，房管局将田某的房产查封。

"当查封的财产为非争议标的时，若首封法院率先取得生效法律文书，则该法院作为首封法院直接进入执行程序。"谙熟法律法规的承办律师，经过与首封法院执行法官取得联系，落实了田某名下相关房产情况。被执行人房产已被司法拍卖，实现一拍成交，之后，法院办理了协助执行手续。

2018 年 1 月，申请执行人洛阳某房地产公司拿到了包括赔偿金、诉讼费、鉴定费、迟延履行金等在内的全部执行款，该公司对承办律师赞不绝口。

1. 本案体现了承办律师在建筑房地产领域疑难复杂案件中取得的专业突破胜利。洛阳某安装公司已停业多年，无执行能力。承办律师在另一案件中调取了实际施工者田某与洛阳某安装公司签订的内部挂靠协议。依据《最高人民法院关于建设工程施工合同纠纷案件适用法律问题的解释（一）》之规定，建设工程质量应由施工单位与实际施工人承担连带责任，因此，承办律师代理委托人向实际施工者提起连带赔偿的民事诉讼。

2. 本案最大的看点在于承办律师在执行调查中取得的成功。承办律师通过应用大数据工具，实现线上查询线索、线下出具调查令落实执行，最终破解了本案被执行人田某身份的"谜团"，继而实现了对其房产的查封，帮助申请执行人实现 35 万余元债权的全部清收。

3. 本案体现了承办律师具有的"受人之托，忠人之事"的执业精神，正是对这一执业精神的坚守，保证了"坚决把债权清收进行到底"。在这起建设施工合同纠纷执行案中，因洛阳某安装公司无财产可供执行，2010 年法院就裁定执行程序终结。尽管如此，承办律师仍不畏艰难，千方百计地查找执行线索，最终发现洛阳某安装公司与田某签订的判决书及协议书。因此，本案才能追加田某为赔偿义务人，最终债权清偿才得以实现。

模板：律师调查令申请书

律师调查令申请书

当事人：

申请人：×××，×××律师事务所律师

执业证号：×××

接受调查人：×××

续表

请求事项：因×××（原告/上诉人/申请执行人）与×××（被告/被上诉人/被执行人）×××（案由）一案存在由于客观原因不能自行收集证据的情形，特请求贵院开具律师调查令，以便申请人能够持律师调查令前往×××调查收集如下证据材料：

1.

2.

3.

事实和理由：

1.

2.

3.

此致

×××人民法院

申请人：×××

×××律师事务所（公章）

年 月 日

模板：律师调查令

河南省×××人民法院律师调查令（样式）

（××××）豫××民/执调令××号

×××（写明接受调查人的名称或姓名）：

本院已受理×××（原告/上诉人/申请执行人）与×××（被告/被上诉人/被执行人）××纠纷（案由）一案，案号/收件编号为×××。×××（当事人）因客观原因无法取得有关证据，于××××年×月×日向本院提出调查××××的申请。为查明案件事实，根据《中华人民共和国民事诉讼法》相关规定，经本院审查决定，现指定××律师事务所×××到你处收集、调查以下证据：

1.

2.

3.

代理律师：×××（性别：×，律师执业证编号：××××××××××××）

请你处在核对持令律师执业证书、律师事务所所函并确认无误后，向持

续表

令律师提供上述指定证据材料。不宜提供原件的，可提供复印件，并注明"与原件核对无异"。在提供的证据材料上，须加盖起证明作用的单位骑缝印章，注明材料的总页数，并由经办人签名。

对本律师调查令指定调查内容以外的证据，你处有权拒绝向持令律师提供。不能提供证据或无证据提供的，应在律师调查令上以书面形式说明原因，由经办人签名、加盖单位印章后交持令律师。

依据法律和司法解释规定，有义务协助律师调查令实施的单位或个人，应积极协助持令律师收集、调查证据。无正当理由拒绝或妨碍调查取证的，法院可根据情节轻重，依照《中华人民共和国民事诉讼法》有关规定予以处罚。对有协助义务而拒不协助的单位及公职人员，法院可向有关主管部门通报情况，也可向有关机关提出予以纪律处分的司法建议。

本调查令有效期限为　年　月　日至　年　月　日。

此令

河南省×××人民法院

年　月　日

（法院印）

（联系人：　　联系电话：　　　）

模板：律师调查令回执

河南省×××人民法院律师调查令（回执）

（××××）豫××民/执调令××号

河南省×××人民法院：

你院×××一案律师调查令已于×月×日收悉。根据你院的要求，现提供如下证明材料：

1.

2.

3.

以上材料共×页。

不能提供律师调查令所列第××项证明材料，原因是：

续表

经办人：（签字）　　　　　　　　　　　　　年　月　日 　　　　　　　　　　　　　　　　　　（接受调查人印章或捺指印） 联系方式： （此联由持令律师交还本院附卷）

第三节　财产查控阶段的律师和解

一、财产查控阶段的律师和解技巧

作为一种近乎圆满的结案方式，执行和解受到了法官以及当事人的青睐，可要想通过执行和解化解矛盾纠纷，就必须认真做好财产查控阶段的相关工作。

在财产查控阶段，执行法官开始对债务人采取一系列的执行手段。这一阶段是债权人的代理律师与债务人和谈的重要阶段，律师应依托执行法官采取的强制执行措施，运用律师和解技巧，展开与债务人的谈判，必要时可以"以打促谈""边打边谈""打打谈谈"，促成双方执行和解。执行实践证明，执行的效果在不少时候是"打出来的"，更是"谈出来的"。律师正确运用谈判策略，采取"攻心为上"策略，可谓破解"执行难"问题的有效路径。

1. 在财产查控阶段，"战略威慑法"是律师和谈的最重要方法。这一阶段，执行法官采取的强制执行手段均可作为威慑点向对方施压。比如，可将纳入失信人名单、限制高消费、账户冻结、财产查封等作为"筹码"与对方谈判，找准债务人"软肋"，促成执行和解，实现债权清收目的。

2. "高开低走法"技巧的运用。进入执行阶段，在一般情况下，债务拖欠时间较长，利息、违约金、迟延履行金较高，承办律师可就债务人兑现执行款的数额、期限、利息、违约金、迟延履行金情况，作出适当让步，使双方达成执行和解协议，促使债务人自动履行。

3. "顺藤摸瓜法"的运用。债权人代理律师应当对被执行人进行全面、详尽的调查，摸清被执行人的关联企业、关联人及财产转移路径。其方法包括网络尽职调查、走访调查、会见被执行人等。在摸清被执行人财产线索后，采取必要的措施。比如，在发现被执行人的债权时，可申请执行法官向被执行人的债权人发出协助执行通知；发现被执行人低价转移财产时，可提起撤销权诉讼。

经典案例 20

把握财产查控时机 机智谈判实现清收

2015 年 1 月，张某向姜某某借款 50 万元，借款期限为 3 个月，借款利率为月利率 2%。借款到期后，张某剩余借款 48 万余元迟迟未归还姜某某，姜某某多次催要未果，于是委托律师向法院起诉。此案经法院一审、二审，法院最终判决被告张某归还姜某某借款本金 48 余万元及利息（按月利率 2% 标准）。

判决书生效后，被告张某未履行判决书确定的义务，姜某某向法院申请执行。执行阶段，承办律师调查到被执行人名下有一套住宅（A 房屋），遂申请人民法院对该房屋查封。法院查封该房屋后，承办律师主动联系被执行人张某进行和谈，表示被执行人张某如拒绝按照判决书履行，将申请人民法院拍卖其名下的 A 房屋，被执行人张某表示 A 房屋是其唯一住房，不能拍卖。承办律师"见机行事"——依法向其出示《最高人民法院关于人民法院办理执行异议和复议案件若干问题的规定》，告知被执行人：根据现行法律规定，唯一住宅是可以进行评估、拍卖的。被执行人知道该情况后，慑于住宅被拍卖的风险，同意还款。

承办律师在办理本案期间，涉案借款利息已达 20 余万元，承办律师经征得委托人同意，表示如被执行人能一次性偿债，其可以与申请人执行人沟通，就执行部分利息作出让步，被执行人表示同意。

最终，本案执行人与被执行人达成和解协议，被执行人以现金形式向执行人一次性支付48万余元借款本金和部分利息，该案得以化解。

1. 在财产查控阶段，承办律师充分利用"战略威慑法"促成和解，完成债权清收。本案执行阶段，被执行人的房屋被查封，被执行人以"唯一"住宅不能拍卖为由对抗执行。见此情况，承办律师出示了最高人民法院的司法解释：唯一住宅是可以进行评估、拍卖的，但应为被执行人留存一定租金。被执行人慑于住宅被拍卖，同意向亲属借钱还债。

2. "高开低走法"。本案法院判决还款利息为月息2分——执行时利息很高，在此情况下承办律师适当让步，从而促成了被执行人一次性还本付息，高效率完成一起债权清收案件。

二、财产查控阶段的操作指引

1. 注意执行财产的查封期限，对于尚未处置且查封期限临近的应及时申请人民法院进行续封。

2. 查封不动产（房产、土地），律师应提前到现场查看，了解不动产的现状以及变现的难易程度。如法院需到现场公告查封，律师应随同前往并及时了解情况，提醒人民法院张贴封条或者查封公告，通知有关登记机关办理查封登记手续：

（1）未登记的建筑物和土地使用权，依据土地使用权的审批文件和其他相关证据确定权属；未登记房屋的性质（如教育、商业等）的，以规划部门的审批结果为准。

（2）查封地上建筑物的效力以及该地上建筑物使用范围内的土地使用权，查封土地使用权的效力以及地上建筑物，但是，土地使用权与地上建筑物的所有权分属被执行人和他人的除外。

（3）地上建筑物和土地使用权的登记机关不是同一机关的，应分别办理查封登记。

3. 在查封尚未进行权属登记的建筑物时，律师应提醒法院通知该建筑物的管理人或者其实际占有人，并在显著位置张贴查封公告。

4. 查封动产（车辆、机械设备等），在申请法院查封时，应尽可能要求法院控制动产，以便将其拍卖、变卖。

5. 查封、冻结债权、股权、投资权益、知识产权等财产性权利：承办律师如无法深入了解被执行人财产性权利的具体情况，应先行了解其基本信息，财产性权利涉及的第三人或者部门的基本情况，申请人民法院调查，并就调查内容留存；人民法院作出查封、冻结等裁定后，应了解查封、冻结的具体内容、期限等。

6. 在执行过程中，一般通过网络查控查询被执行人的银行账户，如果银行账户没钱，一般不予查封；若被执行人是公司，代理律师应要求法院将其基本户查封，以便于和解谈判；如果被执行人是房地产公司，律师应当调查被执行人的按揭银行，查封办理按揭的银行账户，以达到迅速和谈的目的。

7. 在执行过程中，申请查封、扣押、冻结被执行人的财产，以其足以清偿法律文书确定的债权额及执行费用为限，不得明显超标的额查封、扣押、冻结。但是，该不动产为不可分物且被执行人无其他可供执行的财产或者其他财产不足以清偿债务时，即使超标的也可查封。

8. 对被执行人与其他人共有的财产（如夫妻共同财产），人民法院可以直接查封、扣押、冻结，但应及时通知财产共有人。

9. 查封、扣押、冻结期限届满，人民法院未办理延期手续的，查封、扣押、冻结的效力自动消灭，无须再办理解封手续。

10. 土地使用权抵押的债权债务纠纷，若地上已建成房屋，抵押权效力及于地上房屋，但仍应申请执行法院对地上房屋进行查封。

🔍 经典案例 21

无财产可供执行? 律师及时查控财产促全面清收

2000 年 1 月，洛阳市某建筑安装工程有限公司（以下简称"建筑安装公司"）承包施工洛阳某房地产有限公司开发项目（以下简称"房地产公司")。2000年3月,建筑安装公司与温某某签订内部协议,约定温某某为涉案项目的实际施工人。工程完工后,工程出现开裂情况,给房地产公司造成了严重经济损失。房地产公司多次与建筑安装公司、温某某协商未果,于是委托律师向人民法院起诉。

承办律师在全面了解案件情况后,将建筑安装公司以及实际施工人温某某均列为被告,温某某作为实际施工人应当对本案承担连带责任。本案经过一审、二审,法院最终判决:①被告建筑安装公司向原告支付质量赔偿金38万元;②被告建筑安装公司向原告支付违约金4.6318万元;③被告温某某对本判决的第一项承担连带责任。该判决生效后,被告未按判决书履行,原告遂向人民法院申请强制执行。

在本案的执行阶段,承办律师发现被执行人建筑安装公司人去楼空——无财产可供执行,被执行人温某某名下银行账户中无资金。后经代理律师调查发现,被执行人温某某有一套房屋,代理律师立即向人民法院提交该线索,并要求法院对该房屋进行查封。人民法院对温某某名下房屋进行查封后通知了温某某,温某某得知后立即要求与代理律师和谈。在和谈过程中,代理律师了解到该房屋现由温某某儿子居住,法院对该房屋进行查封使得儿子对温某某产生极大不满。了解该情况后,承办律师经征求执行申请人同意后告诉温某某:可以解除对其房产的查封,但温某某要按照法院生效判决履行,即向执行申请人支付包括本金、违约金、迟延履行金、诉讼费在内的全部款项。经过几轮谈判后,温某某最终妥协,按照承办律师的要求完全履行——支付了包括本金、违约金、迟延履行金、诉讼费在内的全部款项。至此,本案顺利执行完毕,最大限度地维护了执行申请人的合法权益。

点评▶-----

1. 本案体现了承办律师在审判阶段的专业突破优势。对于建设工程质量纠纷,除了要将建筑安装公司列为被告以外,还应当将实际施工人列为共同被告。在本案的审判阶段,代理律师将建筑安装公司与实际施工人列为共同被告，要求建筑安装公司与实际施工人承担共同还款责任。需要强调的是，将实际施工人列为共同被告，为本案执行阶段执行实际施工人财产打下了坚实基础。

2. 律师调查及时，为本案实现债权全额清收赢得了"战机"。执行立案后，律师立即展开调查，对被执行人的财产进行详查。摸清房屋现状、人员居住情况以及温某某房屋被查封后的心理状态，对承办律师在后期执行中的和谈具有重要意义。

3. 法院查封执行，律师谈判跟进。温某某房屋被人民法院查封后，承办律师以最快的速度与被执行人进行谈判，发现被执行人有尽快解封的心理要求，遂代理申请执行人与其和谈，结果在最短时间里解决了"执行难"问题，保证了本案债权清收应收尽收——执行回本金、违约金、迟延履行金以及诉讼费，极大地维护了申请执行人的合法权益。

财产处置阶段

第一节　对被执行人银行存款等金钱的执行

一、法院对被执行人银行存款等金钱的执行

在执行阶段，负责执行的法院在通过法院执行查控系统对被执行人银行账户进行查封、冻结后，可直接在线上实现扣划，将被执行人银行账户中的款项扣划至执行法院账户；因对被执行人银行账户查封、冻结，需到该银行账户的开户行办理的，则针对该部分款项到开户行办理扣划手续，将被执行人银行账户中的款项扣划至执行法院的账户。

被执行财产被扣划至执行法院账户中时，由执行法院出具领款通知书，经执行申请人签字确认后，执行法院从法院账户中将款项转入申请人银行账户；如该部分款项达到生效法律文书确定的债务数额，则执行终结；如该部分款项不足以支付生效法律文书确定的全部款项，则继续执行其他可供执行的非金钱财产。

二、法院对被执行人银行存款等金钱执行阶段的律师执行实务

在法院对被执行人的银行存款等金钱进行执行时，此阶段的律师执行实务有以下内容：

1. 无论被执行人的基本账户是否有存款，承办律师均应代理执

行申请人依法向法院提出查封被执行人基本账户的要求。

2. 在基本账户被查封、冻结的状态下，建筑企业无法进行工程招投标。此阶段，承办律师代理执行申请人依法请求法院查封建筑企业基本账户，这有利于承办律师开展执行和解谈判工作。

3. 房地产企业的基本户、按揭账户、监管账户处于查封、冻结状态，房地产企业无法融资、销售回款。承办律师遇到房地产企业作为被执行人的案件，应依法要求执行法官冻结其基本账户、按揭账户、监管账户。在法院冻结房地产企业基本账户、按揭账户、监管账户后，全权代理申请执行人的承办律师可以以依法解除冻结为和谈条件，依法合理地与房地产企业展开谈判。

4. 承办律师可以以解除被执行人没有存款的银行账户为交换条件，与被执行人展开谈判，力争实现执行和解或先行部分回款。

经典案例22

查找按揭户 执行快回款

在洛阳某商砼有限公司诉伊川县某置业有限公司的买卖合同纠纷一案中，原告洛阳某商砼有限公司向被告伊川县某置业有限公司供应混凝土，被告未按约支付货款，拖欠原告商砼款37.1515万元迟迟未付。无奈之下，原告委托律师向人民法院提起诉讼。本案经过法院依法审理作出判决：判令被告伊川县某置业有限公司向原告支付商砼款37.1515万元。之后，被告未按判决书履行，原告申请人民法院强制执行。

在本案的执行阶段，被执行人伊川县某置业有限公司人去楼空，涉案项目停滞，法院通过执行查控系统无法查询到被执行人的财产线索，因此，本案长期无法执行回款。承办律师通过多方途径，了解到被执行人有个正在开售的楼盘，于是便"乔装"为买房人，到售楼部进行探查，最终在售楼部财务室"发现新大陆"——找到了被执行人的银行按揭账户！

承办律师将该线索提交至法院，执行法官迅速冻结了被执行人的银行按揭账户。在这之后，被执行人不得不主动找到承办律师进行和谈。在和谈过程中，被执行人承诺还款，但要求还款后解除对被执行人按揭账户的冻结。最终，本案在执行法官与承办律师的一致努力下，实现执行本金及迟延履行金共计 39.5424 万元。申请执行人对有效帮助其顺利实现债权清收的承办律师感激不尽。

点 评

为了实现债权清收，承办律师应"牢记使命"，不畏困难，抓住时机通过代理"诉讼+执行"或者"诉讼+执行+和谈"实现债权清收这一终极目标。

在本案中，承办律师经多方调查，发现被执行人公司在某县新开一楼盘，于是，立即前往该楼盘售楼部调查，在售楼部获知了被执行人的银行按揭账户，遂申请执行法院将其冻结。该债权清收技巧（策略）击中了被执行人的"要害"。

人民法院冻结被执行人银行按揭账户后，被执行人无法办理出售房屋按揭手续。因售卖房屋受阻，被执行人不得不主动坐到谈判桌前，与全权代理债权清收承办律师和谈，结果此案完美执结。

在办理这起买卖合同纠纷案后，承办律师交流的办案心得是：通过"顺藤摸瓜法"，抓住被执行人要害，然后，一针见血地"以打促谈"，往往成效卓著。

第二节　对非金钱财产的执行

"程序是法治的生命。"在债权清收执行阶段的财产处置程序中，法院对于非金钱财产的执行是有章可循的。对于非金钱财产的执行，一般通过议价、询价、评估程序，先行确定非金钱财产的市场价值，然后，通过拍卖、变卖的形式对非金钱财产进行处置变现，从而实现对执行申请人的债权进行清收。

一、议价

确定被执行财产的参考价，尽可能采取当事人议价、定向询价、网络询价等方式。这样做，一方面可节约时间成本，另一方面可节省评估费用。

议价，是指执行当事人双方通过协商的形式共同确定被执行财产的处置参考价。议价需双方当事人协商一致，且不得损害他人合法权益。如果一方当事人下落不明或拒绝议价，或双方当事人对被执行财产的议价结果分歧较大，议价程序均无法进行。当事人如果有证据证明议价中存在欺诈、胁迫情形，可在发布一拍拍卖公告或直接进入变卖程序之前提出异议，法院在此时应当通过执行监督程序进行审查处理。

议价应当依据被执行财产的市场价，根据案件具体情况以及双方当事人对执行案件的谈判意见，综合考虑被执行财产的参考价。在此基础上，承办律师主导议价程序的进行，这样做便于案件的后期执行或执行和解。

二、询价

询价，是指通过财产所在地的有关机构或司法网络询价平台，确定被执行财产的执行参考价。询价分为定向询价和网络询价两种。询价无须双方当事人的一致同意，询价结果也无须取得双方当事人的一致认可。

1. 当事人议价不能或不成，且财产有计税基准价、政府定价或政府指导价的，可由法院向确定参考价时财产所在地的有关机构进行定向询价。

双方当事人一致要求直接进行定向询价，且财产有计税基准价、政府定价或政府指导价的，也可以直接进行询价。

当事人有证据证明有关机构出具虚假定向询价结果的，可在发布一拍拍卖公告或直接进入变卖程序之前提出异议，法院在此时应当通过执行监督程序进行审查处理。

2. 定向询价不能或者不成，财产无须由专业人员现场勘验或鉴定，且具备网络询价条件的，可由法院通过司法网络询价平台进行网络询价。

双方当事人一致要求或同意直接进行网络询价，财产无须由专业人员现场勘验或鉴定且具备网络询价条件的，可直接通过网络询价确定被执行财产的参考价。

当事人、利害关系人认为网络询价报告存在财产基本信息错误、超出财产范围，或遗漏财产、评估机构，或评估人员不具备相应评估资质、评估程序严重违法情形之一的，可在收到报告后 5 日内提出书面异议。

三、评估

（一）评估前的律师准备工作

1. 在评估、拍卖前，代理律师应实地走访，了解查封土地、房屋的基本情况，包括不动产的面积、位置、有无租赁、居住。

2. 通过实地察看同地段不动产市场行情，网络查询，到房管部门、中介机构查询，多方走访，了解标的物的市场价格。

3. 对于无法进行询价、议价的财产，承办律师应提醒申请人主动申请法院对被执行财产进行评估，向法院提交评估申请书。对商品房和写字楼整栋、整层进行评估时，应申请法院对被执行财产分层、分户进行评估，以便于后期拍卖。

4. 在一般情况下，承办律师在开展不动产评估前应准备以下资料：

（1）不动产相关权证，包括土地使用权证、建设用地规划许可证、建设工程规划许可证、建筑工程施工许可证、商品房预售许可证。

（2）相关合同，包括土地出让合同、建设工程施工合同、商品房预售合同、商品房销售合同等。

（3）相关图纸、设计图、施工图、经审批的规划图、楼层分户、面积图。

（4）同地段土地、房屋销售价格的相关资料。

（5）现场照片。

5. 承办律师应当整理被执行财产的相关材料，并将材料一式 3份，提交案件执行法官，然后由执行法官将相关材料移交技术处，再由技术处将相关材料移交评估机构。

（二）评估期间的律师工作

1. 评估机构及执行法官到现场查看评估财产时，承办律师应到场参与，向评估机构介绍评估财产的相关情况。

2. 在委托评估时，代理律师应与评估机构的评估师进行沟通。评估机构是按照评估价收费的，最终的评估价格往往偏高，所以，代理律师应及时说明情况，确定合理的价格，以便随后拍卖程序能够顺利开展。

（三）出具评估报告阶段的律师工作

评估机构在接收执行法院委托后，应该在30日内出具评估报告。承办律师应该在这个时间段内与评估机构沟通，了解评估报告的情况以及出具时间等。当事人有证据证明评估报告存在财产基本信息错误、超出财产范围，或遗漏财产、评估机构，或评估人员不具备相应评估资质，或评估程序存在严重违法等情形，或对评估报告的参照标准、计算方法或评估结果有异议，可以在收到评估报告后5日内向法院提交书面异议。因此，承办律师在领取评估报告后，应及时对评估报告进行审查，如果发现确有上述情形，应该在收到评估报告后5日内向法院提交书面异议。

🔍 经典案例 23

借法院拍卖威慑，在评估阶段和谈促清欠

2011年，李某向A公司借款30万元，双方约定：借款期限至2011年12月，逾期不还则需承担日5‰的违约金。借款到期后，李某未按约定归还A公司借款，A公司委托律师向法院起诉。

承办律师经了解情况，得知李某按揭购买了B房屋一套，于是在诉讼阶段申请法院对B房屋采取保全措施。此案经人民法院审理依法作出判决：被告李某归还A公司借款本金30万元及违约金（利息按日5‰标准）。

法院判决生效后，被告李某未履行生效判决，A公司向法院申

请执行。在执行阶段，承办律师申请法院对被执行人李某名下的 B 房产进行评估。经评估，B 房屋总价值为 90 余万元。评估报告出具之后，案外人刘某提出执行异议，认为刘某已通过以物抵债的方式取得了 B 房屋，法院不能强制执行该房屋。其向执行法院提交了一份生效判决书，该判决书判决李某以 B 房屋抵偿刘某债务的行为有效。在执行异议期间，执行法官因该执行异议迟迟不能将涉案 B 房屋上网拍卖，案件一直处于停滞状态，无法继续进行。

承办律师经认真研判刘某提出的执行异议，认为 B 房屋仍属于李某所有，即便李某以 B 房屋抵债的行为有效，也仅仅是履行债权债务关系，不发生物权变更效力，不能对抗第三人及法院的查封。承办律师一方面将该意见提交人民法院，另一方面则主动联系案外人刘某，阐明其提出的执行异议不能成立。于是，法院出具驳回执行异议裁定，并通过司法拍卖的形式处置该房屋，司法拍卖价格相对较低。

案外人刘某听到承办律师对案件现状的分析后，担心涉案房屋被拍卖后其无法再取得房屋，那样其将受到更为严重的损失，因此，同意与 A 公司和谈。鉴于被执行人无其他可供执行的财产，如果不能执行涉案 B 房屋，A 公司的债权将无法得到保障，故承办律师决定与案外人刘某进行和谈。

经过承办律师的多次交涉，A 公司与案外人刘某达成和谈协议：案外人刘某向 A 公司支付 30 万元本金及 10 万元违约金，A 公司不再执行李某名下的 B 房产，并申请人民法院予以解除查封。最终，案外人向 A 公司支付 40 万元，本案争执不下的问题终于得到了顺利解决。

在执行评估阶段，承办律师可以利用查看现场、选定鉴定机构的见面机会，向债务人发出"拍卖威慑"。在评估结论出具后，更应充分利用法院"拍卖威慑"，与债务人商谈，力争达成和解，促成债务以现金形式履行。

在本案中，在对被执行人李某名下 B 房屋进行评估后，因另案执行异议，执行法官迟迟不能网上拍卖。鉴于被执行人无其他财产可供执行，承办律师选择与案外人谈判。经承办律师主动与案外人和谈，达成了和解协议，执行异议人以现金支付形式履行，从而完美化解了案件执行问题。

四、网络司法拍卖、变卖过程中的律师工作

1. 申请法院将已确定执行参考价的执行财产进入网络司法拍卖、变卖程序。

2. 与法院协商起拍价。在执行财产参考价确定后，法院有权根据参考价在法律规定的范围内确定起拍价。一拍起拍价不得低于市场估价的70%，即法院在执行财产参考价的基础上，根据市场行情拥有30%以内的降价权。因此，承办律师应坚持"低价起拍，高价拍出"原则，与法院协商确定起拍价，起拍价应尽可能符合或低于市场价，以便于吸引更多的竞拍人参与竞拍，从而提升拍卖财产的热度，进而便于将拍卖财产以高价拍出。

3. 若一拍流拍、进入二拍，二拍起拍价不得低于一拍起拍价的80%，即法院在一拍竞拍价的基础上，根据市场行情有20%以内的降价权。承办律师可以在此基础上，与法院协商二拍起拍价。

（1）一拍流拍后，应当于30日内在同一网络司法拍卖平台再次拍卖，拍卖动产应在拍卖7日前公告；拍卖不动产或其他财产权的，应在拍卖15日前公告。

（2）若二拍流拍，律师应评估被执行人是否存在破产风险、市场行情变化，及时与当事人沟通是否接受以物抵债。

（3）根据一拍拍卖情况，如一拍拍卖平台受众较小，承办律师可建议申请人在二拍流拍后的10日内书面要求更换到名单库中的其他平台上，实施变卖程序。

（4）代理律师应及时对标的物进行宣传：制作照片、视频等对拍卖物进行宣传，通过熟人、微信、朋友圈、互联网、报纸等进行推介，引起围观。在关键时候，要引导当事人及相关人员参加竞拍，时刻关注拍卖价格，最大限度地维护当事人的利益。

4. 二拍流拍或认为被执行人存在破产风险，拒绝以物抵债的，则进入变卖程序，变卖价为二拍流拍价，变卖期为 60 日。自竞买人第一次出价开始进入 24 小时竞价程序，其他取得竞买资格的竞买人可在竞价程序内以递增出价方式参与竞买。竞价程序结束时，变卖期结束。

5. 变卖不能成交的，代理律师要及时引导当事人接受以物抵债，如果变卖后当事人不同意以物抵债，法院将对标的物进行解封。在此阶段，要防范执行不能风险。

在一拍、二拍、变卖过程中，承办律师要时刻关注，及时跟踪，辅之以必要的操作手段。

🔍 经典案例 24

跟进拍卖查封房，保全部执行回款

2012 年 7 月，被告李某某向原告张某某借款 200 万元，借款期限自 2012 年 7 月 2 日至 2012 年 9 月 1 日。被告李某某向原告借款是在其与方某某婚姻存续期间。借款到期后，被告李某某仅向原告支付部分本金及利息，原告多次催要未果，不得不委托律师代理诉讼。2016 年，案件经一审、二审法院审理判决：被告李某某与方某某向原告偿还借款本金 95 万元及相应利息。该判决生效后，被告未履行该判决，原告向人民法院申请强制执行。

在执行阶段，承办律师调查到被告李某某在洛阳市涧西区有一套住宅，建筑面积为 187.15 平方米，承办律师将该线索提交人民法院，请求执行法官对该房产进行查封、评估、拍卖。法院依法对该房屋进行查封，并委托评估机构进行了评估，评估查封房屋总价为 159.75 万元。执行申请人申请人民法院降价 10% 进行拍卖，人民法院将该房屋以评估价降价 10% 的价格挂至淘宝网进行拍卖。

鉴于当时关注司法拍卖的人较少，知悉此次拍卖的人也较少，该房屋一拍流拍。承办律师针对这种情况，申请人民法院二拍价格在一拍价格的基础上降价 15%，人民法院认可承办律师的意见，并且吸取了一拍流拍教训。在二拍开拍前，承办律师全力开展跟进服务，对该房屋拍卖的信息进行大范围宣传，为二拍开拍营造互相竞争氛围。最终，该房屋以 141.2087 万元的价格实现成功拍卖。本案所涉本金、利息、迟延履行金等共计 128.4601 万元，最终全部执行回款。

1. "酒香也怕巷子深"，对拍卖标的物的宣传必不可少。本案标的房屋位置好，可观河景，且价格不贵，但是，由于一拍时没有宣传，遭遇了无人问津的尴尬，在流拍后执行申请人的债权无法变现。在二拍时，承办律师对标的房屋进行了包装推介，开展了线上、线下宣传，结果炒起了热度，引起了公众的"围观"。

2. 压低起拍价，吸引意向竞买人。在二拍时，承办律师与执行法官协商，根据实际情况将标的房屋的二拍竞拍价格降价 15%，以低价吸引更多的竞买人，从而避免了重蹈一拍流拍的覆辙。

3. 定向联络竞买标的房屋客户，要求其缴纳竞买保证金，确保二拍变现。由于承办律师的操作适当，二拍溢价 30%，顺利实现了债权人的本金、利息、罚息等全部债权。

4. "上兵伐谋，攻心为上。"为帮助执行法官做好二拍成功的房屋腾退工作，承办律师与执行法官轮流做被执行人的工作，耐心动员住户为竞买到标的房屋者腾房。经谈判，在为该妇女和她的 3 个孩子留足 3 年房屋租金后，本案执行实现执结。

经典案例 25

拍卖阶段速决策，以房抵债全清收

2011 年 10 月，范某因投资房地产开发项目急需用钱，请求吴某借给他一部分资金作为周转。双方经协商，于 2011 年 10 月 25 日签订委托贷款借款合同。该合同约定：吴某（委托人）委托某金融机构向范某贷款人民币 2700 万元，期限为 6 个月（自 2011 年 10 月 31 日至 2012 年 4 月 30 日止），借款年利息为 24%，到期日归还本金和未结清利息。

以上合同签订后，吴某于2011年11月4日分3次向范某支付本金共计2700万元。但是，借款到期后，范某未按期支付借款本金及利息。吴某与范某经结算，于2013年5月7日签订还款协议，该协议确定，截至2013年5月1日范某仍欠吴某本金2000万元、违约金1100万元，范某自愿在2013年6月1日起每月偿还吴某（甲方）本金200万元，直至还清吴某的上述款项，借款利息按照月息2%计算，逾期付款的，利息仍按照本条约定计算。某置业有限公司、范某某作为保证人在还款协议上签字确认，自愿为上述债务向吴某承担连带保证责任。

范某继首次与吴某签订借款合同失约后，对这次签订的还款协议仍爽约！经吴某多次催要，范某仅在2014年1月6日向吴某一次性支付1000万元，剩余本金1000万元迟迟未付。2014年12月，吴某向法院提起诉讼，要求范某支付借款本金及利息，某置业有限公司、范某某承担连带责任。

2015年3月，经法院主持调解，原告吴某与被告范某、担保人某置业有限公司和范某某达成调解协议：范某支付吴某全部本金1000万元及利息（以1000万为基数，按月息2%自2014年8月21日起计算至实际付款日止期间利息）；范某支付吴某诉讼费5.4268万元、保全费5000元，共计5.9258万元；范某若未按期履行则另支付吴某逾期履行违约金25万元；某置业有限公司、范某某承担连带责任。

该调解书生效后，范某在本案中第三次"爽约"！吴某于2016年5月向法院提出强制执行申请。在执行过程中，范某表示自己无力偿还巨债。在这种情况下，接受原告委托提供代理清欠法律服务的承办律师，经过全面、深入、细致的调查，发现担保人某置业有限公司名下有约1300余平方米的商铺。于是，承办律师经征得委托人吴某同意，依法向法院提出查封、冻结该商铺申请，防范委托人遭遇被执行人破产——无财产可供执行的风险。该申请得到法院同意后，承办律师紧接着积极跟进被查封商铺的评估、司法拍卖等程序，在此过程中做了富有成效的工作。2016年12月14日，评估后机构出具评估报告，认为被评估商铺价值1384万元。之后，法院将该商铺拍卖，在出现一拍流拍后，2017年6月20日，原告吴某向法案申请将该商铺以一拍的价格抵偿给自己。至此，本案得以全部执行终结。

1. 在本案中，承办律师在破解"执行难"问题时，机智灵活、果断决策，通过采取以房抵债策略，有效预防了原告遭遇被执行人破产之风险。在执行过程中，承办律师调查发现，被执行人涉诉案件几十件，资金链断裂，岌岌可危，处于破产边缘，如果被执行人申请破产，债权人巨额债权将化为泡影。所以，当出现一拍流拍后，承办律师及时与委托人——原告吴某沟通，接着迅速向法院申请以房抵债，以最快的速度完成债权清收。

2. 承办律师在本案中采取的"骑上马送一程"策略，体现为当事人增值服务，赢得了良好社会口碑。本案进入评估、拍卖阶段后，涉案的沿街商铺已升值一倍多，见此情况，承办律师向申请执行人建议在商铺拍卖抵债后，利用其权证齐全的便利进行抵押贷款，使得该不动产直接变现，达到了解决当事人流动资金困难之目的。

五、领取执行款的律师操作指引

领取执行款，可谓办理债权清收案件收益的关键环节，承办律师必须到场，不可麻痹大意，否则，可能会造成难以收取律师费的问题。

1. 应当由申请执行人出具领取执行款项特别委托书，将执行款打入承办律师账户。承办律师的收款银行最好与法院执行的收款银行相一致。

2. 若遇到执行法院拒绝将执行款打入律师账户的情况，当事人为个人时，在领取款项前，应要求申请执行人提前将银行卡交由承办律师保存；在领取执行款时，应当由申请执行人持本人身份证原件与承办律师一同到法院财务部门办理领款手续，这方便当事人在收到执行款后对执行款进行分割，同时，也方便其支付律师代理费。

3. 当执行法院拒绝将执行款打入律师账户时，当事人为公司的，法院一般要求其直接将执行款支付到对公账户，承办律师应操作分批兑现执行款。当然，承办律师也可采取分批结算律师费的办法，但要把控收律师费风险，避免自己依法合规、千辛万苦实现代理清欠任务后，辛勤劳动的报酬难保证。

模板：网上司法拍卖、变卖的律师工作流程图

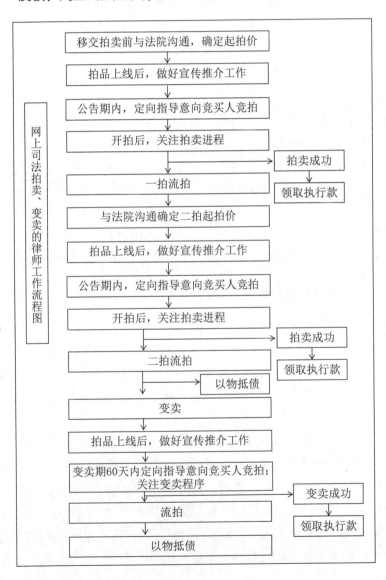

终结本次执行

法谚云："执行乃法律之终局及果实。"在依法合规进行债权清收的前提下，千方百计地攻克执行顽疾、实现案件执结，是法院和承办律师的共同目标和职责，但无奈事情发生是不以人的意志为转移的，在不得已情况下对案件进行终结本次执行，在司法实践中是常见现象。

终结本次执行程序（简称"终本执行"），主要是指对确无财产可供执行的案件，法院暂时终结执行程序并做结案处理，待发现有可供执行财产后恢复继续执行的一项制度。作为代理律师，应认真研究终结本次执行的相关规定，灵活运用执行技巧，最大限度地避免和减少终结本次执行对代理工作造成的消极影响。

一、终结本次执行的条件（同时满足）

1. 已向被执行人发出执行通知、责令被执行人报告财产。

2. 已向被执行人发出限制消费令，并将符合条件的被执行人纳入失信被执行人名单。

3. 已穷尽财产调查措施，未发现被执行人有可供执行财产，或发现的财产不能处置。

4. 自执行案件立案之日起已超过3个月。

5. 被执行人下落不明的，已依法予以查找；被执行人或其他人妨害执行的，可申请依法采取罚款、拘留等强制措施；构成犯罪的，可依法启动刑事责任追究程序。

操作指引：在执行程序中，如执行法院要求案件终结本次执行，那么，承办律师应及时审查案件是否符合终结本次执行条件。对于不符合终结本次执行条件的案件，应要求法院继续执行，或与法官沟通恢复执行事宜。

二、终结本次执行前的律师实务工作

1. 对被执行人报告的财产，承办律师应代理申请执行人要求，申请法院予以核查。

2. 对逾期报告、拒绝报告、虚假报告的被执行人，应要求法院依法采取罚款、拘留等强制措施。

3. 申请法院传唤被执行人或其法定代表人、负责人、实际控制人或财务、会计人员到法院接受调查询问，与申请执行人的代理律师会面、和谈。代理律师在和谈时，如遇到对方恶意逃债或继续无理拖延清偿债务的情况，不妨实施"战略威慑"。

4. 请求法官前往现场，调查被执行人的住房公积金、金融理财产品、收益类保险、股息红利等未实现网络查控的财产。

5. 被执行人是自然人的，申请法院向被执行人所在单位及居住地周边群众调查了解被执行人的生活居住、劳动就业、收入、债权、股权等情况。代理律师随同前往，现场进行执行谈判。

6. 被执行人是法人或其他组织的，申请法院对其住所地、经营场所进行现场调查；全面核查被执行人的企业性质及设立、合并分立、投资经营、债权债务、变更终止等情况；若发现被执行人存在隐匿财产、对其会计账簿拒不交出等情况，申请法院采取搜查、强制开启等强制措施，要求被执行人交出会计账簿等资料，进行审计调查。

7. 因终结本次执行被约谈，应积极提供被执行人的债权线索，并要求法院核实；被执行人为自然人的，查询其配偶的财产及其未成年子女的财产，要求法院核实。

8. 代理律师认为被执行人有拒绝报告、虚假报告财产情况，隐

匿、转移财产等逃避债务情形，或其股东、出资人有出资不实、抽逃出资等情形的，可书面申请法院委托审计机构对该被执行人进行审计。被执行人隐匿审计资料的，可申请法院依法采取搜查措施。

三、终结本次执行后的律师实务工作

1. 保持与被执行人的沟通联络，了解被执行人的经营状况。

2. 在终结本次执行后，每6个月向法院申请1次通过网络执行查控系统查询被执行人财产，该工作持续时间为5年。

3. 终结本次执行后，发现被执行人有可供执行财产，不立即采取执行措施可能导致财产被转移、隐匿、出卖或者毁损的，应及时申请执行法院立即采取查封、扣押、冻结等控制性措施。

4. 终结本次执行后，法院已对被执行人依法采取的执行措施和强制措施继续有效，承办律师可依此"尚方宝剑"与被执行人进行和谈。

5. 终结本次执行后，及时申请延长查封、扣押、冻结期限。

6. 终结本次执行后，如果存在变更、追加执行当事人的情形，则可申请变更、追加执行当事人。

7. 终结本次执行后，被执行人或其他人妨害执行的，申请法院对其依法予以罚款、拘留；构成犯罪的，依法追究其刑事责任。

8. 终结本次执行后，代理人应继续查找被执行人的财产线索，为恢复执行提供条件。

四、恢复执行

在终结本次执行程序启动后，执行申请人如果发现被执行人有可供执行财产，可向执行法院申请恢复执行；申请恢复执行不受申请执行时效期间的限制；执行法院核查属实的，应恢复执行。

在终结本次执行程序启动后的5年内，承办律师每6个月可以与执行法院联系1次，通过网络执行查控系统查询1次被执行人的财产，对于符合恢复执行条件的，承办律师应及时向执行法院申请恢复执行。

经典案例26

起死回生终回款

2012年8月，邯郸市B建筑工程有限公司、田某向洛阳市A商砼有限公司购买商品混凝土，之后，邯郸市B建筑工程有限公司、田某拖欠洛阳市A商砼有限公司57万元货款未支付，洛阳市A商砼有限公司向某人民法院提起诉讼。

2015年12月9日，某人民法院作出一审判决，驳回了洛阳市A商砼有限公司的诉讼请求。洛阳市A商砼有限公司不服一审法院判决提起上诉。在二审期间，上诉方与被上诉方达成调解协议，二审法院于2016年6月30日依法出具调解书：田某共计拖欠洛阳市A商砼有限公司货款57万元，田某于2016年7月至2016年11月每月支付10万元，于2016年12月支付剩余7万元，邯郸市B建筑工程有限公司对上述债务承担连带责任。

上述调解协会达成后，邯郸市B建筑工程有限公司、田某未按调解协议履行。2016年8月24日，洛阳市A商砼有限公司向法院申请强制执行，2016年12月25日，因被执行人无财产可供执行，法院作出裁定：终结本次执行程序。

在终本执行后，承办律师并未放弃执行。承办律师调查发现田某名下有建筑面积为175.49平方米的"某国际公馆"房屋1套，遂调取了该房屋的房屋所有权证存根和商品房买卖合同。2017年12月5日，承办律师向法院申请恢复执行。

在恢复执行阶段，2018年11月15日在法院主持下达成执行和解协议：①执行标的57万元，诉讼费6478元及利息。②被执行人邯郸市B建筑工程有限公司于2018年11月19日前向洛阳市A商砼有限公司支付15万元。③自2018年12月起，每月28日前被执行人邯郸市B建筑工程有限公司向洛阳市A商砼有限公司支付10万元整，直至案款还清为止。④被执行人邯郸市B建筑工程有限公司按时还清案款，洛阳市A商砼有限公司自愿放弃利息。⑤申请人同意对被执行人邯郸市 B 建筑工程有限公司失信措施、限制高消费措施、冻结的银行账户给予解除。⑥执行费由被执行人承担。在此之后，经执行法官、承办律师多次督促，被执行人履行了和解协议，本案最终执结。

1. 案件终结本次执行程序后，进入"休眠"状态，承办律师应继续跟踪，千方百计地查找被执行人的财产线索，为恢复执行创造条件。在终本执行期间，承办律师应关注被执行人的生产经营情况，一旦存在执行可能，应即时恢复执行。

2. "战略威慑法"的运用。在执行阶段，承办律师应该以法院的一系列强制执行措施为"威慑"，同对方展开执行和谈。本案中，律师申请同意对被执行人限制高消费、冻结银行账户等措施给予解除，"把被执行人拉到谈判桌前"，达成执行和解协议，顺利执结了已被终本执行的案件。

3. "蚕食策略"的运用。目前，实际执行率低是事实，通过执行和谈分期、分批兑现执行款是现实的选择。本案的执行标的为 57 万元，承办律师同意分 6 次支付，拉长了生效法律文书确定的期限，给被执行人以"喘息"的机会，最终达到了实现债权的目的。要"放水养鱼"，而不是"竭泽而渔"，这样才有希望实现步步为营，积小胜为大胜。实践证明，运用"蚕食策略"，谈判达成执行和解协议，是破解"执行难"问题的基本路径。

4. 本案最终实现债权实属不易，一审败诉，二审承办律师据理力争，以调解的方式确认了债权。在终本执行的情况下，承办律师查找财产线索，恢复执行，最终以执行和解的方式结案。这起经历波折的案件，两次"起死回生"。在整个债权清收过程中，承办律师一直保持着不屈不挠的"战斗"精神，彰显了令委托人称赞的执业精神。

执行变更、追加当事人

　　"玩魔术的本领——会变。"如果用这一谚语形容承办律师在债权清收期间应具备的以变应变本领，可谓恰到好处。因为在执行过程中，当情况发生变化后，很可能需要进行执行变更、追加当事人，否则，执行将陷入僵局或死局。

　　执行变更当事人，是指执行当事人因发生法定情形，而将原执行当事人的权利承受人或者义务承担人变更为执行当事人。执行变更当事人，分为申请执行人的变更以及被执行人的变更。执行追加当事人，是指在执行程序进行过程中，因被执行人不能履行或者不能完全履行生效法律文书确定的义务，而将与直接被执行人有义务关联的主体依法追加为被执行人，由其作为被执行人，与原被执行人共同承担责任或者履行义务。

一、执行变更、追加流程

　　1. 申请执行人提出追加被执行人的申请，并提供相应的证据。

　　2. 执行机构对申请执行人的申请进行审查，必要时可依法收集、调取有关证据，如果法人或者其他组织合并、分立、撤销，须有工商行政管理部门（市场监督管理部门——政府主管市场监管和行政执法的工作部门）或上级主管部门的证明材料等。

　　3. 执行机构举行听证，召集追加的被执行人和执行当事人进行举证、质证，赋予其申辩的机会，对有关事实进行审查，并由合议庭作出是否追加当事人的裁决。追加被执行人，涉及追加的被执行人的重大实体权利。《最高人民法院关于人民法院执行工作若干问题的规定（试行）（2008 年调整）》第 83 条从简化程序、提高效率的角度，直接赋予了执行机构在执行程序中进行处理的权力，但并不能因此而剥夺当事人抗辩的机会和权利。在执行实践中，通过听证解决追加问题，不失为一种好的方式。

4. 制作并送达裁定书。裁定书应写明追加当事人的理由和法律依据，并分别送达原执行主体和追加后的被执行人。裁定书送达即生效。

5. 向追加的被执行人发出执行通知书。追加被执行人裁定，只作为执行新的主体之依据，裁定与执行通知书是两类不同性质的法律文书，两者不能相互替代。因此，执行法院在裁定追加被执行人之后，仍应按执行程序向新的执行主体发出执行通知书，责令其在指定的期限内履行义务，逾期不履行或者在指定期限内转移、变卖、毁损财产的，执行法院可依法强制执行。

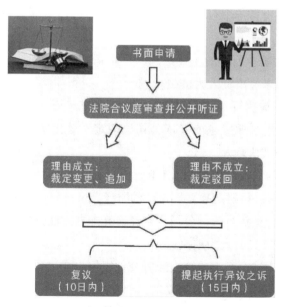

执行变更、追加流程图

二、执行中变更、追加被执行人的情形

1. 因被执行人死亡，可申请变更其继承人、受遗赠人、遗嘱执行人、遗产管理人为被执行人。

2. 因被执行人被宣告失踪，可申请追加或变更其财产代管人为被执行人。

3. 因被执行人的企业法人合并，可申请变更合并后的企业法人为被执行人。

4. 因被执行人的企业法人分立，可申请追加或者变更分立后的企业法人为被执行人。

5. 作为被执行人的个人独资企业，不能清偿债务，可申请直接追加投资人为被执行人。

6. 作为被执行人的法人分支机构，可申请变更、追加该法人为被执行人（法人直接管理的责任财产仍不能清偿债务的，法院可以直接执行该法人其他分支机构的财产）。

7. 作为被执行人的合伙企业，可申请变更、追加普通合伙人为被执行人；有限合伙人出资未到位的，可追加有限合伙人为被执行人。

8. 作为被执行人的企业法人，可申请变更、追加抽逃出资、出资不实的股东、出资人为被执行人。

9. 作为被执行人的企业法人，在原股东未履行出资义务的情况下，可申请追加原股东或者依公司法规定对该出资承担连带责任的发起人作为被执行人。

10. 作为被执行人的一人有限公司，可申请追加股东为被执行人（股东应证明公司财产独立于自己的财产）。

11. 作为被执行人的公司，未经清算即办理注销登记，可申请变更、追加清算义务人为被执行人。

12. 作为被执行人的法人或者其他组织，在出现解散事由后，可申请追加无偿接受其财产的股东、出资人或者主管部门为被执行人。

13. 作为被执行人的法人或者其他组织，未经依法清算即办理注

销登记的，可申请追加在登记机关办理注销登记时书面承诺对被执行人的债务承担清偿责任的第三人为被执行人。

14. 在执行程序中，可直接追加在法院作出书面承诺代为履行的第三人为被执行人。

15. 作为被执行人的法人或者其他组织，财产被其上级机关或者其他组织无偿调拨给第三人的，可申请追加取得资产的第三人为被执行人。

经典案例27

执行巧追加 化解"执行难"

2012年3月23日，洛阳某工贸有限公司向刘某某借款40万元，约定月息3%。2012年10月，洛阳某工贸有限公司又向刘某某借款20万元，约定月息2.5%。起初，洛阳某工贸有限公司按约支付利息，从2013年4月28日起，洛阳某工贸有限公司拒绝向刘某某支付利息。刘某某多次催要未果，之后委托律师提起诉讼。

某法院受理此案后，经审理后依法作出判决：被告洛阳某工贸有限公司向原告刘某某支付借款本金60万元及利息，利息2%自2013年5月29日计算至实际履行之日。该判决生效后，被告未按约履行，原告刘某某遂向法院申请强制执行。在执行阶段，承办律师调查发现被执行人洛阳某工贸有限公司有一座800平方米的厂房和一套机械，遂将该财产线索提交至法院，要求法院对该财产进行查封、评估和拍卖。

法院对上述财产进行查封后，案外人袁某某向法院提出执行异议。袁某某认为，自己持有属于被执行人洛阳某工贸有限公司厂房土地的集体土地使用权证，法院查封的厂房及机械系袁某某所有，因此，要求法院对上述财产终止执行。法院查封上述财产时，袁某某在查封清单上签字予以认可。法院经依法审理此案，于2017年6月8日作出裁定：驳回袁某某的异议申请。袁某某不服法院作出的裁定，提起执行异议之诉。经一审法院、二审法院审理执行异议之诉案，均驳回了袁某某的诉讼请求。

与此同时，承办律师调查到袁某某、马某某为洛阳某工贸有限公司股东，其二人作为洛阳某工贸有限公司的股东出资不实，因此，承办律师向法院申请追加袁某某、马某某在出资不实的范围内对本案承担连带清偿责任。法院作出裁定：追加马某某、袁某某作为被执行人，分别以出资不实的 2268 万元、512 万元为限，对洛阳某工贸有限公司向申请执行人所负债务承担连带清偿责任。袁某某、马某某均不服该裁定，再次向法院提起执行异议之诉，经一审法院、二审法院审理，驳回袁某某、马某某的诉求。

经多次执行异议之诉，法院先后出具了 8 份裁定、判决书，并最终对被查封的厂房及机械进行了评估，而且在淘宝网进行拍卖。在开拍前，被执行人主动找到承办律师及执行法院要求和解，经多次和谈，承办律师代理申请执行人与被执行人达成执行和解协议：确认被执行人欠付申请执行人借款本金、利息、迟延履行金、案件受理费、保全费、评估费等共计 145.4235 万元；被执行人于 2018 年 7 月 13 日一次性支付申请执行人 130 万元；被执行人履行该和解协议后，申请执行人自愿放弃其他执行请求，本案执行终结。随后，被执行人按和解协议一次性支付申请执行人 130 万元，至此本案终于执结。

这起案件的执行可谓险象环生，专业突破显神力，而且，建筑房地产债权清收的"最后一刻法"得到了充分运用，并且取得了斐然成绩。

1. 执行遇到"梗阻"，巧妙追加当事人。在本案执行过程中，案外人袁某某提出执行异议，认为自己对被执行厂房所占土地是持有集体土地使用权证的。如果案外人提出的执行异议成立，那么本案势必陷入死局。面对危局，承办律师急中生智，经仔细查阅被执行人的工商档案，发现袁某某是被执行人的股东，且存在认缴注册资本到期后未出资到位问题。代理律师据此果断向法院提出追加袁某某等人承担连带责任申请——追加袁某某等人为被执行人，破除了本案的执行障碍。"山重水复疑无路，柳暗花明又一村。"在法院支持下，本案执行追加成功，执行异议之诉在一审、二审中均胜诉。

2. 本案被执行人的厂房无相关权证，涉案土地为村民个人集体土地使用权证，造成无法进行房地产评估。无法进行房地产评估，也会使本案陷入死局，这怎么办？承办律师根据长期办理建筑房地产债权清收案件积累的专业知识和技巧、策略，决定向法院提出对厂房、设备进行资产评估申请。在资产评估结果出来后，承办律师积极配合法院上网公开拍卖，这对被执行人形成了有力震慑，其不得不坐到谈判桌前与申请执行人的代理人——承办律师——进行和谈，这使得本案具有了实现执行和解的可能。

3. "最后一刻法"在本案中得到充分运用并收到了理想效果，助力本案在债权清收谈判阶段大获成功。本案查封的厂房、机械资产评的估价仅为 73 万余元，执行标的本金 60 万元，而利息、迟延履行金等共计 80 余万元，而且，被执行人还提出了减少部分利息、分期付款意见，这该如何是好？承办律师认为，不到"最后一刻"，绝不能轻言放弃。经研判，承办律师在征得申请执行人同意后，抱着"将依法清欠进行到底"的态度，拒绝了被执行人的意见。因为，承办律师发现：拍卖资产的位置好，被拍卖资产的实际价值超出资产评估价。

在拍卖开始的前一天，承办律师与被执行人继续展开谈判，在此"最后一刻"，代理律师提出了由被执行人一次性还本、付息的方案。此时，债务人的态度已明显变化。于是，谈判双方在偿还借款利息能否稍作让步问题上进行和谈，达成了一次性付款和解协议。根据该和解协议，被执行人偿还债权人借款本金 60 万元、借款利息 70 万元——利息超过本金。"最后一刻法"显奇效，并成为佳话。

执行和解

　　"和为贵。"无论是在诉讼中，还是在强制执行阶段；无论是息诉止争，还是诉讼执行，终极目的都是化解纠纷双方争议，使对簿公堂的当事人最终收获均能认可的结果。在这个过程中，承办案件的律师与法官承担着共同的神圣责任与使命，只是各自担任的角色不同。在债权清收案件的执行阶段，承办律师如果能充分做好执行和解工作，就能起到疏导社会矛盾的"润滑剂"作用、化解民事纠纷的"调节器""减压阀"作用。因为，现实中的许多案件，特别是疑难、复杂案件，在进行到执行阶段时，都是由于执行和解工作做得成功，才使得当事人在"山重水复疑无路"的情况下，"柳暗花明又一村"。

　　执行和解，是指在执行程序中，双方当事人自愿协商达成和解协议，依法变更生效法律文书确定的权利义务主体，以及履行所涉标的、期限、地点和方式等内容，从而结束本次执行程序的活动。如果一方当事人不履行和解协议，法院便可以根据对方当事人的申请，恢复对原生效法律文书的执行。

　　面对现阶段法院案多人少的状况，以及被执行人"上有政策、下有对策"的"躲猫猫"行为，特别是被执行人"挖坑"——早早地转移可能被执行财产，执行法官对于经查被执行人账上没有资金可供执行的情形，在缺少被执行人财产线索的情况下，往往不得不暂停执行。因此，面对"执行难"问题，执行和解往往会成为在执行阶段化解债权纠纷的最有效方法。诚然，有的案件存在被执行人仅仅是为了拖延时间的问题，可如果不及时以变应变，实现"见招拆招"，就可能面临执行后期被执行人毁约或继续"爽约"的风险。对于大部分案件来说，律师在主持执行和解期间，均应充分发挥其享有的依法开展调查、提取证据的律师执业权利，对被执行人财产展开深入、详细的调查。之后，综合各种现实情况作出谨慎判断，这对执行和解工作有一定的实际意义，至少能将被执行人毁约的风险降至最低限度。在下文中，笔者将对执行和解期间的律师工作进行阐述。

在本书中，笔者仅对执行和解中的律师实务问题进行探讨，关于执行和解制度的完善、和解协议的效力等学理研究问题，出于本书突出实战性特色的考虑，在此不作赘述。

一、执行和解的时机

准确把握时机是实现调解成功的前提。承办律师正确把握时机，有助于己方在后续谈判中获取心理优势。在执行过程中，面对国家强制执行力都无法顺利化解的案件，承办律师要想通过和解来解决债权纷争，一般很困难，这就需要从多方面入手，寻找执行和解的合适时机。鉴于案件情况有差异，承办律师可以依据执行节点，步步推进，"见机行事"。

下面，笔者将详细列举承办律师在执行阶段需要注意把握的谈判节点：

1. 法院立案，并向被执行人发出立案通知后。

2. 法院发出执行裁定、报告财产令后。

3. 法院对被执行人财产进行查封、冻结、扣押后。

4. 被执行人被纳入失信人名单、采取限制高消费措施后。

5. 如果被执行人有到期债权，承办律师可代理债权人申请法院向被执行人的债务主体发送协助执行通知书。向被执行人的债务人发出协助执行通知书后，与被执行人进行和谈（如果被执行人为被挂靠单位，那么，对其债权进行冻结可能引起挂靠人不满）。

6. 对于被执行人有财产却拒不履行生效法律文书的，可以申请法院对被执行人或者被执行人的法定代表人发送拘留通知书。法院发出拘留通知书后、该通知执行前，承办律师可约请被执行人茶叙，实施"战略威慑"，告知被执行人或被执行人的法定代表人：有财产却拒不履行关于偿还债务的生效法律文书者，面临被拘留的风险；如果被执行人同意进行和解，司法机关对其采取的强制拘留措施可以暂时中止。

7. 对涉嫌犯拒执罪的，承办律师可以首先向其"义务普法"，告知其涉嫌刑事犯罪，可能被法院判处有期徒刑并处罚金。一般情况下，涉嫌犯拒执罪的债务人，经过承办律师"动之以情、晓之以理"的说服教育，慑于被追究刑事责任的风险，会主动坐到谈判桌前，毕竟，铤而走险甘于犯拒执罪而不履行清偿债务者是少数。

根据法院的执行节点，充分利用法院的各种强制执行措施对被执行人进行"战略威慑"，从而推进执行和解，是解决"执行难""执行不能"的"没有办法的办法"。对于执行阶段的和解，承办律师也可以利用调解技巧、谈判策略。对于疑难复杂案件以及"老油子"被执行人，则应"将计就计"，综合使用调解技巧、谈判策略，以法院的强制措施为依托，展开谈判沟通，综合化解"执行难""执行不能"难题，减少诉累，节约司法成本，实现法律效果与社会效果的统一。

二、执行和解律师操作指引

1. 对于"石头案""骨头案"等长期难以执行的疑难、复杂案件，在寻求执行和解的过程中，承办律师应当说服债权人以实现债权为主要目的，要懂得"见好就收"，不能抓住违约金或迟延履行金等"小利"不放，那样会因小失大。承办律师应当主动作为当事人之间的"润滑剂"，促使双方和谈，达成执行和解协议。

2. 相对于生效法律文书确定的一次性履行，执行阶段的和解，一般会将履行义务变为分期履行。在谈判过程中，承办律师应把握履行周期，尽可能缩短分期履行的间隔时间，最好是按月支付。对于按季度支付的，尽量以月为单位而非以年为单位，避免执行和解成为被执行人拖延强制执行时间的手段。

3. 在执行和解谈判中，承办律师可以说服委托人在违约金、利息、执行罚息、履行期限等方面作出适当让步；为了对委托人负责，除法院、承办律师、当事人均无法找到被执行人可供执行的财产情况外，对于偿还借款本金的"原则性问题"，一般是不能让步的。

4. 在签订执行和解协议时，一般应当在执行和解协议签订当天或者3天之内要求被执行人支付一部分款项，该款项一般应占到应付款的30%左右，且执行和解协议应当以将该款项支付到位作为生效条件，防止被执行人拖延执行时间。

5. 在执行和解协议中，对于违约的责任问题，条款应当进行明确：被执行人如有任何一笔未按和解协议约定的数额或者期限付款，则和解协议自动解除，恢复原判决的执行。

6. 对于和解协议中的以物抵债条款，法院根据有关规定不据此出具以物抵债裁定。因此，应当在和解协议中注明：由被执行人限期协助完成车辆、房屋等过户手续，否则，以物抵债不成立，仍按原判决执行。

7. 因为和解协议约定的履行期限往往较长，所以，承办律师应当在每一笔应付款到期前及时催促被执行人履行；在承办律师催促未果的情况下，应当提醒执行法官以强制措施为手段再次催促，如被执行人仍不按和解协议履行，应立即申请法院恢复对原生效法律文书的执行。

三、执行和解中的谈判沟通策略

1. "上门茶叙"策略。承办律师应主动到被执行人的家中、办公室、施工现场、生产场地，与被执行人进行茶叙，了解被执行人以前、现在从事的工作及其社会关系等，特别是应深入了解被执行人不能兑现执行款的原因，为"对症下药"打下基础，为后期当事人双方的和解打下基础。

2. "边打边谈"策略。执行案件的基本策略是"边打边谈""打打谈谈""谈谈打打"。执行法官采取强制执行措施与承办律师谈判沟通相比，就像人的左右手一样重要。大量实践表明，疑难、标的较大案件的执行回款往往是"打出来的"，更是"谈出来的"，两者缺一不可，从"打"中寻找谈判的时机，从"谈"中寻找"打"的方向，互相配合，才能最终实现执行目的。

3. "化敌为友"策略。没有一个被执行人甘愿当"老赖"——成为被依法合规清欠的打击对象，大多数被执行人不履行生效法律文书是出于"无奈"，作为申请人的代理律师，在维护申请人权益的同时，也应当理解、帮助被执行人化解矛盾、走出困境。比如，对于被执行人提出的法律问题提供专业化解答意见，为陷入资金链断裂的楼盘提供解决问题思路，向被执行人提供力所能及的帮助。对被执行人的帮助要真心实意，因为，这方面的服务真诚与否，被执行人是可以感受到的。承办律师应在帮助对立的双方当事人消除对立情绪以后，再适时提出和解方案，这样比较容易使双方当事人接受。

4. "蚕食"策略。对于疑难、复杂执行案件，应坚持"蚕食"策略，稳步推进，步步为营，积小胜为大胜。生效法律文书一般是规定 10 日内一次性履行；执行阶段的和解，一般会将一次性履行义务变为分期履行。代理律师应评定被执行人兑现执行款的能力，确定债务人的还款期限、数额，在双方均可接受的范围内，促使被执行人分期、分批履行债务清偿责任，逐步实现全案债权清收。

5. 以物抵债策略。在被执行人房屋、土地暂时难以变现的情况下，引导债权纠纷双方以合理的价格实现房屋、土地抵偿申请人债权，最大限度地保全执行申请人的债权不受损失。

四、执行和解期间的律师谈判技巧

1. "战略威慑法"。对于执行程序的各种强制执行措施，承办律师都可以作为威慑点与对方和谈，但要注意分析、研判被执行人对各种强制执行措施的承受力，力求做到"打蛇打七寸"。承办律师在依法、合规代理委托人办理债权清收执行案件时，要密切配合执行法官，做到法官"高举"强制执行措施"利器"，律师积极跟进"落地"和谈。通过"边打边谈"的虚实结合，力争债权纠纷双方和解，使被执行人自动履行债务清偿责任。

2. "高开低走法"。一般情况下，生效法律文书要求的是一次性履行，且大多数判决、裁定均有逾期履行需承担较高偿款利息、违约金的要求，执行期间还有债务人需承担迟延履行金的要求。承办律师在和谈期间，依据生效法律文书，依法"高开"，并依此谈判"妥协"——适当让步，往往能达成使债务人分期偿付的和解。

3. "顺水推舟法"。在案件执行过程中，亲朋好友、有关领导等案外人向执行法官、承办律师"说情"是常有的事。为了"将债权清收进行到底"，代理律师有必要将"请托"的消极因素转化为积极因素，借力于被执行人对"请托人"特别的信任，在适当让步甚至是"妥协"方面做"顺水人情"——"顺水推舟"，促使债务人与债权人和解，由"请托人"督促和解的履行，这在实践中显现出了较好的效果。

4. 设定担保见奇效。在执行和解协议中，可以约定担保条款，提供担保的担保人应当是案外人；担保条款应注明"担保人向法院承诺：在被执行人不履行执行和解协议时自愿接受直接强制执行"。也可以由案外担保人提供对易变现的财产进行抵押担保，以抵押物担保的应在担保条款中注明："担保人向法院承诺：在被执行人不履行执行和解协议时，自愿由法院对其名下的抵押担保物进行拍卖偿还本案债务。"对于被执行人不履行有担保条款的执行和解协议的，承办律师应向法院申请恢复执行原生效法律文书，并向法院申请直接裁定执行担保财产或者担保人的财产。

五、执行和解操作指引

1. 承办律师就实务中债权人与债务人双方的执行和解情况，应主动向负责承办执行案件的法官汇报，由承办案件的执行法官做工作，督促被执行人执行，争取达成对执行申请人最有利的执行和解协议。

2. 债权人与债务人双方达成的和解协议，应共同向法院承办案件法官提交入卷。重要的、标的较大的和解协议，应在承办法官的主持、见证下，由双方当事人在和解协议书上签章，之后将该和解协议放入法院的执行卷备查。

3. 在新的和解协议达成后，法院可以裁定中止执行，但是，在执行实务中，法院一般会以双方当事人达成新的和解为由终结本次执行。

4. 达成和解协议后，代理律师根据被执行人履行该和解协议的情况，申请法院解除对被执行人的查封、扣押、冻结。

5. 疑难、复杂或标的较大的执行案件，往往需要多次"诉讼+和谈"，最终才能达成债权纠纷双方当事人的和解。经代理律师主持的多次和解、协商一致变更的和解协议应被提交给法院。

🔍 经典案例28

谈判技巧策略"利器"破解"执行难"

2014年11月，某银行洛阳分行与河南某集团有限公司签订综合授信协议，约定由某银行洛阳分行向河南某集团有限公司提供最高授信额度为1亿元的承兑汇票，期限为自2014年11月19日至2015年6月18日。2014年11月19日，担保人申某某与某银行洛阳分行签订最高额保证合同，担保人承诺为河南某集团有限公司上述债务承担连带保证责任担保，保证期间为自具体授信业务合同或协议约定的授信人履行期限届满之日起2年。同日，洛阳某有限公司与某银行洛阳分行签订最高额抵押合同，洛阳某有限公司自愿将其名下的土地抵押给某银行洛阳分行，并办理抵押登记，抵押担保范围为主债务、利息、复利、手续费、实现债权的费用和所有其他应付费用。

2015年5月25日、2015年5月26日，某银行洛阳分行作为承兑行分别与河南某集团有限公司签订2份银行承兑协议，约定由某银行洛阳分行承兑河南某集团有限公司作为出票人的银行承兑汇票，金额分别为 4000 万元、6000 万元，风险敞口分别为 2000 万元、3000 万元，签发日和到期日分别为 2015 年 5 月 25 日和 2015 年 11 月 25 日、2015 年 5 月 26 日至 2015 年 11 月 26 日，承兑行多垫付的任何款项均转成对承兑申请人的逾期贷款，并按日 5‰的逾期罚息利率计收利息，如承兑申请人未按约支付利息，承兑行有权计收复利等。

承兑汇票到期后，某银行洛阳分行依约承兑了上述汇票，河南某集团有限公司却未按约定如期偿还票款及利息、复利。之后，某银行洛阳分行根据相关规定及约定，以河南某集团有限公司的 5000 万元保证金及保证金的利息抵偿了部分逾期贷款。再后，经某银行洛阳分行多次催要，担保人洛阳某有限公司还款 2000 万元，剩余贷款本金 3000 万元及利息，复利借款人、担保人均久拖不还。无奈之下，某银行洛阳分行委托律师提起诉讼。

承办律师综合调查情况以后，发现被执行人有能力偿还债务，但是，如果仅仅靠法院采取强制措施，无法全面实现执行回款，因此，承办律师化身"谈判专家"与被执行人进行谈判。承办律师主动联系被执行人河南某集团有限公司、洛阳某有限公司、申某某，最初被执行人河南某集团有限公司、申某某均称实际用款人为洛阳某有限公司，应该由洛阳某有限公司还款，自己可以配合，但自己没有钱还款。被执行人洛阳某有限公司称其名下抵押给申请执行人的土地上的小学 26 层建筑楼系其建设，后被政府收购，而政府还欠付其回购款，因此，其无力偿债。在此情况下，承办律师随即找到执行法官，与执行法官沟通执行思路。最终确定：由法院对被执行人采取纳入限制高消费、失信人名单、查封银行账号等强制措施，并对被执行人洛阳某有限公司承建的 26 层建筑物进行查封，对被执行人申某某名下的房产进行查封。然后，一方面根据财产状况对被执行人名下的财产进行处置，另一方面由承办律师出面与被执行人继续进行谈判。

明确执行思路后，承办律师与执行法官分工开展工作。法院对被执行人采取了基本强制措施，并对其名下的房产进行查封。到了这个时候，被执行人河南某集团有限公司、申某某才意识到了事情的严重性，认真坐到谈判桌前与承办律师协商。申某某称自己愿意先偿还一部分款项，请法院先不要强制拍卖其名下的房产。在对其名下房产价值进行估测以后，承办律师与申某某商谈确定：由申某某先行支付400万元，申请执行人申请法院暂不对申某某名下房产进行评估拍卖，给申某某3个月的时间，由其协调解决此案剩余债款偿还问题。

虽然给了申某某3个月期限，但是在这个时间内，承办律师并没有停止对被执行人背景、财产线索的查询以及与其他执行人谈判。经了解，被执行人洛阳某有限公司的实际控制人名下设有多个公司，且有多处房产。于是，承办律师从此处入手，找到洛阳某有限公司的实际控制人刘某某以及代理人，商谈债务清收方案。承办律师从洛阳某有限公司实际控制人处得知：在涉案抵押土地上，洛阳某有限公司自行出资建设了小学26层建筑楼，但是该建筑楼被区政府回购，区政府仅支付了部分回购款，尚欠3000多万元未支付，洛阳某有限公司就此事与区政府商谈多次均未果。根据该线索，承办律师找到案件涉及的那个小学了解情况。经了解，区政府已将款项支付给了洛阳某有限公司，洛阳某有限公司应当将该款项支付给贷款行并办理解押手续。然而，洛阳某有限公司收到钱后，并未办理解押，这才引起了本案纠纷。后来，承办律师找到洛阳某有限公司实际控制人刘某某，以此事与刘某某商谈，刘某某称区政府还拖欠其几千万款项，只要这笔款项回来，就先还本案债务。承办律师了解情况后，建议刘某某通过诉讼或者仲裁解决问题。刘某某采纳了承办律师建议，通过仲裁，得到了仲裁裁决书。

2019年6月份，经多次和谈，三方达成一致意见：2019年6月20日之前，河南某集团有限公司向申请人偿还300万元；2019年6月20日之前，洛阳某有限公司向申请人偿还500万元；2019年7月31日之前，洛阳某有限公司向申请人偿还500万元；2019年8月31日之前，洛阳某有限公司向申请人偿还不低于1000万元的欠款；2019年9月30日之前，洛阳某有限公司向申请人偿还不低于1000

万元欠款；2019 年 10 月 31 日之前，洛阳某有限公司连本带息一次性偿还完毕剩余全部欠款。之后，河南某集团有限公司支付了 300 万元并签署了上述和解协议，但洛阳某有限公司却一直拒签，前后支付了共计 400 万元的款项，以至于该和解协议仅履行了部分，和解协议并未生效。

和解协议未生效，申某某的承诺也未兑现，因此，申请人向法院申请评估拍卖申某某名下的 2 套房产。2019 年 12 月，拍卖所得 585.69 万元通过法院执行被扣划给了申请人。

经过多达数十次的约谈会见，2020 年 3 月 6 日，和谈三方最终达成和解协议：确认截至 2020 年 2 月 29 日，被执行人尚欠申请人借款本金 2600 万元，利息 560.0429 万元，迟延履行金 320.11 万元，评估费 15.0696 万元，共计 3495.2225 万元。2020 年 3 月 9 日之前，洛阳某有限公司向申请人偿还 2000 万元；2020 年 6 月 30 日之前，洛阳某有限公司向申请人偿还 1150 万元，如洛阳某有限公司按约向申请人支付了该笔欠款，则申请人放弃执行案件中其他申请事项的款项金额，该执行案件执行终结，三方对该案再无其他争议。

这次三方和解协议签订后，洛阳某有限公司按约支付了 2000 万元。2020 年 7 月 30 日，在承办律师的多方协调下，洛阳某有限公司支付 1150 万元。至此，本案实现债权全部清收，共计回款 4835.69 万元。

一、综合运用和谈策略，通过谈判促成债权清收

1. "边打边谈"，当好"谈判专家"

在本案的执行过程中，承办律师严格把控执行节点，采取"边打边谈"策略，以"打"促"谈"，以强制执行措施促使被执行人坐到谈判桌前谈判，双方前后达成了 2 份执行和解协议。此外，承办律师通过调查摸排方式，寻找被执行人财产线索，摸清被执行人财产现状，对被执行人的经济现状进行评估，从容易执行变现的被

执行人申某某名下的房产入手，申请法院对其进行查封、评估、拍卖。

在法院对申某某财产查封后，承办律师找准时机，提出和谈意向，约谈被执行人。几番谈判之后，各方顺利达成了第一次和解协议，被执行人依据和解协议先偿债400万元，后因资金问题，被执行人停止继续履行该和解协议。第一次和谈执行回款400万元后，承办律师将被执行人洛阳某有限公司名下房产及土地摸排清楚后，申请法院对其房产、土地进行查封、评估。在此期间，承办律师又向被执行人伸出了"橄榄枝"，表示愿意再行谈判和解，被执行人眼看无法逃避执行，不得不再次坐到谈判桌前进行谈判，最终达成分期还款和解协议。在本案的执行过程中，承办律师"软硬兼施""边打边谈"，以"打"向被执行人表明债务不能逃避，以"谈"表示诚意，最终实现了债权清收。

2. 蚕食策略稳步推进，分批回款方式实现债权清收

面对巨额债务，一次性执行回款的可能性极小，经过对案件进行预测评估，承办律师采取"蚕食策略"，通过步步为营、稳步推进，实现了"积小胜为大胜"。

承办律师对案件进行研讨、布局后，先行对容易执行的财产采取了措施：一方面通过评估、拍卖的方式回款；一方面通过谈判的方式让被执行人主动还款。于是，400万元、500万元、2000万元等分批分期执行回款，"一点一点"地从被执行人处"挤"出来，最终实现执行回款4835.69万元。

二、巧用调解技巧，达成执行和解

1. "顺藤摸瓜法"

在本案中，承办律师深入调查案件内情以及被执行人的关系网，了解到了案件症结所在。结果，查清楚了案件实际用款人为洛阳某有限公司，案件症结集中在洛阳某有限公司，但是，洛阳某有限公司无周转资金偿还本案债务，以至于本案债权清收工作遇阻。

找到案件症结后，承办律师约谈了洛阳某有限公司负责人及其代理律师，了解到了洛阳某有限公司无法偿还债务的真正原因，最

终弄清楚了洛阳某有限公司没有资金还款的根源在于区政府拖欠洛阳某有限公司巨额款项。承办律师根据案件情况进行研究分析后，建议洛阳某有限公司通过司法途径解决问题，最终，洛阳某有限公司追回了区政府所欠的巨款，并偿还了本案债务。至此，承办律师运用"顺藤摸瓜法"，成功寻找到了案件症结并化解了本案巨额债务僵局，有效实现了债权清收目的。

2. "战略威慑法"

"打蛇打七寸。"本案执行过程中，承办律师准确找到了被执行人的"七寸"，利用被执行人惧怕的事物促使其坐下来进行谈判，并使被执行人惧怕的事物成为谈判筹码，提高了谈判成功的可能性。

在本案中，承办律师了解到被执行人惧怕其名下固定资产（房产、土地）被法院强制执行拍卖，并利用这一点，申请法院对被执行人财产进行查封、评估，并及时将律师配合执行的策略与法官沟通，与执行法官相互配合——以强制措施为"威慑点"，迫使被执行人和谈，主动偿还欠款。承办律师在本案中适时运用的"战略威慑法"，保证了被执行人能够履行偿债义务，使得本案顺利执行回款，成功完成债权清收阶段性任务。

3. "顺水推舟法"

在本案的执行过程中，被执行人利用人脉关系，找到"中间人"进行说和。"中间人"找到承办律师后，要求承办律师给被执行人一定时间筹集资金。在这种情况下，承办律师向"中间人"说明案件情况，表示申请执行方已经给了被执行人大量时间，还款时间也是根据被执行人的情况由其确定的，既然"中间人"主动来说和，那么，申请执行方便可以再向被执行人宽限一些时间。但是，如果宽限时间到后被执行人仍不还款，那将继续申请法院采取强制措施。

"中间人"了解了以上情况后，保证被执行人在宽限时间内可以偿债，如果被执行人未按约定偿债，则"中间人"自愿代为催促。在此情况下，承办律师借力于"中间人"的关系，表面上做了个"顺水人情"，实际上也促使"中间人"起到了代为催促偿债的作用。在本案中，宽限时间到期后，"中间人"主动催促被执行人，迫使被执行人没有理由不履行债务偿还义务。承办律师适时运用"顺水推舟法",助力本案实现执行回款。

4. "最后一刻法"

"最后一刻法",即律师应不轻言放弃,把握最后的时机,坚持只要存在促成案件调解、化解的一分可能,就要尽百分之一百的努力。

本案各方在谈判中,对还款时间、数额均有较大争议,经过几轮谈判后,彼此已对对方谈判条件、底线充分了解。而且,经过长时间的多次谈判,人的精力、体力也消耗了大部分。于是,承办律师瞄准人在疲惫状态下较为容易松口的时机,根据各方态度及精神状态,见缝插针,适时提出了一个新的和解方案,表示申请执行方愿意减免300多万元的利息,前提条件是被执行人应先行偿还2000万元债务,剩余款项3个月内清偿。被执行人根据自身资金情况以及谈判情况,最终表示同意该和解方案,于是达成了最终和解协议。

在这个债权清收阶段,承办律师把握时机,坚持不到最后一刻绝不放弃的信念,最终成功协调各方达成和解协议,承办律师至此圆满完成了债权清收任务。

建筑房地产债权清收律师调解技巧

　　"潮平两岸阔，风正一帆悬。"近年来，在中国经济高速发展的背景下，国内建筑房地产行业的发展十分迅速。业内人都清楚，建筑房地产行业有着投资量大、投资回收期长、资产负债率高、对金融机构依赖程度高、牵涉面广、运作程序复杂等特点。正因为这样，该行业在快速发展的同时，也出现了不少问题。其中，最明显、牵涉面最广、影响面最大的问题，就是建筑房地产各阶段运行过程中产生的债权债务。例如，债务人拖欠农民工工资、拖欠材料款、拖欠工程款、民间借贷和金融借贷债权纠纷等，由此产生了大量的债权清收案件。

　　在现实中，多数案件当事人在自行催要无果的情况下，都会选择将纠纷提交人民法院解决。但是，现阶段人民法院也面临着案多人少的问题，面对堆积如山的案卷，法官有时会显得有心无力，导致案件诉讼进程缓慢。而且，进入诉讼的案件，往往需要裁定、判决、执行，在此过程中有可能衍生其他诉讼阶段，过程复杂且周期漫长。然而，许多债权人无法承受诉讼周期带来的经济成本压力，在此情况下，律师通过债权清收技巧调解案件的效率优势得以凸显：律师巧妙运用债权清收技巧，协助纠纷各方当事人通过协商自愿达成协议，解决争议。这样做，一方面有助于化解各类矛盾纠纷、缓和社会矛盾、维护当事人合法权益、促进社会公平正义、维护社会和谐稳定，另一方面也有助于提升律师在法律职业共同体中的地位，与公、检、法、司机关共同推进社会法治建设。

本章将从探讨律师运用债权清收技巧进行调解的意义入手，结合债权清收调解技巧，联系近年来该律所在建筑房地产领域成功办理的典型或经典案例，综合律师调解实战经验、仲裁员调解实务，纵深探讨一下律师在建筑房地产债权清收方面的技巧，以飨读者。

第一节　律师参与调解的意义

习近平法治思想内涵丰富、论述深刻、逻辑严密、系统完备，为全面依法治国提供了根本遵循和行动指南。习近平法治思想核心的要义之一——坚持以人民为中心——是全面推进依法治国的力量源泉。推进全面依法治国，根本目的是依法保障人民权益。为此，执业律师要牢牢把握社会公平正义这一法治价值追求，努力让人民群众在每一项法律制度、每一个执法决定、每一宗司法案件中都能感受到公平正义。

律师作为中国特色社会主义法律工作者，以其专业的法律技能在国民生活中发挥着重要的作用。随着律师素质的不断提高、结构的不断优化，加之市场经济的发展和经济往来的加速，律师行业的传统业务逐渐从单纯的诉讼业务向包括诉讼、非诉讼业务在内的多元化解决纠纷发展。在这个过程中，非诉讼法律事务逐步增多并成了律师执业的重要专业领域，这是社会、经济发展的必然趋势。因此，律师应该学会运用从实践中总结的依法合规、实用、"接地气"的律师参与调解技巧，积极开展诉前调解或"诉调对接"、诉中和谈、诉后执行谈判等工作，满足新时代人民群众日益增长的对多元化法律服务需求，实现律师受委托提供调解服务或止诉息争等服务，为妥善化解矛盾，保证社会的和谐、稳定做贡献，可谓社会主义法治进程中不可或缺的主体力量。

一、律师参与调解，有助于推动中国特色多元化纠纷解决体系的形成

随着我国经济建设的快速发展，人民群众利益诉求和价值观念呈现多元化趋势，加之依法治国、治市、治企的社会发展推进，使得现阶段人民法院工作面临处理诉讼纷争、受理诉讼案件压力很大的情况，加之司法责任制改革，员额法官较之之前承办案件的法官人数有所减少，人民法院案多人少的矛盾日益突出，如何优化司法资源、缓解案多办案法官少的矛盾成了不容忽视的问题。

当前阶段，深入推进多元化纠纷解决机制改革已成为化解社会纠纷尤其是解决人民内部矛盾性质问题的主要方向，也是促进社会公平正义、维护社会和谐稳定的必然要求。调解在多元化纠纷解决机制中扮演着重要角色，在促进纠纷解决和权利救济、维护社会和谐稳定等方面发挥着有效作用。律师作为法律职业共同体中的一员，具有较高的法律素养，在预防和化解矛盾纠纷过程中有专业优势、职业优势和实践优势，通过参与调解从而化解纠纷有着天然的优势。律师参与调解，可以充分发挥律师在化解纠纷过程中的职能作用，有效化解各类纠纷，有助于推动中国特色多元化解决纠纷体系的形成。

二、律师参与调解，有助于提高调解效率和效果

律师主持调解案件，在主体上保证了调解中间人的专业素养。律师作为专业的法律服务提供者，对法律精通、对诉讼程序娴熟，故在面对纠纷时可以运用自己的法律知识，对当事人双方的合法权益依法进行保护，并通过向当事人双方说明事实，解读相关法律条款，运用智慧，动之以情、晓之以理，以最通俗的语言向当事人宣传法律，以社会习惯、道德规范来调解当事人之间的矛盾，促成双方当事人达成共识，使得纠纷得以有情、有理、有利、有节地得到解决。

律师主持和谈、化解纷争，有助于纠纷双方在自愿的原则下高效化解纠纷。律师主持化解纠纷，因其独立于法院、检察院的公权

力之外，可以不受许多法定程序的约束，因此能尽快以最便利的方式组织当事人双方进行谈判。此外，律师作为专业法律服务者，不仅具有娴熟的法律技能，还具有较强的组织协调能力和斡旋谈判技巧。在主持调解或和谈的过程中，律师可以展现谈判专家的风采，发挥法律工作者的专业优势，使纠纷尽快得到圆满解决或向好的方向转化，这样做有助于节约司法资源和诉累、为当事人降低诉讼成本，这可谓是律师主持化解纠纷的效率优势。

三、律师参与调解，有助于提升律师在法律职业共同体中的地位

在诉讼过程中，在一般情况下，法官是绝对的"主角"，因为，其担负着对事关诉辩双方的证据、事实等进行甄别，并作出法律评判、出具法律文书的神圣职责。律师是作为一方当事人的代理人参与诉讼，配合法官查明案情，以方便法院适用准确的法律作出判决的。因此，传统律师以往仅仅是诉讼过程中的"配角"，这导致不少律师"习惯成自然"——常年在诉讼中甘愿将自己的执业法律服务定位为"配角"，以至于自身在法律职业共同体中相较于公、检、法来说，仅仅是个"配角"而已。

其实不然。在律师主导的和谈或多轮调解中，律师是作为"主角"参与其中，协调双方关系、平衡双方利益，从而实现双方和解、达到案结事了之目的的。在此过程中，律师的调解一改传统律师的"配角"定位，让律师成了化解纠纷的主体之一。律师积极参与调解，一方面有助于分担部分法院案件压力，化解部分社会矛盾，从而成为推进法制化进程建设的主体之一；另一方面，律师成为化解纠纷的主体，有助于提升律师在法律共同体中的地位，更好地实现其执业使命。

第二节　债权清收十大技巧

技巧者，专业技能巧妙运用也。简单地说，技巧是技能、本领的用心精妙发挥。在这方面，河南万基律师事务所建筑房地产专业

律师团队领军人物刘建伟律师，其"三十年磨一剑"的律师调解实战经验、仲裁员调解实操技能以及其带领的律师团队纵深探讨的债权清收综合技巧运用，可谓奉献给律师同仁的"职场秘诀"、债权清收"实战兵法"。

一、"先礼后兵法"

"先礼后兵法"，即律师受理案件后，先行与另一方当事人联系，告知己方当事人已委托律师办理相关事宜，并与之协商。在通常情况下，律师会先给另一方当事人寄发律师函，让相对方先行了解相关情况，为后续的上门谈判做铺垫。

在寄发律师函后，律师可以电话联系或者采取直接上门方式，与对方当事人以面对面的形式交心谈心，进一步了解对方当事人形成债务的原因，以及其还款的真实意向。随后，主持双方当事人谈判，在谈判中摆事实、讲道理，动之以情、晓之以理。

洽谈、协商事情，环境气氛有讲究，调解地点可以是当事人一方的办公地点或茶馆等，最佳地点是律师事务所的调解室。对于双方争议不大、对方当事人具有还款意向的案件，承办律师通过"先礼后兵法"先行谈判。对于另一方当事人有诚意谈判的案件，则可以先行提出解决问题方案。这一方面对另一方当事人具有一定的司法威慑，另一方面能让对方当事人看到己方的诚意，避免直接起诉引起矛盾激化，从而在诉前止诉息争、减少当事人诉累。对于矛盾激化或者基于案情，通过"先礼"无法促成和解的案件，律师应当迅速进入诉讼程序，有财产线索的案件，则应立即办理保全手续，以防另一方当事人转移财产。

🔍 **经典案例 29**

先礼后兵显诚意 巨额欠款顺利清收

2016 年，A 公司（卖方）与 B 公司（买方）签订一份预拌混凝土供需合同，约定由 A 公司向 B 公司供应各种型号混凝土。在合同签订后，A 公司按照 B 公司的要求，向 B 公司供应混凝土。供货过程中，B 公司按照合同约定支付了部分货款。2017 年，B 公司在工程结束后，拖欠 A 公司 60 万元货款迟迟未付。A 公司多次催要无果，无奈之下委托律师债权清收。

承办律师先行了解案情，详细查看合同等相关材料，并对 B 公司以及 B 公司施工的工程进行了解。之后，向 B 公司以及 B 公司的项目经理各寄发一份律师函，讲明案件情况以及 A 公司的诉求，要求 B 公司在接到律师函后向 A 公司支付拖欠的货款以及违约金，逾期将通过诉讼程序追究 B 公司的法律责任。

律师函发出后的第 3 日，B 公司项目经理联系承办律师。承办律师随即将 B 公司的项目经理邀请到律师事务所，通过面对面的方式进行沟通谈判。B 公司的项目经理在谈判过程中说明了拖欠货款的真正原因：B 公司施工工程还未扫尾，拖欠 A 公司的工程款未结清。在此情况下，承办律师代理债权人随即提出了分期、分批偿还欠款的方案，B 公司项目经理称可以接受，但是，具体方案需要向自己公司的领导汇报，承办律师与其商定了回复时间，并告知若回复期限内未得到回复，则本案将通过诉讼程序解决。几日后，双方敲定了分期还款的时间以及具体金额，本案巨额货款难清收的难题得到了顺利解决。

"先礼后兵法"是由代理律师主动联系案件对方当事人，展现调解的诚意，提出有效化解纠纷的可行性方案。

在本案中，承办律师见机行事，适时向债务人提出了分期、分批偿还欠款的方案，在得到案件对方当事人初步同意后，承办律师及时跟进、"步步为营"，缩小双方意见分歧，直至争议问题解决。

在债权清收实务中，无论是分期还款，还是在支付违约金方面给予一定的让步，都是承办律师代表债权人一方在谈判过程中所表达的解决问题诚意。当然，与此同时，承办律师也要亮明态度：告诉对方当事人若谈判不成，对方当事人所应承担的法律后果。这样做，能起到不放任对方当事人不讲契约精神，并警示其切实履行债务清偿责任之目的。

比如，在另一起案件中，法院将保全某公司银行账户、房产等资产，案件裁判结果也将上网公示。诚如此，某公司的社会形象将受到影响。此案进入执行程序后，公司及法定代表人面临进入失信人名单——被限制高消费，影响企业经营及公司法定代表人出行、消费等一系列限制。在此情形下，承办律师从"礼"出发，化解当事人的敌对心理状态，并以"兵"为底线、表明立场。结果，尚未"兵临城下"，对方当事人就主动坐到了谈判桌旁，与债权人达成和谈协议。

二、"披露瑕疵法"

"披露瑕疵法"，是从案件一方或双方当事人所掌握的证据出发，根据相关法律法规指出案件当事人在证据中的瑕疵，降低双方当事人的预期，缩小当事人的意见分歧。为此，承办律师可以通过指出双方当事人先前约定不清、不足、不合法的地方，使双方当事人的期望值存在于合理、合法的范围内，给律师从中调解、化解纠纷留有余地。比如，在一起供需合同纠纷案件中，双方当事人在合同中约定，违约金为货款总额的50%——该约定明显不符合法律规定。针对这种情况，承办律师依据法律规定与供需方商谈：一方面披露供方违约金要求过高，不符合法律规定，应当合理地降低违约金数额，即应将其规定在法律允许范围；另一方面以合同约定的高额违约金与需方商谈，使其给予一定的让步，从而促成双方和解，化解纠纷。

🔍 经典案例 30

租赁合同存在瑕疵，"见招拆招"止诉息争

A房地产开发公司与B商业银行签订一份房屋租赁合同。该合同约定，A房地产开发公司将其所有的房产租赁给B商业银行。B商业银行入驻租赁房屋后，未按约支付房租。A房地产开发公司与B

商业银行多方协商催要未果，之后，A 房地产开发公司找到律师咨询解决问题方案。

承办律师向 A 房地产开发公司了解了案情后，查看了现场，对涉及的房屋租赁合同以及相关材料进行了查阅。结果了解到：出租方与承租方签订的合同系承租方的格式文本，该合同签订时尚未进行实测，于是合同条款中约定的租赁总面积为双方暂估面积。合同同时约定：租赁商业物业的单位租金按房地产测绘建筑面积计算，月租金总额为人民币若干万元。承办律师在审查合同后认为，该合同文本为格式合同且存在重大瑕疵，属于既约定了单价又约定了总价，却未明确约定适用何种计算方式。经进一步调查案情，承办律师判断该合同应按实际情况履行，即承租方应按实际租赁面积缴纳房租，而非按照合同暂估面积暂估总价，继续履行合同。

后经承办律师核实，涉案不动产房屋的房产证载明的面积比签订合同双方的暂估面积多出了 100 平方米左右。在此情况下，承办律师向承租方寄发律师协调函，提出该合同存在瑕疵，并说明因所签合同系承租方的固定商业版本，其约定不利于出租方的，一般会被法院作出有利于出租方的解释。

在几轮谈判以后，此案没有取得实质性进展，案件进入诉讼程序。在此阶段，承办律师继续向纠纷双方释明本案合同条款瑕疵及其利害关系。最终，承租方与出租方达成和解协议，承租方按比例支付了前期拖欠的租赁款，同时承诺后续租赁款按租赁房屋的房产证所载面积继续支付租赁费。接着，承租方按约支付了拖欠的租赁费 200 余万元。于是，本案争议问题就此化解。

本案承办期间，承办律师从掌握的案件证据材料出发，基于案件事实，利用相关专业知识，指出合同中存在的瑕疵，降低当事人的诉讼预期，从而占据引领案件调解的主动权，随之"见招拆招"，成功化解纠纷。

经典案例 31

工程结算闹纠纷　披露瑕疵求和解

2012 年 6 月，A 建筑公司与 B 建设公司就 C 项目二期外墙保温工程签订建设工程保温分包合同。该工程结束后，双方因工程结算款问题发生纠纷，A 建筑公司向法院起诉，要求 B 建设公司向其支付外墙保温工程款 101.6238 万元、利息 2.7143 万元及诉讼费 1.4190 万元。被告 B 建设公司委托律师介入本案调解纠纷。

承办律师受理此案后，进行了现场勘查，向 B 建设公司详细了解情况，在甄别 A 建筑公司的工程量签证单时发现：A 建筑公司的签证单不齐全，且双方并未进行结算，可工程量确实存在。在本案中，委托人 B 建设公司坚持认为 A 建筑公司要价过高，因此一直未支付工程结算款。

至法院开庭前，本案纠纷双方还未达成和解。在法院开庭后，承办律师继续积极与 A 建筑公司协商，并邀请 A 建筑公司负责人到办公室茶叙，经反复做工作，最终促使双方达成和解协议：B 建设公司一次性支付 A 建筑公司 75 万元，A 建筑公司承担本案诉讼费，之后双方再无纠纷。后经承办律师及时跟踪，B 建筑公司按约履行了全部债务，使得本案得以顺利化解。

点评

1. 在这起追讨工程款案件中，若进行工程质量司法鉴定则周期较长。承办律师适时向原告 A 建筑公司披露瑕疵，指出了其工程量签证单不齐全、双方工程款结算不清问题。在此情况下，对方当事人（原告）表示同意接受律师调解。于是，化解这起工程款纠纷有了良好开端，并向和解方向发展。

2. 实施"背靠背"两头压策略，逐步缩小纠纷双方的分歧差距。在和谈期间，承办律师向委托人——被告 B 建设公司负责人讲明：若进行工程质量及造价司法鉴定，估算成本费用在 100 万元以上，且最终原告还得承担拖欠工程款的利息。因此，本案最好的解决办法是和解化解纷争——不用经过工程质量及造价司法鉴定。委托人认为律师讲得有道理，授权律师开展和解。

3. 利用天时、地利因素，"快刀斩乱麻"。本案"诉讼＋调解"期间，已是农历腊月二十七。承办律师约纠纷双方当事人到律所办公室进行和解谈判，在此期间，承办律师准确判断出了对方当事人的心理：急于在春节前收回工程款。因此，承办律师在做双方的纠纷化解工作时，争取使对方当事人作出较大让步。

4. 成功运用"最后一刻法"。在谈判后期，原告最后的意见是同意被告一次性支付 80 万元，而被告的意思是只能分 2 次共支付 70 万元，在进一步和谈时双方谈判破裂。在原告离开律师办公室等候乘电梯时，值此案件调解的最后一刻，承办律师向原告抛出了"被告可否在春节前一次性向原告支付 75 万元"的征询意见。结果，纠纷双方就此征询意见达成了互相妥协。于是，本案以和解结案。

5. 本案的最终结局是"皆大欢喜"：原告在春节前清偿了全部工程款，为此感到满意；被告少支付了工程款，且未承担违约责任，为此甚感满意。法官见律师主导和谈成功，及时出具调解协议书，认可纠纷双方当事人自愿和解，并快速结案，"点赞"律师调解得好。

三、"战略威慑法"

俗话说："打蛇打三寸。""战略威慑法"的核心是找到威慑点，这个威慑点可以是人，也可以是事。在债权人与债务人就争议问题相持不下时，主持调解的承办律师抓住对双方当事人具有威慑作用的人或事，促使双方当事人坐下来进行谈判、调解，是非常有效的做法。

实施"战略威慑法"，承办律师首先可以选择寻找当事人所惧怕的人或事。若案件中的当事人是分公司，那么，可以选择向该分公司的总公司寄发律师函或者联系总公司的负责人；如果当事人是政府部门，可选择向该单位的上级领导、部门反映问题，促当事人协商、洽谈。在这个过程中，如果能通过当事人所在单位的领导做工作，当事人恶意讨债或久欠债款不支付的行为便会有所收敛。如果其表现出急于解决问题，则案件将有和解的可能。其次，承办律师可以将人民法院依法采取的查封、扣押、上失信人名单、限制高消费等强制措施作为威慑点，这对部分案件当事人也能起到威慑作用。

其实，战略威慑并不是目的，仅仅是解决纠纷的手段，化解债权纠纷才是最终目的。在实施战略威慑时，律师不能一味地抓住威慑点不放，要注意作出适当让步，以求促成和解，追回款项，达到债权清收之目的。

经典案例 32

买房拖欠购房款 律师和谈促清收

A 公司系一家房地产开发公司，在某地开发了一个商品房楼盘。B 为 A 公司所在楼盘开发地的乡镇干部。在 A 公司楼盘开盘销售时，B 托人找到 A 公司领导，以低于市场价 10% 的价格购买了 A 公司开发的商品房一套，合同约定付款方式为签订合同时一次性付清全款。

在合同签订后，B 支付部分房款，欠 8 万元房款未付。在此后长达 4 年的时间里，B 仍不支付购房尾款，在楼盘全部售完并进行最终清算时，发现该笔账目仍处于"应收账款"状态！A 公司多次催促，要求 B 支付剩余 8 万元房款，B 均置之不理，于是 A 公司委托律师催要。承办律师在办理该案件之初，对案件进行了整体分析。鉴于本案拖欠款项时间过长，且 A 公司并无证据证明其向 B 主张了权利，案件已过诉讼时效，若起诉将很难实现有效诉讼。为此，承办律师主动与 B 取得联系，得知 B 已由乡镇干部升为乡政府主要领导，于是便直接到 B 所在的乡政府与其见面。

见面和谈时，承办律师简明扼要地指出 B 在此案中存在"向所辖企业索取经济利益，并长期拖欠大额购房款不予支付"的违规违纪行为。承办律师向其讲明利害关系：如果其仍不支付剩余购房款，A 公司将向纪委等相关部门举报。见此情形，B 当场答应将欠付购房款在一个星期内支付给 A 公司。

从承办律师接案，到 A 公司收到 B 结清欠付购房款，前后仅用了一个星期的时间，就完美解决了拖欠购房款长达 4 年且法律上存在缺陷的债权清收疑难案件，这是运用"战略威慑法"调解债权清收案件的一个完美案例。

🔍 经典案例 33

酒友未履行合理照顾义务，亡者家属成功索赔

2020 年 2 月，甄某邀约汪某等人前往其承包的鱼塘喝酒。到了晚上约 9 时 30 分，汪某因饮酒处于醉酒状态，甄某仅将其送至住处楼下，没有通知其家属。第二日白天，汪某家属发现汪某死于楼下院中。该事件发生后，甄某既没有赔礼道歉，也没有进行民事赔偿。死者的女儿多次要求甄某道歉并赔偿未果，于是委托律师介入案件。

承办律师受理这起案件后，在了解案情、现场勘查、现场提取证据的基础上，对全案进行了认真的研究分析。承办律师认为，在此案中，甄某未履行合理的照顾义务，而且，其身为执法人员，在疫情管控期间聚众饮酒（"三无"产品的散装白酒）、违规承包鱼塘牟利。在诉讼期间，甄某拒绝法院调解；法官要求汪某家属提交尸检报告，否则，无法认定饮酒和汪某死亡之间存在因果关系。可是，死者已火葬，无法提供尸检报告，于是，法官向承办律师表示希望做原告的工作，进行撤诉。眼看案件陷入死局，承办律师并未放弃"受人之托，忠人之事"。

承办律师积极与死者家属沟通，并找到了甄某所在单位领导反映情况，希望其帮助做工作，争取此案有个妥善结果。甄某单位领导对承办律师真诚、坦率的意见极为重视，其在帮助做甄某思想工作时，督促甄某尽快与死者家属达成和解。最终，在承办律师实施的债权清收战略威慑下，甄某与死者家属达成和解——向汪某家属道歉并赔偿 5.6 万元。

1. 本案之所以能实现成功调解，主要原因在于承办律师充分运用了"战略威慑法"，并准确找到了威慑点：甄某身为执法人员，在疫情管控期间聚众饮酒，违反疫情管控有关规定；甄某身为国家工作人员承包鱼塘违规牟利；甄某与亡者等人饮用的是"三无产品"。

2. 承办律师准确把握住了上述威慑点，主动与甄某沟通，力促赔偿纠纷案实现和谈，在协商未果的情况下，向甄某所在单位领导反映情况，由甄某领导帮助做工作，通过讲明事情利害关系和甄某权衡利弊，使得惧怕亡者家属因得不到应有的赔偿而将丑闻公开曝光的甄某，不得不与亡者家属和谈。

3. 承办律师综合运用调解谈判的"先礼后兵法""战略威慑法"，全权代理原告诚恳地与被告谈判，通过"打""谈"结合力促本起喝酒人亡赔偿案件有一个结果。最终，被告甄某表示愿意向亡者家属道歉并承担赔偿责任。

四、"高开低走法"

所谓"高开低走法"，即承办律师在合同、法律规范规定的范围内，进行"漫天要价，就地还钱"。这里讲的"漫天要价，就地还钱"，并非信口开河、胡乱要价，而是基于合同及相关法律法规的规定，在合法、合理的前提下提出有利于最大化捍卫受害人权益的主张，要求对方当事人承担相应法律法规规定、合同约定的责任。在此情况下，承办律师也要基于占据优势方当事人急于解决纠纷、追回欠款的心理，引导其给予对方一定的让步，让另一方当事人了解占据优势方当事人解决问题的诚意，促使其同意和解、主动履行应尽义务，以尽快化解纠纷。

"高开低走法"，主要运用于一方当事人在合同约定或者证据中占有优势的案件。律师需要具备一定的专业法律知识，利用合法、合理的调解矛盾优势，恰当地把握双方当事人的心理，在维护委托方当事人利益的前提下寻找平衡点，有效化解纠纷。"高开低走法"

的核心是要在合同约定、法律法规规定的范围内，合情、合理、合法地"高开"，并且要在双方能接受的范围内"低走"，以达到化解纠纷的目的。

 经典案例 34

适时高开、灵活低走，货款纠纷得化解

材料供应商 A 公司向 B 公司供应混凝土，A 公司按 B 公司约定供应了一定量的混凝土后，B 公司未按约向 A 公司支付货款。于是，A 公司委托律师追讨货款。

承办律师经了解案情得知，本案纠纷双方未签订合同，也未约定供货单价，仅有供货时签订的供货单、确定的供应混凝土量。得知这种情况，承办律师联系 B 公司负责人，向其阐明债权人律师意见：在本案中，纠纷双方未约定价款，如果 A 公司起诉，则可以要求 B 公司按照目前政府指导价支付货款以及违约金。按照政府指导价计算的货款为 100 万元，如 B 公司同意，应立即付款。如果 A 公司同意仅按照市场价计算货款，那么，按照当时的混凝土市场价计算的货款为 78 万元（政府指导价一般比市场价高出 20%～30%）。在承办律师的积极调解下，A 公司与 B 公司进行了平等协商，最终双方达成和解协议：B 公司同意按照市场价格在一周内向 A 公司支付货款。

在本案的调解过程中，承办律师恰当地采用了"高开低走法"，在依法、合规"高开"之后，接着进行合理的"低走"，这种张弛有度的律师调解艺术，既维护了委托人的权益，也满足了对方当事人的要求，成功化解了本案纠纷，在为委托人追回货款的同时，减轻了当事人的诉累，降低解决纠纷时间、资金等成本，达到了委托人的预期目的。

需要说明的是，在这起案件中，承办律师根据当事人未签订书面供货合同的事实，依据我国《合同法》（已失效）第 61 条、第 62 条之规定（如果双方当事人未事前确定商品混凝土价格的，应当按

照政府指导价计算货款，拖欠货款的，应当按照逾期罚息计算违约金），针对政府指导价明显高于市场价格的情况，以"高开"作为切入口，在谈判过程中也不抓住"高开"优势不放，经过作出适当让步，在给予了对方一定的优惠后，在最终谈判中实现利益均衡，有效化解了双方当事人之间存在的货款纠纷。

经典案例 35

"两头压"：降低当事人预期促和解

2013 年 4 月 1 日、2014 年 3 月 24 日、2014 年 5 月 26 日、2014 年 11 月 21 日、2015 年 8 月 26 日、2016 年 12 月 26 日，河南某混凝土公司与河南某建设公司分别签订 6 份某某项目商品混凝土供需合同，约定由河南某混凝土公司向河南某建设公司施工的洛阳某项目 B 区 13#、15#、21#、22#、23#、26# 楼主体、商业、车库、景观、道路、各地块临建等项目供应商品混凝土，并对混凝土质量标准、费用、结算及付款方式，双方的违约责任等作了约定。

上述合同签订后，河南某混凝土公司按约履行了合同义务。经核算，河南某混凝土公司向河南某建设公司上述项目供应 12.318 584 万方量混凝土，货款共计 3295.7518 万元，河南某建设公司已支付 2652.7384 万元，尚欠 555.0116 万元。截至债权人起诉日，河南某建设公司仍未向河南某混凝土公司支付上述混凝土材料款 555.0116 万元。河南某建设公司均以各种理由拒绝支付。河南某混凝土公司委托律师代为提起诉讼。

本案的争议焦点在于河南某建设公司与河南某混凝土公司之间的结算方式、河南某建设公司是否欠付河南某混凝土公司货款。河南某建设公司认为其与河南某混凝土公司应当依合同约定按照图纸重新结算，在未按图纸重新结算的情况下河南某建设公司不欠河南某混凝土公司任何货款及违约金。另一方面，本案中除了已签订的对账单之外，双方还签字确认了审计单、入库单，且金额各不相同，河南某建设公司应当按照入库单计算总供货金额。

代理律师从合同效力及约定、法律对账单性质的规定、商品混凝土买卖的行业惯例、河南某建设公司举证责任等角度入手，多方面论述了双方已经按照合同约定进行了结算，并签订了对账单。按照法律规定、行业惯例，该对账单就是合法、有效的债权凭证，故河南某建设公司应当依据对账单记载的数额向河南某混凝土公司承担支付剩余未付货款及逾期付款损失的责任。

一审法院经审理后支持了代理人的观点，依法判决，河南某建设公司，于判决生效后 10 日内向原告河南某混凝土公司支付货款551.1472 万元及逾期付款损失（暂计约 80 万元）。

一审判决后，河南某建设公司不服一审判决，上诉至洛阳市中级人民法院。代理人掐准时机，在二审即将开庭前，主动与河南某建设公司进行和谈。河南某建设公司也急于解决，同意和谈。代理人依据一审判决利用高开低走的谈判技巧，谈判伊始就提出应当依据一审判决的本金 551 万元及逾期付款损失 80 万元共计 631 万元为基数进行和谈。河南某建设公司主张按照审计单确定的剩余未付款金额 481 万元付款。双方所提出的金额差距将近 150 万元。

在双方多次和谈中，代理律师向河南某建设公司代理人"施压"，希望其偿还欠款"551 万元+违约金 30 万元"，同时，也多次向河南某混凝土公司总经理释明并指出本方在证据方面存在的瑕疵，以降低其期望值。最终，双方协商确定河南某建设公司一次性支付河南某混凝土公司 575 万元（本金 551 万元及 24 万元违约金），河南某混凝土公司放弃其他主张，本案二审得以调解结案，河南某混凝土公司一次性取得全部货款及违约金。

点　评

1. 依据司法解释、行业惯例，一审"高开"。本案混凝土买卖合同纠纷具有复杂性，双方确认混凝土价格的依据有对账单、审计单、入库单，且先后签订 6 份合同，其中 2 份合同约定最终以图纸结算混凝土方量。原告主张按对账单结算，被告主张按审计单、入库单、图纸结算。原告的结算方法得出的货款比被告计算的货款多出了 100 万元以上。双方就混凝土货款总数争执多年。一审开庭时，承办律师提出应当按照对账单结算，根据《最高人民法院关于审理买卖合同纠纷适用法律问题的解释》第 1 条"当事人之间没有书面合同，一方以送货单、收货单、结算单、发票等主张存在买卖合同关系的，法院应当结合当事人之间的交易方式、交易习惯以及其他相关证据，对买卖合同是否成立作出认定。对账确认函、债权确认书等函件、凭证没有记载债权人名称，买卖合同当事人一方以此证明存在买卖合同关系的，人民法院应予支持，但有相反证据足以推翻的除外"之规定及混凝土行业一般按照供货的方量单价结算混凝土货款的惯例，一审法院采纳了承办律师的意见。一审法院认定被告应当按对账单支付剩余货款 551 万元，并支付同期逾期货款（利息暂定 80 余万元），一审高开成功为二审调解打下了良好的基础。

2. 二审适当"低走"，达成调解协议。河南某建设公司上诉提出：其愿意按审计单计算，向债权人支付剩余货款 480 万元货款。承办律师在一审代理债权人实现清收 630 万元的基础上，作出适当让步。经多次协商，最终双方当事人达成支付混凝土货款 575 万元的调解协议，本案在此期间干净利索地实现快速回款，完成债权清收任务。

3. 披露瑕疵法"两头压"。本案承办律师在同对方律师的谈判中，多次指出了买卖合同对账单的重要性，双方在对账单上签字盖章应当作为结算的依据。同时，承办律师也向河南某混凝土公司总经理讲明：本方人员在审计单、入库单上签字盖章，也可以作为结算依据，合同上约定图纸结算有效，指出案件当事人在证据中的瑕疵，降低双方当事人的预期，"两头压"以促进调解协议的达成。

五、"顺水推舟法"

人不是生活在真空中。律师在承办案件的过程中，经常会遇到外界因素介入，例如案外人讲情等。遇到这种事情，一般情况下律师都会感到头疼：一边可能是关系不错的亲朋好友，一边则是委托人对律师的信任，若要在这两者之间作出选择，有没有两全其美的办法？有！

债权清收纠纷案件，大部分属于双方内部矛盾问题，需要通过调解化解当事人之间的意见分歧，如果由对方当事人均信任的说情者反过来做其工作，则更容易产生调解效果，这可谓是承办律师"见招拆招"的化被动为主动之策，如果在律师实务中运用得当，必将把消极因素转化成促进纠纷和解的积极因素。

在通常情况下，受委托讲情的案外人对案件当事人相对熟悉。在案外人讲情时，承办律师应急中生智，以该案外人为中间人，利用当事人对中间人较熟悉这一条件，让中间人"牵线搭桥"，在善意促成纠纷解决的思想指导下，了解对方当事人的要求，充分将中间人作为案件的"润滑剂"，使双方在各自能接受的范围内各退一步。在正常情况下，"请托人"对律师和对方当事人熟悉，碍于朋友关系，有良知的"请托人"面对律师介绍的债务人不合理、不合法"欠钱不还"的事实，不会矢口否认。在此共同点上，承办律师可借力于"请托人"的关系，表面上做个"顺水人情"，竭尽所能地说服对方当事人在合法、合理的范围内促成和解。实践表明，律师用"顺水推舟法"调解债权纠纷，往往能收到快速化解纠纷之奇效，况且，有了中间人帮助做工作，也不至于和谈不成，激化矛盾。

🔍 经典案例 36

诉前调解无果，"顺水推舟"助执结

A公司与B公司经协商约定，由A公司向B公司供应混凝土，之后，双方签订供货合同。可是，A公司履行了合同约定的供货义务后，B公司未按约支付混凝土货款，共计拖欠A公司85万元货款迟迟不支付。A公司几经催要无果，无奈之下，委托律师提供债务清偿法律服务。

承办律师拿到案件材料后，审核了证据材料，并向相关人员了解了案件详情，之后向B公司寄发律师函，并与B公司负责人取得联系，就解决这起债权清收纠纷进行协商。在协商无果的情况下，A

公司依法向法院提起诉讼，要求 B 公司支付货款本金 85 万元及违约金 32 万元。A 公司在起诉时，承办律师代理其向法院申请了诉讼保全，法院采取了依法查封 B 公司银行账户等保全措施，避免案件在执行阶段之前被告转移财产，造成无财产可供执行。

在法院开庭审理本案前，B 公司负责人找到某方面领导，由其向 A 公司说情，表示该公司愿意偿还本金，但希望 A 公司能免除 B 公司的违约金。A 公司负责人与承办律师沟通后，承办律师遂采取"顺水推舟法"调解技巧：与 B 公司负责人取得联系，向其讲明案件的法律关系，表明 A 公司愿意给人情——同意此案和解：违约金可以酌情减少，但不能完全免除，即 A 公司解决纠纷的底线是 B 公司一次性支付全部货款本金 85 万元和违约金 10 万元，除此之外，A 公司放弃了其他诉求。A 公司将该和解意见告知说情人后，说情人觉得该和解意见合情合理，于是主动做 B 公司的工作，促成本案走向和解。最终，纠纷双方按上述和解意见达成协议，由法院出具正式调解书，本案执结。

客观地说，对于该案的顺利执结，中间人起到了决定性作用，因为，诉前调解无果而终。在本案中，中间人与纠纷双方当事人均有一定的交情，因此才愿意帮助说情。承办律师借势顺水推舟，让中间人从中说和，有助于纠纷双方当事人心平气和地坐下来进行和谈，否则，很可能重蹈覆辙。

六、"顺藤摸瓜法"

"顺藤摸瓜法",其核心是在错综复杂的法律关系中找出案件症结,然后"对症下药",顺利化解纠纷。所谓案件症结,即案件形成的真正原因。在某些几方当事人之间关系盘根错节的案件中,律师需要有透过现象看本质的本领,找准案件症结,"一针见血"直指案件纠纷点,如此才有可能有效化解纷争。建筑房地产领域的案件,一般涉及开发商、建设单位、转包人、分包人、实际施工人等多方主体,准确明确案件主体以及影响债权清收的症结,需要承办律师具有较高的专业素养和丰富的执业经验,若委托人想尽快解决债务纠纷、不想打"持久战",则更需要承办律师具有"庖丁解牛"的债权清收技巧。毕竟,债权清收不仅需要"坐堂问诊",还是"一场看不见硝烟的战斗",对于恶意逃债案件或疑难杂症案件,往往需要承办律师全程跟进、"边打边谈"或"谈谈打打""打打谈谈"。

深入了解案情、掌握扎实证据、因势利导调解或及时跟进办案,是承办案件律师完成债权清收任务的必备本领,在此过程中,"顺藤摸瓜法"则是在有些时候解决案件症结问题的一种有效途径。遇到这种情况,承办律师除了要与实际施工人沟通协商,还需要与分包人、转包人、建设单位、开发商几方主体分别洽谈,最终找到几方利益的平衡点,从而化解错综复杂的案件问题。某些执行案件,被执行人系其他案件的申请执行人,遇到这种情况,需要承办律师运用大数据搜索,寻找相关线索,通过被申请执行人的执行案件或其案外案显示的蛛丝马迹线索或财产信息,从而拨开云山雾罩,收获顺藤摸瓜办案的成果。

🔍 **经典案例 37**
....

"顺藤摸瓜"找债主 化解矛盾保清收

在某买卖合同纠纷案中,混凝土供应商 A 公司委托律师追讨混凝土货款 1200 万元。承办律师经了解案情得知,A 公司与 B 公司

（涉案工程施工单位）签订了一份材料供销合同，合同约定由 A 公司将混凝土材料供应给 B 公司，并运输到涉案工程所在地，使用在涉案工程上。

承办律师与 B 公司负责人见面沟通后，了解了 B 公司认可的欠付货款事实，掌握了其目前没有偿债能力的情况，并进一步知道了 B 公司拖欠货款的真正原因——C 公司（涉案工程开发商）未向 B 公司支付工程款，导致 B 公司没有资金支付货款。在此情况下，承办律师直接向 C 公司发律师函，约 C 公司负责人谈判，之后，促使 B 公司与 C 公司达成协议：由 C 公司代 B 公司支付货款 1200 万元；自该和解协议签订之日起每月 20 日向 A 公司支付货款 100 万元，直至还清货款；如未按约支付货款，则 C 公司以欠付的货款为基数，按照 2%/月的标准自欠付货款之日向 A 公司支付违约金，B 公司为上述债务承担连带清偿责任。"顺藤摸瓜法"收获了 C 公司按约向 A 公司支付货款之效果。

在本案中，承办律师之所以能及时成功寻找到问题症结，在于形成 B 公司欠款的主要原因是 C 公司未向其支付工程款，可支付货款的钱款在 C 公司处。基于此，承办律师对相关各方负责人均进行了约谈，在解决委托人 A 公司案件问题的同时，也使得 B 公司的问题得以解决，故而 B 公司在案件中积极配合。

从法律上讲，A 公司的债权与 C 公司无关，但是，基于案件症结是 C 公司未向 B 公司支付工程款，造成 B 公司无力偿还债务，那么，作为协调解决问题的承办律师，追本溯源、运用与多方进行谈判的"顺藤摸瓜法"技巧，既可以实现委托人的利益，又可以化解三方矛盾，维护各方利益。

七、"感动上帝法"

"感动上帝法"，是让案件中的双方当事人对律师的工作态度、工作责任感等信服，令当事人感动，让当事人从内心愿意接受律师的调解。如果当事人能心态平和地面对对方、接受调解，这便使律师调解工作迈进了一大步。如果当事人对律师信服——相信律师的执业能力，那么，案件调解往往能水到渠成。

一般来说，委托人既然能将案件委托给承办律师，肯定是信服律师的能力，但是，对方当事人在看代理委托人的承办律师与自己谈判时，往往"戴着有色眼镜"，认为承办律师只会单方面维护委托人的利益，无视其利益。此时，承办律师在案件调解、就争议问题进行协商的过程中，既要维护委托人的合法、合理利益，也要考虑对方当事人的合法、合理利益，要站在居中的立场，使对方当事人信服承办律师的法律素养、职业道德，让对方当事人放下"拒人于千里之外"的敌对心理，争取使其愿意将内心的想法表达出来，在此情况下，调解工作方能进一步地展开。

实践证明，承办律师为了维护委托人利益，在案件调解中如果寻找到利益平衡点，减少对方当事人的成本损失，则能相对容易地顺利化解争议矛盾，实现委托人的债权清收目的。

🔍 **经典案例 38**
....

"及时雨"灭心头火，当事人化干戈为玉帛

公民 A 将自己名下的门面房租赁给公民 B，后因房价上涨，房租也跟着上涨，A 要求涨一部分房租，但 B 不同意，双方发生争执，B 自行占用了承租的门面房，既不退房也不再交纳房租，出租方 A 使用各种方法都无法解决争议问题。于是，A 找到承办律师，希望通过调解或诉讼解决纷争。

房屋出租方 A 告诉承办律师，自己想让承租方 B 停止占用、返还门面房，并支付占用房屋使用费，拆除私自加盖房屋并承担违约责任。承办律师承接案件后，找到承租方 B，进一步了解案情、核对关键事实，寻找案件症结所在。承办律师经全面了解情况得知，B 对 A 有怨气，其理由是：A 将其经营设备、用具等全部拉走了，并以汽车堵门、店面砸坏等方式影响 B 正常经营，以至于 B 多次报警均不能解决问题，给其造成严重经济损失，因此他不同意退房，也不同意交纳房租。

　　承办律师进行了现场勘查，之后约双方当事人到租赁房屋所在地，实地商谈问题，调和他们之间的矛盾。当天大雨滂沱，承办律师不顾恶劣天气，冒雨赶到争议现场。在协商之初，双方当事人剑拔弩张，"公说公有理，婆说婆有理"，见他们自顾自地倾吐怨言，承办律师便站在大雨中，认真了解案情……就这样，一场不期而至的大雨，逐渐浇灭了双方当事人的怒火，他们被承办律师的高度责任心、认真工作态度所感动，提出愿各让一步。

　　见到"感动上帝法"奏效，承办律师喜出望外，遂居中提出调解意见：双方继续履行原房屋租赁合同，承租方按照原租金交纳，将先前欠付的30万元租赁费支付给出租方，出租方将门面房继续租赁给承租方。案件双方当事人一致同意承办律师的调解意见，签订了和解协议。承租方在签订和解协议后的10日内向出租方支付了欠付门面房租赁费30万元。就这样，承办律师靠"感动上帝法"，巧妙化解了这起房屋租赁纠纷，成功平息了双方当事人的怒火，使债权人实现了租赁费应收尽收。

　　在这起很普通但典型的案件中，承办律师能够成功化解纠纷，一方面是基于自己的专业知识，另一方面是出于对当事人的负责。试想，如果该案通过诉讼解决，长时间熬煎和不满情绪积累，很可能会进一步增加双方的不满情绪，甚至会使双方矛盾激化。诚如此，将不利于维护双方当事人的实际经济利益。因此，本着对当事人负责的态度，承办律师通过"感动上帝法"，使得案件双方当事人"化干戈为玉帛"。

双方争执现场

以车堵门，矛盾进一步激化

滂沱大雨中，律师现场调解纠纷

八、"求同存异法"

所谓"求同存异法"，即指在复杂的案件中，寻找双方当事人没有争议的部分，并将没有争议的问题先行化解，之后对有争议的部分进一步缩小争议范围，从而化解案件纠纷。

在大部分债权纠纷案件中，双方当事人对部分基本事实均认可，有分歧的仅是部分事实，因此律师如想尽快解决问题，就不能自己纠结在案件之中，而应头脑理智、思路清晰。比如，先将案件双方当事人均认可的事实找出来，并固定下来，而后仅就双方有争议的内容进行谈判，逐步缩小意见分歧范围。这里的"求同"，不仅是就双方当事人对案件基本事实的认同，也包括欠款数额、付款周期、违约责任等。对于案情复杂的案件，将双方当事人没有争议的事实先行固定下来，既有利于诉前调解解决争议问题，也有利于一旦案件进入诉讼，方便法官查清案情、作出正确判决。所以，有效利用诉前调解，避免谈判因涉及面宽、意见难统一而搁浅，有必要采取"求同存异法"调解债权纠纷。在此过程中，承办律师对于双方当事人并非完全对立的案件，应力戒"胡子、眉毛一把抓"，否则，不仅会"火上浇油"、激化矛盾，甚至会使本可息诉止争的案件不得不对簿公堂，乃至影响案件的后期诉讼或执行。

🔍 经典案例 39

巨额货款难清收，分步骤清欠达目的

以承办律师代理的 A 公司向 B 公司追要材料款一案为例。A 公司向 B 公司供应混凝土，总价值 1200 余万元，已付 760 万元，仍欠 500 余万元。B 公司拖欠货款长达 2 年之久，A 公司多次催要无果，故委托律师代理债权清收。

承办律师接案后，先行向 B 公司发律师函，之后联系 B 公司负责人约谈，承办律师到 B 公司后，与其企业负责人面对面交换意见。B 公司负责人称，经对账后发现，其账面欠 A 公司 450 万元货款，并非 A 公司所称的 500 余万元。承办律师经了解发现，A 公司已离职的经理 C 在职期间曾以个人名义从 B 公司处借款 50 万元，但 B 公司认为该笔借款应计入其支付 A 公司的货款，如果没法解决该问题，B 公司拒绝支付剩余全部款项。见此情况，承办律师及时与 A 公司领导沟通，并与 B 公司负责人商谈。其间，承办律师先抛开有争议的 50 万元货款不谈，要求 B 公司及时清偿 450 万元货款，另 50 万元欠款由 A 公司、B 公司共同与 C 进行协商。B 公司最终同意该方案，于是，双方当事人达成和解协议，B 公司偿还 A 公司 450 万元。剩余 50 万元欠款，经多方协商，最终商定由 C 直接向 A 公司支付。至此，该案画上圆满句号。

本案中，双方当事人对欠款事实无争议，仅对欠款数额有争议，双方欠款数额为 500 余万元，争议部分为 50 万元，相较于 500 余万元，争议部分仅为少数，故而承办律师先行就没有争议部分进行协

商谈判，对于有争议的 50 万元货款，究其缘由，再另行协商解决，从而缩小了争议，化解了纠纷。

九、"打开天窗法"

"打开天窗法"即俗话说的"打开天窗说亮话"。该调解技巧是指，律师从专业角度出发，把依据事实和法律得出的律师预期放在明面上，让纠纷双方当事人自行权衡利弊，以降低纠纷双方可能存在的不合理的预期，促使意见分歧缩小，直至纠纷化解。

实事求是地说，律师根据纠纷双方提供的证据，利用自己掌握的政策、法律法规、专业知识和拥有的执业经验，是能够判断出案件进入诉讼程序后的正确裁判结果的，尤其是在实行错案追究制的今天更是如此。这彰显了我们国家法治建设的进步。根据实践经验来看，律师在主持调解债权清收纠纷时，或就双方当事人争议问题进行和解谈判时，在不违反法律法规的前提下，可以适时将律师对债权清收之诉的预期或者称愿望向双方当事人明示——这与"律师承诺能打赢官司"是风马牛不相及的两回事。

世界之大，无奇不有。有些债权纠纷案件，随着诉讼阶段案情发生新变化，诉讼或执行可能会出现"意料之外，情理之中"的情况，但是只要律师办理债权清收案件所依据的事实和法律法规正确，无论是在主导债权纠纷谈判阶段，还是参与"诉调对接"或诉中调解、"诉后执行+谈判"，都有必要"打开天窗说亮话"，只有这样，才有望在"山重水复疑无路"的情况下实现"柳暗花明又一村"。毕竟，"心病"还需"心医"医，"邪不压正"。在律师执业实践中，在不少情况下，"打开天窗法"均是打开债权纠纷当事人"心门"的一把钥匙，这把钥匙靠"秉烛探幽"、释胸中块垒者，凭律师执业精神和守望"受人之托，忠人之事"精神高地者，经过坚忍不拔努力得到。因此，承办债权清收案件律师，除了应掌握相关政策、法律法规、专业知识外，还应主动学习心理学等相关知识并在实战中多历练。

话说回来了，"打开天窗说亮话"，也有利于承办律师就债权纠纷双方当事人所需承担的时间成本、精力成本、经济成本等进行明示，以便于双方当事人衡量利弊得失，促成双方当事人和解谈判。

在诉讼阶段，如果债权纠纷双方当事人均有调解意愿，只是对调解方案存在异议——就调解条款争执不下，那么，代理委托人进行债权清收的律师，应及时与承办案件法官沟通或交换意见，之后可以根据自己对案件的预期，酌情将自己的和解、调解新意见向双方当事人明示，继而合法、合情、合理地制订和解、调解新方案。这样，一方面可以维护委托人的合法权益，另一方面可以适当减轻对方当事人的赔偿责任，有利于促成双方当事人的和解。

🔍 经典案例 40

债权人证据不足，律师打开天窗促和解

2014 年 12 月 12 日，公民 A 以某建设工程有限公司的名义，与某地产有限公司签订了一份总承包工程施工合同。该合同约定：由某建设工程有限公司承包某工程一期工程。在之后的施工过程中，因某建设工程有限公司资金短缺，无法继续进行施工，A 与其经过一致协商后，采取退场措施。

2015 年 6 月 1 日，某建设工程有限公司向 A 出具了一份退场证明，该证明第 2 条对 A 承建的某售楼部工程进行了结算，明确 A 承建某售楼部造价为 239.9632 万元，某建设工程有限公司向 A 支付某售楼部工程款 68.6969 万元，尚欠 A 某售楼部工程款 171.2663 万元。退场证明第 3 条显示：A 在施工期间对外欠付的材料费等款项由某建设工程有限公司负责支付，支付有效凭证为 2015 年 6 月 1 日前以 A 本人签名并加盖某建设工程有限公司项目资料专用章的欠款手续为准。某售楼部工程款由某建设工程有限公司负责向甲方追讨，某售楼部工程款在扣除 A 应交管理费、税金及代付 A 施工期间对外欠付款项后，余额支付给 A。可是，后来某建设工程有限公司向 A 出具退场证明，未向 A 支付工程款，也未完全支付 A 施工期间对外欠付的材料费等款项，造成材料供应商要求 A 偿还涉案工程欠付的

材料款。无奈之下，A找到律师，请求代理诉讼清欠。

鉴于A未保留任何对外欠付材料款的凭证，也不清楚某建设工程有限公司已偿还欠付材料款的情况，仅了解到某建设工程有限公司于2018年6月偿还了51万元混凝土货款，A将该部分款项从欠付工程款中予以扣除。故此，A起诉要求某建设工程有限公司支付工程款若干。

诉讼期间，某建设工程有限公司认为自己为支付对外欠款的主体，有权扣除A施工期间对外所有欠付材料款，除51万元混凝土货款外，还包括某建设工程有限公司已支付和未支付的共计77.9853万元。某建设工程有限公司向法院提交了欠款证明（部分为复印件）。鉴于材料供应商找到A索要欠款，故A对于某建设工程有限公司未支付的材料款不予认可，认为该材料款不应当在工程款中扣除，且对于某建设工程有限公司提供的复印件不予认可。诉讼期间，纠纷双方未对账并未就此达成一致意见，最终，法院以双方未对账，致使A施工期间对外欠款数额不明确、应当扣除的工程款数额无法确认为由，驳回了A的诉讼请求。

A不服一审判决，提起上诉。本案二审期间，承办律师先与委托人A沟通，结合一审过程中某建设工程有限公司提交的欠款证明，将对外欠付的材料款计算清楚，并列出对账明细清单，要求被上诉人某建设工程有限公司向上诉人支付68万余元。在法院收到代理律师提交的对账明细清单以及新的相关证据材料后，经法院主持对纠纷双方进行调解。

在调解期间，承办律师与A进行了充分沟通，A表示如果某建设工程有限公司一次性付款，则同意扣除所有未付对外欠款，即某建设工程有限公司只需支付38万余元欠款。在多方衡量下，某建设工程有限公司同意了A及代理律师的意见，由二审法院出具调解书，确定由某建设工程有限公司一次性向A支付38万元应付款，此案至此画上句号。

本案一审期间，A未将对外欠付款项明示，且账目糊涂不清。

一审法院无法查明案情，再加上涉案的管理费、税费等问题混杂，以至于法院作出了驳回 A 起诉的判决。首战失利，承办律师和委托人并未气馁，因为，他们坚信天理与公道。

在二审过程中，承办律师"吃一堑，长一智"，运用了"打开天窗法"：先行理清办案思路，核对清楚相关账目，列明被告欠付货款本金及其利息等，使得案件情况一目了然。然后，承办律师根据案件进展情况，继续实施债权清收的"打开天窗法"技巧。在承办律师参与诉中调解期间，法官释明裁判思路，在此基础上，承办律师代表 A 对被上诉人——债务人——在还款时间问题上作出适当让步，表现出债权人和解的诚意。

俗话说："得理要让人，没理不拗三分。"在本案二审期间，得理让人的承办律师坚持采取"打开天窗法"技巧，最终感动了债务人，于是双方当事人达成自愿和解协议，终于使这起僵持不下的欠付货款纠纷成功结案。

十、"最后一刻法"

"最后一刻法"，即律师应该不轻言放弃，要把握债权清收的最后时机，坚持只要存在促成案件调解、化解的一分可能，就要尽百分之百的努力。

"最后一刻法"债权清收技巧，说着容易，做起来不容易，因为这需要承办律师把握火候、拿捏得准，否则，或会错失和解良机，或过犹不及。一般情况下，在庭审结束后，看似纠纷双方当事人基本没有和解的可能，只能等待法院的裁定或判决，但是恰恰是在这个很可能被人忽视的时候，只要承办律师方法得当，依然能促成纠纷双方当事人的和解。

经过庭审，双方当事人已对案情、症结、证据、争议关键问题有了充分了解，而且，双方当事人的意见在庭审过程中也已表达清楚，彼此的怨气基本上都撒得差不多了，人的精力、体力等也消耗得差不多了，对于非原则性的利益得失问题，双方当事人在疲惫状态下往往较容易松口。因此，承办律师一定要机智敏捷，及时捕捉机会影响或引导纠纷双方当事人，并根据他们的意向、态度等，见缝插针地适时提出调解、和谈方案。总之，代理债权清收案件的承办律师要牢记：不到和谈破裂的最后那一刻，绝不轻易放弃调解谈判。

经典案例 41

债务人在开庭后"强势还价"
律师"最后一刻法"促和谈

B公司是一家颇具实力的建筑公司，A公司向B公司承建的工地运送混凝土，总货款约为700万元。截至律师承办案件时，B公司尚欠A公司货款130万元。承办律师接到A公司代理债权清收服务委托后，向B公司寄发律师函，并多次找B公司负责人协商，但是，B公司均以涉案项目甲方未付款为由拖延支付。在协商无果的情况下，A公司向法院提起债权清收诉讼，要求B公司支付货款及违约金。

B公司到庭参加诉讼，对拖欠供货的事实予以认可，但仍称自己无钱支付。在法院主持的调解中，在法官向B公司道明拖欠货款的利弊后，B公司负责人的语气有所松动，但仍强势要求A公司在货款本金方面给予打折。就在双方当事人都以为调解即将谈崩、B公司负责人要离开之际，承办律师瞅准时机，将B公司负责人在法院门口拦下，代理委托人表示可以放弃对违约金的诉求，但货款本金不能亏欠。鉴于B公司目前的资金困难情况，A公司可在付款时间上给予最大照顾。B公司负责人闻言也表示出接受和谈意思：该公司只是暂时无法拿出钱款支付所欠A公司的全部款项，需要给一段时间进行资金周转。鉴于纠纷双方均有和解诚意，承办律师主动出击，全力以赴地跟进双方和谈，最终A公司与B公司达成庭后调解协议，这起债权纠纷案件得以顺利结案。

债权清收案件的形成以及当事人委托律师提供代理服务，一般情况下均是协商陷入僵局或矛盾激化，双方当事人无法自行坐在谈判桌前谈判，不得已而为之的行为。

　　在这种情况下，律师想从中调解解决问题，通常是十分困难的，因此律师在承办案件的过程中应当不遗余力、找准时机或创造机会实现"以打促和"，坚持做到不到最后一刻绝不放弃通过调解方式解决债权清收问题。毕竟，这样做能避免现实中大量出现的债权清收"执行难"问题。

　　本案就是承办律师实施债权清收"最后一刻法"技巧的典型案例。在庭审后，承办律师根据纠纷双方当时的表现，认为自己此时作为"和事佬"的身份出现，可能能扭转和谈无望的局面。于是才出现了 B 公司负责人要离开之际，承办律师瞅准时机上前将其在法院门口拦下，并给出"金玉良言"的一幕。

　　时刻准备着，把握所有时机，绝不轻言放弃，坚持到最后一刻，综合运用谈判技巧，争取债权清收案件通过调解化解纠纷，真正实现案结事了，这是承办律师代理债权清收案件的经验之谈。

经典案例 42

面对疑难杂症案件，"律师兵法"显奇效

　　2003 年，A 房地产公司向法院提起诉讼称：1999 年，岩土工程公司定向开发某小区，该小区拟建设 11 栋住宅楼。小区住宅楼交付住户使用后，11 栋楼自 2000 年 7 月开始均出现不同程度的裂缝，住户被迫全部搬出。为此，他们要求参与该小区开发的岩土工程公司、规划设计院承担经济损失 1075 万元。

　　在庭审期间，被告 B 岩土工程公司辩称：自己是按照设计图纸施工的，施工质量合格，自己不应承担赔偿责任。

　　被告 C 规划设计院辩称：小区建设的 11 栋住宅楼在设计方面不

存在质量缺陷，设计图纸均符合国家规范要求，房屋裂缝与设计院的房屋设计无法律上的因果关系，自己不应承担任何赔偿责任，即使承担责任，他们也只能按照合同约定承担己方收入 12 万元设计费范围内的有限责任。

2010 年，法院经审理此案判决：B 岩土工程公司赔偿 A 房地产公司 61 万元；C 规划设计院赔偿 A 房地产公司 367.0453 万元。三方当事人均不服该判决，提出了上诉。

2011 年，受理上诉案的法院对案件进行了二审。在二审此案期间，承办律师积极参与法院调解，综合运用"律师兵法"——律师代理债权清收案件的多种技巧，力促本案实现和解。经过先后实施专业突破、引入专家证人、增值服务等多种律师办理此类案件的技巧、策略，使得这起疑难杂症案件以圆满调解成功结案。最终，B 岩土工程公司赔偿 A 房地产公司 170 万元，C 规划设计院赔偿 A 房地产公司 160 万元。

建筑房地产债权债务纠纷，涉及问题纷繁复杂，并且纠纷双方当事人"形形色色"，承办律师要想让每一起债权清收案件的委托人满意并非易事，如果没有建筑房地产专业知识，不知道在力促和谈时适时由"配角"转为"主角"，便很难有调解话语权或难以及时把握和谈机会，而综合运用债权清收"律师兵法"——调解技巧、和谈策略，则能够使承办律师变被动为主动，在化解建筑房地产债权债务纠纷中展现专业律师风采。

在这里，承办律师以这起经典案例为鲜活教材，从几个方面分享一下律师办案心得，以飨读者。

1. 专业突破。本案属于疑难复杂案件，承办律师若没有房地产专业基础知识，很难成功代理此案，因为会不知从何处下手。在本案中，C 规划设计院依据设计合同约定，认为己方仅能承担 12 万元设计费范围内的有限责任。事实上，其依据的设计合同约定系格式条款，应为无效条款。承办律师通过专业突破，向法院提出中肯代理意见：依据我国《建筑法》第56条的规定，C规划设计院应承担与其过错相适应的过错责任。承办律师在这方面实现的专业突破，是本案要求C规划设计院承担赔偿责任的关键。

2. 引入专家证人。面对疑难复杂案件涉及的专业问题，承办律师的专业知识有限，为此承办律师明智地选择引入图纸审查专家、工程结构工程师、建造工程师各一名，"借用外脑"助力律师代理诉讼。经对施工图、竣工图、其他施工资料等进行分析对比，承办律师发现了被告B岩土工程公司在桩基施工过程中未按图施工的过错，这同样是本案要求B岩土工程公司承担赔偿责任的关键。

3. 高开低走促和谈。本案一审判决C规划设计院应赔偿367.0453万元。在二审期间，承办律师在征得委托人同意后，要求C规划设计院最低赔偿200万元。经调解，承办律师作出适当让步。最终，经二审法院法官主持调解，达成C规划设计院赔偿原告160万元的协议。

4. 最后一刻机会把握好。代理债权债务纠纷案件，需要承办律师具有锲而不舍的精神。在这起案件中，承办律师韧性十足，历经8年的漫长诉讼，坚持"将债权清收进行到底"。在此期间，B岩土工程公司的法定代表人由于惧怕承担赔偿责任，逃之夭夭，导致诉讼清欠极为艰难，执行兑现更是遥遥无期。2010年12月21日，二审法院开庭审理上诉案期间，纠纷双方辩论激烈，法庭调解无效。最后，就在法官、双方当事人均已走出法庭之际，承办律向即将下楼的B岩土工程公司负责人抛出了"赔偿200万元"的意见，该负责人表示愿意和谈。最终，经法院主持调解，B岩土工程公司向原告赔偿170万元。C规划设计公司同意赔偿160万元结案。

5. 受人之托，忠人之事。在8年诉讼中，A房地产公司已失去债权清收信心，因此其向承办律师提出的代理清偿意见是回款100万元。承办律师调解结案时，为A房地产公司共追回质量赔偿款330万元。2003年至今，承办律师一直被A房地产公司聘为法律顾问。

6. 角色转换地位升。此案二审庭审结束后，法官经过一个上午的努力仍调解无效，中午其到餐厅吃工作餐时，闻听 A 房地产公司与 B 岩土工程公司、C 规划设计院达成了和解，兴奋得放下饭碗就返回法庭——迅速制作了调解书。在让上诉案三方当事人在调解协议书上签字时，法官连连称赞承办律师的调解作用发挥得好！承办律师经办理多起同类案件体会到，在诉讼进程中，以审判为中心，法官是当然的主角；在债权清收谈判或抢抓时机促和谈中，律师施展谈判技巧、展现专业水平，理所当然地成了和谈主角。在债权清收中，"双主角"密切配合，化解矛盾，定分止争，能彰显律师在法律职业共同体中的地位。

建筑房地产债权清收律师和谈策略

"政策和策略是党的生命，各级领导同志务必充分注意，万万不可粗心大意。"一代伟人毛泽东同志曾深刻地指出什么叫政策与策略，怎么理解政策与策略是党的生命。

《管子·七法》曰："不明于计数，而欲举大事，犹无舟楫而欲经于水险也。"军事家、中国能人贤士管仲，在春秋时期就有如此精辟论点。他说的"计数"，亦为现代人所称的"策略"。

在西方管理学文献中，策略意指"为将之道"，即将军用兵之法。因此，策略可以解释为计谋、战略。

今天，我们对"策略"的旧词新解为：根据客观形势发展变化而制定相应的行动方针、斗争方式和手段。

可见，策略在决定事务发展方向以及达到目标的效果方面具有重要意义。笔者认为，在建筑房地产债权清收的每一场战役中，只要策略运用适当，便能达到事半功倍的效果。

在此，本章将结合建筑房地产领域实践案例，对律师和谈十大策略进行深入分析、探讨。

一、"上门茶叙"策略

承接案件后，承办律师应主动到施工现场、生产场地去，甚至要到对方当事人的办公室、家中，与债务人进行茶叙，通过相对和缓的方式，面对面地进行洽谈，对债务人不能偿债的原因，债务人以前、现在从事的工作、社会关系、经济状况、关联公司等情况进行探查、了解。这样做，一方面能缓和债务人对代理律师的敌对态度；另一方面，也为后续谈判、和谈做铺垫。上门茶叙，主要目的在于了解案件症结，为后续的"对症下药"打下基础，为双方当事人和解进行铺垫。

经典案例 43

执行陷入死结，律师对症下药促执结

某置业有限公司等债务人欠某银行股份有限公司某分行本金2000万元及利息罚金。某置业有限公司自愿将其名下享有的一处土地的土地使用权，向某银行股份有限公司某分行提供抵押担保。债务人到期未清偿债务，某银行股份有限公司某分行提起诉讼，并申请法院对上述土地进行查封。法院缺席判决后，某银行股份有限公司某分行于 2020 年 1 月 6 日向法院申请执行生效判决。

2020 年 8 月，某银行股份有限公司某分行就本执行案，委托承办律师作为其执行阶段的代理人参与诉讼。承办律师了解到，某银行股份有限公司某分行虽享有某置业有限公司土地使用权所设定的抵押权，但该土地上已开始建设房屋（尚未办理工程规划许可证、建筑工程施工许可证、商品房预售许可证），房屋主体已经封顶，楼盘处于烂尾状态，某银行股份有限公司某分行无法就土地使用权所设定的抵押权进行评估、拍卖。此外，某置业有限公司等债务人对外涉诉较多，对法院生效判决以及执行有抵触情绪——本案公告送达时，某置业有限公司等债务人一直不参加诉讼。基于以上原因，法院生效判决一直未执行。

承办律师接受当事人委托后，为了依法推进执行，便利用各种途径找到某置业有限公司法定代表人的联系方式及其住所地。之后，承办律师主动到该法定代表人办公室进行茶叙。通过沟通，承办律师了解到该法定代表人以前是从事机械设备加工的，是很有实力的企业家，2015 年左右，其跨行进入房地产行业，某置业有限公司就是其开设的第一家房地产开发企业，被查封土地的涉案项目是其建设的第一个工程，因房地产开发经验不足，未办齐权证，无法售房回笼资金，造成资金链断裂，导致涉案项目烂尾，法定代表人将自己的全部资金积累都投进涉案项目中，根本无力偿还2000万元借款。

承办律师根据与法定代表人茶叙的结果，结合前期调查掌握的资料，了解债务人不能偿债的根本原因，并就案件执行现状进行研判：本案只有引入第三方投资、办齐权证、盘活项目，才是对症下药，才有可能最终实现债权清收。法定代表人对承办律师给出的"药方"极为认可，表示愿意配合承办律师尽快找能投资的第三方，同意与承办律师保持联系，保证不会再玩"失踪"并配合债务清偿。最终案件实现执结。

上门茶叙有奇效。在本案中，债务人对外欠多笔债务，已经无力偿还，因此，对法院诉讼及执行程序均是消极对待，一直怀有抵触情绪，不到庭应诉。承办律师通过努力找到债务人，与其法定代表人进行深入沟通，对债务人的"前世今生"进行详细了解，明白了执行的症结所在。

之后，承办律师积极与债务人一起想办法——寻找化解陷入死结的案件执行可行性解决方案。最终，承办律师与债务人协商确定了以引入第三方投资为首选、竭尽全力办齐权证、努力盘活涉案项目的方案。看似再普通不过的一次茶叙，承办律师上门成功化解了债务人的消极、抵触情绪，使其由不应诉转变为积极配合生效判决案件的执行，为案件的后续执结打下基础。

二、"化敌为友"策略

在调解过程中，承办律师首先主观上不要将债务人作为敌对方对待，可以通过叙旧、聊天等方式拉近感情，要尽可能地把债务人当作朋友。其次，应主动化解债务人的敌对情绪，引导债务人以化解纠纷、解决问题为目的进行洽谈，从而查明债务形成的根本原因。

为从根本上解决债务清偿争议问题，承办律师应从案件"症结"出发，为债务人提供可供执行化解纠纷的意见，真心实意地帮助债务人解决问题，在完成债权人委托律师实现债权目的的同时，尽可能地解开债务人引起该债权债务纠纷的"扣子"。

 经典案例 44

债务人恼羞成怒，承办律师以柔克刚、化敌为友

2010 年 11 月 1 日，某建材科贸有限公司与某商砼有限公司签订混凝土外加剂买卖合同，供应某商砼有限公司所需的各种混凝土外加剂产品。某建材科贸有限公司与某商砼有限公司以外加剂结算单的形式确认了供货量和应付的混凝土外加剂货款。之后，某建材科贸有限公司多次向某商砼有限公司催要所欠货款，可是，某商砼有限公司一直未能结清剩余货款 147.0707 万元。

某建材科贸有限公司于 2014 年 7 月委托承办律师代理此案，向某商砼有限公司追要剩余全部欠款 147.0707 万元及违约金 10.1184 万元。承办律师多次与某商砼有限公司负责人联系，但该负责人均以各种理由推诿。

本案进入诉讼程序后，承办律师首先代理某建材科贸有限公司向法院提出诉讼保全申请。法院依法对某商砼有限公司名下的两个银行账户予以查封，但是该两个银行账户均无可供执行的资金。某商砼有限公司负责人在知道公司账户被查封、保全后恼羞成怒，在给承办律师打电话时，表现出极其恶劣的态度——对承办律师肆意谩骂，并发送手机短信进行威胁，导致纠纷双方谈判陷入僵局。

尽管债务人蛮不讲理，但承办律师并未将其当成敌对方，而是反其道而行之——采取以柔克刚的办法化解纠纷。承办律师以善意解决争议的态度，约双方当事人进行茶叙。在茶叙期间，承办律师了解到债务人没法偿还债务的根本原因是其多项业务没有按时回款，导致企业资金紧张，一时无法偿还债务。于是，承办律师积极向债

务人提供可行性咨询意见。某商砼有限公司负责人见承办律师态度一直很诚恳，改变了对承办律师的态度，在随后的调解中认真倾听承办律师意见，并对承办律师提出的解决纠纷问题意见极为认可。最终，原告与被告握手言和——达成协商一直意见：某商砼有限公司分两批偿还本金147.0707万元、违约金6万元，协议达成之日支付60万元，剩余款项在3个月内支付完毕。在本案之后的履行过程中，双方均保持了良好沟通，案件顺利执结。

事后，某商砼有限公司负责人对承办律师清欠能力表示高度认可，邀请承办律师到其公司授课。后来，该公司与承办律师还签订了长期法律顾问合同，双方成了关系密切的业务合作伙伴。

在债权清收的过程中，债务人可能因为对法院及承办律师怀有敌意，从而阻挠、消极抵触诉讼程序及承办律师的沟通。在此种情况下，承办律师应当以化解纠纷、解决问题的态度，尽可能消除债务人的"敌意"。本案中，债务人一开始对承办律师有很大意见，甚至恼羞成怒，以至于做出破口大骂、发手机短信威胁的事情。尽管如此，承办律师仍未将对方当事人当作敌人对待，而是积极与其茶叙，了解债务人无法偿还债务的根本原因。接着，从专业角度向债务人提供切实可行的化解债权纠纷方案，并"动之以情，晓之以理"，积极化解债务人"敌意"。最后，双方当事人握手言和，债权人实现债权清收，承办律师也与债务人的负责人"不打不相识"——邀请承办律师担任其公司长期法律顾问。

三、"狮子大开口"策略

在调解谈判过程中，律师在提出初步谈判方案时，应当依据法律规定、合同约定尽可能对债权人的诉求"就高"。这样做，不仅能给己方在后续谈判中留有让步空间，也可以在谈判结束时使对方当事人感到债权人一方已做出了很大的让步，从而减少其抵触情绪，尽快实现化解纠纷之目的。

这里说的"狮子大开口"策略，仅是用比喻手法形容律师调解建筑房地产领域债权清收纠纷，需要在应当"高开"时"高开"，这与"高开低走"的律师调解技巧是相通的。在解决建筑房地产领域债权债务纠纷中，承办律师在合同约定、法律规定的范围内要敢于"高开"。否则，维护债权人利益最大化的诉求很可能错失良机，也会让承办律师陷入"法律民工"的尴尬处境——难以体现办优质案件的劳动价值。

当然，承办律师采取"狮子大开口"的办案策略，前提是合法、合理、合规，必须是在一定限度内依法合理、合规行事，切忌随意、盲目。

 经典案例 45

"漫天要价，就地还钱"达成债权清收和解

2014 年 7 月的一天，A 商品混凝土有限公司与 B 建设集团签订预拌混凝土供需合同一份。该合同约定，由 A 商品混凝土有限公司供应 B 建设集团承建的某科技园二期工程所需各种型号混凝土，需方应按合同约定及时支付供方混凝土货款，逾期付款按所欠款项日千分之二比例计算违约金。

该供需合同签订后，A 商品混凝土有限公司按约履行了供货义务，可是，B 建设集团未按合同约定支付剩余货款 41.8271 万元。A 商品混凝土有限公司委托万基律所建筑房地产债权清收律师团队介入。承办律师依据合同约定，主张由债务人 B 建设集团偿还债权人 A 商品混凝土有限公司欠款本金 41.8271 万元，并合理合法地按照月息 2 分支付违约金（违约金自 2015 年 7 月暂计至 2017 年 7 月，共计为 20.3558 万元）。

此案进入诉讼程序后，在庭审期间，B 建设集团提出原告诉求的违约金过高，纠纷双方就此展开和谈，经过承办律师从中反复做工作，最终原告方与被告方达成调解协议：B 建设集团于 2017 年 10 月向 A 商品混凝土有限公司支付 10 万元，于 2017 年 12 月支付 15

万元，于 2018 年 1 月支付剩余 16.8271 万元并支付 5 万元违约金。

最终，B 建设集团按调解协议约定分期、分批履行了付款义务，本案顺利实现债权清收目的。

这起建筑房地产领域的债权清收案件，可谓成功运用"狮子大开口"办案的策略典型案例。该律师团队律师在结案后交流时认为，该案件的代理成功，有两点办案心得值得分享。

第一，运用策略适当，实现快速债权清收。在本案中，合同约定了 2‰ 的违约金，该约定过高，但是，律师在清欠中"欲擒故纵"，大胆依据合同"狮子大开口"，将违约金在起诉状中合理、合法高开，即按月息 2 分计算。案件进入谈判阶段后，被告项目负责人以"原告提供的混凝土有质量问题"为由，对"欠账不还"进行扯皮。律师在谈判中了解到，被告是国有建设公司，项目负责人担心法院判决由其公司承担高额违约金，诚如此项目负责人等可能得承担责任。于是，承办律师在谈判中表达了违约金可以适当降低的意见，被告项目负责人马上对违约金问题"就地还钱"，双方达成了分期付款、支付 5 万元违约金的调解协议。

第二，债权清收效率高，该案例可以用于律所宣传。本案最终以货款、违约金分期分批进入债权人账户画上了圆满句号，承办律师成功运用"狮子大开口策略"高效率地完成了债权清收任务。通过这场债权清收战役的胜利，债权人 A 商品混凝土有限公司不但要回了货款本金，还获得 5 万元违约金，承办案件律师也受到委托方董事长的称赞，实现了一案多赢——为承办律师以后在 B 建设集团取得批量案源奠定了工作信任的基础。

四、"蚕食"策略

承办律师遇到疑难复杂或数额较大的债权清收案件，应坚持"蚕食"策略，通过步步为营、稳步推进，实现"积小胜为大胜"。具体办理案件过程中，可以像"挤牛奶"一样向债务人施压，一步一步地兑现债权人的债权。

一般情况下，建筑房地产领域的债权债务纠纷，都是因为资金流有问题造成的，债务人一次性偿还资金难度较大，在实务中往往通过律师和谈、法官调解、执行和解达成协议，进行分期、分批还款。

所以，承办律师应具有判断债务人能否兑现的能力，在此前提下，提出多套分期分批偿还资金的方案，并就此代理债权人与债务人展开谈判。当达成分期、分批偿还欠款的协议后，承办律师应督促债务人按协议约定的时间、数额履行，兑现债权人的债权。

经典案例46

高难度债权清收，"蚕食"策略建奇功

2006年12月，A消防产品有限公司与B建筑工程有限公司签订协议一份。2007年5月，双方又签订了合同转让协议。上述两份协议约定，由A消防产品有限公司向B建筑工程有限公司供应涂料和装饰面料等，两份协议中均有一旦出现争议由仲裁机构仲裁的条款，并约定了负责仲裁的管辖机构。

后来，A消防产品有限公司与B建筑工程有限公司发生货款纠纷。在自行协商无果后，A消防产品有限公司向某市基层法院提起确认债权之诉，诉讼期间，B建筑工程有限公司向A消防产品有限公司出具货款结算协议——确认仍欠货款19.8万元。之后，A消防产品有限公司撤诉，可B建筑工程有限公司未支付剩余欠付货款，于是，A消防产品有限公司又向某市基层法院提起清欠诉讼。

在清欠诉讼中，B建筑工程有限公司提出案件管辖权异议，某市基层法院经审查后认为：原告与被告当初签订的一旦出现纠纷由仲裁机构仲裁的协议有效，于是，驳回了A消防产品有限公司的起诉。无奈之下，A消防产品有限公司慕名找到万基律所债权清收律师团队，请求该律所代理债权清收。

万基律师团队在接受了A消防产品有限公司的委托后，向本案纠纷双方当事人当初在协议中约定处理纠纷的仲裁机构提出仲裁申请。

仲裁机构受理此案后，经审理此案，依法作出由 B 建筑工程有限公司向 A 消防产品有限公司支付 19.8 万元的裁定。该仲裁裁定作出后，承办律师向法院申请执行仲裁，但是，此时被告 B 建筑工程有限公司濒临破产，无可供执行的财产，法院采取了查封其银行账户，并采取了将其法定代表人上失信、限制高消费人员名单等强制措施，可 B 建筑工程有限公司依然未能还款。在此情况下，承办律师毫不气馁，继续坚持不懈地办案。在法院强制措施的威慑下，承办律师及时启动"蚕食"策略，与 B 建筑工程有限公司法定代表人王某进行执行和谈。2017 年 1 月，承办律师代理委托人与 B 建筑工程有限公司达成和解协议：B 建筑工程有限公司在和解协议签字之日支付 5 万元欠款，签字之日起 3 个月内再支付 3 万元欠款，剩余欠款于 2018 年 2 月 28 日前付清。最终，本案通过分期付款的方式，步步为营、"积小胜为大胜"，实现债权全部清收。

1. 约定有仲裁，法院不能管。该案原告在洛阳法院诉讼多年，因约定仲裁条款，法院无管辖权，无法判决。原告慕名找到万基清收律师团队。承办律师果断向湖北十堰仲裁委申请仲裁，仲裁取胜后向武汉法院申请执行。

2. 蚕食策略显效果。本案刚闯过"险滩"，又遭遇"逆流"——债权人经历了长时间讨债后，陷入了债务人"濒临破产，无可供执行财产"的沼泽地。面对这种情况，法院采取各种执行措施，甚至准备拘留长期欠债不还的 B 建筑工程有限公司法定代表人，均无法实现债权清收。为此，万基律师团队启动了"蚕食"策略：提出了由债务人分期偿还欠款的方案。该方案被采纳后，经承办律师在一年多的"步步为营"地执行，坚持紧盯债权人账户、督促其逐笔偿还欠款。最终，"功夫不负有心人"，万基律师团队实现了这起案件高难度债权清收之目的。

五、"黑脸白脸"策略

"唱双簧"被用于含讽刺意味的两人"一唱一和"情景剧。类似"情景剧"被用于建筑房地产债权清收纠纷中的律师调解工作中，被称为"黑脸白脸"策略。

在调解谈判过程中，如果一味忍让，容易损害委托人的利益；如果一味强势，则容易造成谈判破裂，走到"鱼死网破"的地步。因此，承办律师遇到棘手案件的调解、谈判，一般应当由两人共同参与，一方呈强势扮演"黑脸"，一方扮演"白脸"进行调和。"二人转"在我国是老少皆宜的、独具特色的民间艺术，律师调解艺术应从"二人转"中吸取中国优秀传统文化的营养。

实践表明，在建筑房地产债权清收中，代理债权人进行债权清收的律师团队成员之间，如果能根据谈判情况、时机，进行相互配合，唱好"二人转"。比如，做到"黑脸"施压、"白脸"调和，相辅相成，把握谈判尺度与进度，那么，势必比一人进行"说和"效果好：一则比较容易说得拢，二则张弛有度，能最大可能地实现债权清收目的。

🔍 经典案例 47

债务人"死缠硬磨"，律师唱"黑脸白脸"完胜

2013 年，某商品混凝土有限公司与某有限公司签订了预拌混凝土供需合同。该合同约定，某商品混凝土有限公司供应某有限公司某景观水系工程所需各种型号商品混凝土，并对供应不同型号商品混凝土的价格、计量方式和运输方式等进行了约定。

在供货合同签订后，某商品混凝土有限公司按约履行供货义务，至 2016 年 2 月 6 日，某有限公司尚欠某商品混凝土有限公司混凝土货款 10.9366 万元，经某商品混凝土有限公司多次催要，某有限公司均以各种理由拒绝所欠货款。

万般无奈下，某商品混凝土有限公司委托承办律师向某有限公司诉讼追讨货款 10.9366 万元。诉讼期间，某有限公司对上述债务扯皮推诿，认为应当由实际施工人王某承担责任，所以，请求法院将王某追加为本案被告。本案经过一审、二审，法院终审判决由某

有限公司及实际施工人王某共同支付某商品混凝土有限公司货款10.5191万元及违约金（以10.5191万元为基数，按2%/月的标准，自2016年2月7日至实际付款日止）。

终审判决生效，被告某有限公司、实际施工人王某并未主动履行法院判决，原告某商品混凝土有限公司申请法院强制执行。在执行过程中，某有限公司主动找到承办律师要求和谈，但其表示只愿意承担部分债务。

承办律师向某有限公司明确表示，应按照终审判决书确认的偿款数额计算（本金10.5191万元、违约金9.6201万元、迟延履行金4160.32元、诉讼费4000元，共计20.9553万元）。经多次执行谈判，某有限公司愿意支付13万元欠款，承办律师经征求债权人意见，在和谈时代理债权人表示被执行人需偿还欠款17.4万元。

看到申请执行人与被执行人之间和谈意见差距不大，法院约双方到法院面谈。面谈前，两个承办律师提前商量好其二人分工促纠纷双方和解的策略：一个律师唱"黑脸"，态度强硬；一位律师唱"白脸"，适当妥协让步，促和谈成功。某有限公司的负责人等一同到法院后，刚开始承办律师B代理债权人要求对方当事人偿还17.4万元欠货款，才能终止对某有限公司的强制执行。债务人某有限公司的负责人"死缠硬磨"，只想支付13万元。某有限公司负责人提出想与承办律师A再谈谈，承办律师B表示同意。在之后的谈判中，承办律师A针对某有限公司负责人的继续讨价、还价，表示自己一人不能做主，因为债权人全权委托的是他和承办律师B共同代理债务清偿，因此自己得征求一下承办律师B的意见。承办律师A经过与承办律师B商量之后告诉某有限公司负责人：偿债金额17.4万元是债权人诉求的最低限度，没有还价余地。某有限公司负责人碰壁后，谈判陷入僵局。后来，承办律师B表示：为了能够尽快实现债务清偿，自己可以建议债权人再让一步，即对方可以仅偿还欠款15.4万元，如果债务人再"讨价及还价"，那就不用谈了。最终，经过两名承办律师"一唱一和"做工作，纠纷双方按照15.4万元的金额达成了债权清收执行和解协议，某有限公司直接将15.4万元一次性支付给某商品混凝土有限公司。至此，本案本金、诉讼费及违约金全部执行回款。

本案承办律师完美适用了"黑脸白脸"策略。在执行和解谈判过程中，承办律师一直与债务人进行沟通，经多次谈判让步后，在差距不大时，由另一人适时出场，强势扮演"黑脸"，以强硬态度表明意见。在债务人仍想"死缠硬磨"时，另一名承办律师作为"白脸"最终适当让步。就这样，面对债务人的"死缠硬磨"，两位律师"一唱一和"巧应对，从而促成纠纷双方最终达成执行和解，债权人实现了货款清收目的。

六、"更高权威"策略

在债权清收案件中，承办律师代理委托人讨债，无论是诉前调解、"诉调对接"、诉中调解或"执行—和谈"，律师要想履行好"受人之托，忠人之事"的律师职责，除了依据事实、法律法规之外，还需要有掌控调解、和谈局面的实务本领，正所谓"道高一尺，魔高一丈"。

在调解谈判过程中，如果对方当事人发现谈判者具有最终决定权，会意识到自己只要说服谈判者即可，在这方面债权清收案件的欠款方有相对主动权。因此，在对方当事人抛出解决债权纠纷方案时，一般情况下，债务人会尽可能"压榨"债权人利益，而且在现场气氛紧张情况下，为实现债权回款，承办律师在谈判时很有可能冲动作出决定。然而，如果债务人知晓律师必须把谈判情况向债权人汇报就会清楚：为实现谈判目的，必须提出一个能够让律师说服债权人的合理方案。在此情况下，债务人在提出其解决纠纷方案时，有可能会均衡双方利益——达成和解。

其实，"更高权威"策略是承办律师需要掌握的一种掌控调解、和谈局面的谈判方式。该谈判方式既能给对方制造一定的压力，又不会导致纠纷双方产生对抗情绪。而要想让这种策略最大限度地发挥作用，使用的"更高权威"策略最好是一个模糊的实体，如果当事人为公司时，其"更高权威"可能是股东会或者董事会。

🔍 **经典案例 48**

追讨数百万元货款，"更高权威"策略灵验

2017 年 8 月 8 日，某有限公司与某有限责任公司签订了一份钼酸购销协议，预订购由某有限责任公司向某有限公司供应钼酸。赵某、柳某作为担保人，在钼酸购销协议书上签字，承诺如果某有限责任公司不能按合同执行，担保人承担赔偿及法律责任，直至合同全部履行完毕。

在该购销协议签订后，某有限公司向某有限责任公司支付 500 万元定金，之后，某有限责任公司仅向某有限公司供应钼酸 8 吨左右，价值 61 万余元，拖欠某有限公司 438.1663 万元的钼酸迟迟不予供应。2018 年 4 月 10 日，某有限公司与某有限责任公司、赵某和刘某共同签订一份钼酸结算确认书。该确认书明确：某有限责任公司和邵某、刘某拖欠某有限公司价值 438.1663 万元钼酸，自愿自 2017 年 8 月 8 日起以月息 2% 支付利息，且确认 2017 年 8 月 8 日至 2018 年 4 月 10 日的利息为 71.8592 万元。之后，某有限责任公司和赵某、柳某既不供应钼酸也不退还货款，无奈之下，某有限公司找到承办律师，要求诉讼清欠。

承办律师在查看了案件材料和进行案件调查、证据核实后，及时代理债权人制作了民事起诉书。在诉讼过程中，承办律师多次与被告某有限责任公司以及赵某、柳某沟通谈判，并对被告相关情况进行补充调查。在得知被告确实没有能力一次性还款后，承办律师代理债权人与被告达成分期还款一致意见。承办律师给出的解决纠纷意见是：债务人可以分期还款，但是，在双方达成调解协议并出具调解书时，被告需先行偿还 100 万元货款，否则，可能"无法说服某有限公司法人以及股东"。经多次谈判较量后，被告同意承办律师意见，债权人某有限公司也认可承办律师的意见，于是，纠纷双

方达成一致意见，由人民法院出具调解书。调解书明确：被告偿还某有限公司货款本金438.1663万元及利息，在调解书生效后先行支付100万元，其余欠款自2019年4月起每月30日前偿还100万元，担保人邵某、刘某对上述债务承担连带责任。

后来，在承办律师的督促下，被告按约履行了调解书确定的还款义务。于是，这期购销协议纠纷最终实现债权清收，委托人的权益得到了最大限度的维护。

在本案中，经多次谈判协商，纠纷双方对于分期支付货款的时间、金额等问题的意见分歧不大。调查清楚了债务人确实没有能力偿债后，为既能维护债权人的利益，又不至于和谈无果而终，承办律师适当运用"更高权威"策略——提出需要与委托人协商，以便承办律师能说服委托人某有限公司的法人以及股东同意协商意见，但是前提条件是被告需先行偿还100万元欠付货款。

经过承办律师反复做工作，被告同意承办律师提出的中肯意见。就这样，承办律师利用自己需要"说服某有限公司法人以及股东"这一"更高权威"策略，使得被告面对现实问题作出进一步让步，实现了最大限度地维护委托人的利益，为本案画上圆满句号发挥了重要作用。

七、"多次折中"策略

在调解谈判过程中，为了得到被执行人的配合、实现有效清偿债权，承办律师要鼓励对方当事人先行提出解决纠纷方案。这样做，不仅是"先礼后兵"，还能起到"把脉问诊"之功效。

因此，承办律师在一些时候可以不先行抛出调解方案，而是让对方当事人先行"对标"进行折中。然后，通过双方几番谈判，在多次折中后，再行抛出和解意见，这可以避免对方当事人因调解期间持对立情绪，而将承办律师"拒人于千里之外"。

调解纠纷，在争议双方的意见分歧逐渐减小的情况下，更容易达成和解协议，从而实现债权清收之目的。所以，和谈期间让对方主动提出折中意见，实际上是在鼓励对方作出妥协，然后，承办律师可以采取佯装不情愿的态度接受对方的条件，以求"避实就虚"，这不失为"反其道而行之"之策。经实践检验，该律师调解策略能起到缓和矛盾、消除对方当事人对立情绪之目的，便于寻找到双方当事人分歧意见渐趋一致的调解方案。

经典案例 49

房屋受损赔偿难，折中调解化解纠纷

2017 年 4 月 13 日，章某购买某房地产公司开发的某小区 8 号楼 1 单元 301 室房屋，并进行了装修。2018 年 2 月 18 日，章某发现该房屋因卫生间漏水，致使屋内多处浸泡，经查漏水的水源来于楼上。

章某向小区物业公司某物业管理公司反映后，该公司对其楼上房屋室内积水进行简单处理。之后，章某与楼上业主汪某进行房屋受损赔偿协商，没有形成一致意见。后来，章某将汪某、某房地产公司、某物业管理公司一起起诉至法院，要求责任方赔偿损失费 3 万元。

某物业管理公司收到法院传票后，找到承办律师，询问处理纠纷意见。承办律师代理委托人表态：可以由法院先按程序开庭，视庭审情况再行决定解决纠纷的方案。在庭审过程中，承办律师代理原告向法院提出对房屋受损情况进行鉴定的意见，请求法院对其房屋受损的因果关系以及损失金额进行鉴定。

法院采纳承办律师意见，组织鉴定机构以及纠纷双方当事人到事发现场查看相关情况，鉴定机构给出的意见是：现场已无法查看出原告房屋受损的原因，无法出具鉴定报告。在此情况下，法院组织涉案各方进行纠纷调解。章某在受损房屋无法鉴定原因的情况下，提出自己的诉讼请求可以作出让步，但要求汪某、某房地产公司、某物业管理公司向其赔偿 2.5 万元，可被告对该意见不予认可，因为其认为自己没有责任，且诉求赔偿数额过高，自己无法接受。

经过几番协商后，章某又提出了一个解决纠纷方案：房屋受损赔偿，被告只需向其赔偿2万元。某房地产公司、某物业公司均认为应当由被告汪某承担债权清收责任，可是，汪某称自己还未入涉案房屋，自己不应承担对下层楼的赔偿责任，且其无力赔偿。见此情况，承办律师代表物业管理公司再次提出折中解决纠纷的方案：向原告赔偿1万元，其余欠款汪某承担6000元。赔偿款项支付到位后，原告章某向法院申请撤诉，本案纠纷得以化解。

在这起案件中，承办律师精准运用"多次折中"策略，顺利化解纠纷。谈判期间，原告对其在诉求中提出的折中方案没有异议。因此，法院循序渐进，先行对起诉标的打个折。

在了解了原告的意图和底线情况后，承办律师多方引导，让原告再行作出让步。接着，此案由承办律师提出和解意见，几番谈判过后，又经过多次折中，最终，代理律师在维护委托人权益的同时，也在原告可以接受的意见范围内实现各方共赢。

八、"引入第三方"策略

在建筑房地产债权清收纠纷案件中，但凡当事人双方有自行协商实现和解的可能，都不会对簿公堂或请律师代理和谈。可是，"人上一百，形形色色"，当事人双方包括担保人等，人员层次等往往各不相同，因这样或那样的原因，双方当事人调解面临无疾而终、和谈陷入僵局，这种情况十分常见。因此，必要时，采取"引入第三方"策略，不失为一种破除僵局的办法。

在调解谈判过程中，在双方陷入僵局时，解决问题的最好办法就是引入案外人或者法官作为第三方。引入的第三方应与债务人存在密切联系，例如债务人的亲属、同学、同事、领导等。

债务人对第三人有较高的信任度，第三人可以同债务人顺畅沟通，也可以向债务人施压，让第三方的力量在谈判中充当调解人或仲裁者的角色，从而推进谈判进程。

经典案例 50

两次引入第三方，非诉清收有效果

2016 年 10 月 1 日，朱某以 B 建筑集团有限公司（以下简称"B 建筑集团"）名义与 A 混凝土工程有限公司（以下简称"A 混凝土公司"）签订商品混凝土购销合同一份。该合同约定：由 A 混凝土公司供应 B 建筑集团承建的高新区某项目一标段所需各种型号商品混凝土。A 混凝土公司还与 B 建筑集团就混凝土各种型号的价格、验收方法（数量）、质量验收、各自的义务、结算方式等进行了约定。上述项目实际由朱某组织施工。

合同签订后，A 混凝土公司按约履行供货义务，而朱某却未按约定付款，截至 2020 年 6 月 10 日，朱某尚欠 A 混凝土公司混凝土款 103.5756 万元。A 混凝土公司多次催要无果，只好找到河南万基律师事务所债权清收专业律师团队，请其代理清欠。承办律师在了解案情后，与实际施工人朱某进行了商谈。朱某表示：双方签订的合同中明确约定需方给供方付款的前提是需方收到建设单位款项后按合同支付给供方；其承建的工程系政府项目，目前已停工，复工时间无法确定，自己未收到建设单位工程款，现在依然无法支付货款。

与朱某沟通无效，承办律师找到 B 建筑集团负责该项目的项目经理骆某，让其与实际施工人朱某协调。项目经理骆某与朱某联系后，将朱某、承办律师刘律师、杨律师约到项目部商谈，商谈的结果是朱某于 2019 年 7 月支付 30 万元货款。之后，朱某未再支付剩余拖欠货款。承办律师再次联系骆某时，骆某表示自己已经无能为力。

眼看清偿剩余欠款陷入死局，承办律师并未放弃最后一搏。承办律师找到 B 建筑集团法务总监胡某研究破解难题之策。胡某将骆某、实际施工人朱某、承办律师刘律师、杨律师约到 B 建筑集团商谈。这次商谈的结果是：责令项目部于 2020 年 11 月月底前再支付欠款 30 万元，朱某听取了胡总监的意见，于 2020 年 11 月将 30 万元欠款支付给债权人 A 混凝土公司。至此，本案通过两次引入第三方和谈，在非诉阶段"谈"回欠款 60 万元，剩余欠款通过诉讼"打"的程序追要。

点评

引入第三方谈判的关键，是找到"有权威影响"的第三方。在本案中，承办律师找到了实际施工人朱某的直接领导——项目经理骆某，由其组织双方谈判。实际施工人朱某在工程项目上有很多事情有求于项目部，朱某对项目经理骆某较为信服。因此，经过"有权威影响"的骆某出面帮助做债权清收工作，债务人同意先行支付欠款 30 万元，承办律师遂通过非诉讼实现债权清收 30 万元。

在非诉谈判再次陷入僵局后，承办律师再次成功引入新的第三方，这对清收第二笔 30 万元欠款起到了重要作用。当时，承办律师找到 B 建筑集团法务总监胡某，表示如果和谈不成，那就只能走诉讼保全、诉讼裁决的路，这种战略威慑，对相关人起到了一定影响。胡某召集债权人律师、项目经理骆某、实际施工人朱某商谈。这次商谈，法务总监胡某的"权威影响"发挥了作用：朱某同意再支付欠款 30 万元，承办律师再次引入第三方谈判取得成功。

九、"以物抵债"策略

在这个世界上，一旦债务人失信，不管是债权人多有理，讨债都可能成为其人生经历的最难的事情，如果债权人仅抱着"欠债还钱"的思想讨债，那将失去以多种方式实现债权清收的机会。

债权清收案件最难的环节就是执行回款。在全球经济寒冬，尤其是在市场低迷加剧国内建筑房地产行业债务风险的情况下，债务人名下资产更难变现，例如房屋、土地、股权等，特别是现在公司破产清算日渐增加，个人破产在部分地区也已开始试行，如果债务人宣告破产，债权人在没有抵押权等优先权的情况下，执行债权清收难很可能使判决书成为"一纸空文"。

针对以上情况，承办律师在办理债权清收案件中，如遇到债务人经济状况不佳、债务基数较大的情况，可以引导纠纷双方当事人以合理的价格、用债务人名下的房屋等财产抵偿债权人债权，从而最大限度地保全申请人的债权不受损失，避免债务人破产等问题给债权人造成的巨大风险，维护债权人的权益。

🔍 经典案例 51

清欠巨债危机四伏，"以物抵债"快速执结

2014 年 8 月，樊某向武某借款 1000 万元，月息 2 分，某置业公司及其法定代表人范某进行了担保。

后来，樊某未按时偿还借款，某置业公司及其法定代表人范某也未履行担保义务。眼看巨额借款遭遇难清偿风险，此时武某心急如焚，他慕名找到河南万基律师事务所建筑房地产债权清收专业律师团队，希望能诉讼清欠。

万基律师团队了解案情后，接受武某的代理清偿债务法律服务委托。2015 年 1 月，承办律师代理债权人武某向法院提起诉讼，并进行了财产保全，法院查封了被告某置业公司名下 1303.13 平方米的商业用房。

2015 年 3 月，经过承办律师积极帮助做"执行+和谈"工作，原告与被告达成执行和谈协议：樊某于 2015 年 8 月 30 日前将 1000 万元借款本金及利息 249 万元全部还清（利息以所欠本金为基础，按月利率 2% 自 2014 年 8 月 21 日起计算至实际付款日止）。某置业公司及其法定代表人范某承担连带责任。

以上协议签订后，债务人仍未履行协议，某置业公司及其法定代表人范某也未承担连带责任，于是，承办律师代理债权人武某向法院申请强制执行。在此期间，承办律师积极配合法院对被查封的被执行人一方的商业用房进行拍卖，第一次拍卖流拍，流拍价为 1384.5756 万元。这个时候，承办律师了解到某置业公司涉诉几十起案件且该公司濒临破产。于是，承办律师果断选择"以物抵债"策略保证法院生效判决执行，并及时就己方意见与执行法院沟通。承

办律师提出的用"以物抵债"策略化解"执行难"问题的意见，得到了法院的采纳。最终，本案得以顺利执结。

本案在执行后期，危机四伏：被告、担保人某置业公司资金链断裂，且涉诉几十起案件的该公司濒临破产，更为严重的是被告（本案直接借款人）樊某死亡！

眼看原告的1000万元借款本金及249万元借款利息实现清收希望渺茫，承办律师毫不气馁，积极配合法院对被查封的被执行人一方的商业用房进行拍卖。第一次拍卖流拍后重要借款人樊某死亡，而担保人某置业公司涉诉几十起案件且濒临破产，如果任由案件被不可控因素影响，那么债权人的诉求势必会化为泡影。在此关键时刻，承办律师果断选择用"以物抵债"的方式化解债权纠纷的调解策略，实现了"快刀斩乱麻"。

试想，当时如果不是及时用"以物抵债"策略"速战速决"，"执行难"势必陷入死结。因此，本案在危机四伏情况下实现的快速执结，这个成绩单的取得，业绩骄人！

十、"边打边谈"策略

"边打边谈""打打谈谈""谈谈打打"是化解矛盾的基本策略，更是债权清收的基本策略。在诉讼程序中，依托人民法院诉讼程序的推进，展开谈判，边打官司边谈判。例如，保全后的和谈、立案后的和谈、开庭前的和谈、庭审中的和谈、开庭后的和谈、判决后的和谈、二审和谈等。

在执行程序中，律师可以依托法院的强制执行措施，与对方当事人展开谈判。申请法院对债务人采取限制高消费、纳入失信人名单、拘留等强制措施，通过法院执行系统对债务人名下房产、车辆、银行账户、微信、支付宝、公积金等进行查询、查封、冻结、扣划等。面对现阶段大量案件的债务人在起诉前往往已经转移财产，造成法院的强制措施无法彻底解决执行案件——难以实现清收回款的现状，执行阶段也需要承办律师在法院采取强制措施的同时开展谈判工作，即通过法院的强制措施向债务人施压，再由承办律师进行沟通谈判。

法院高举强制措施的"大棒"，律师提供和平解决纠纷问题的方案，两者相辅相成，有利于实现债权清收回款。大量实践证明，疑难案件、标的较大案件的清收回款是"打出来的"，更是"谈出来的"，两者缺一不可。从"打"中寻找谈判的时机，从"谈"中寻找"打"的方向，"打"与"谈"互相配合，才能最终实现高难度债权债务清收案件的"欠债人还钱"终极目的。

经典案例 52

"谈判专家"：清偿巨债"打打谈谈"两由之

一起建筑房地产领域债权清收纠纷，历时近 5 年、经过 7 个回合"诉讼+执行和解"的"打打谈谈"，最终债权人实现标的 3800 万元债权（本金、利息、罚息）清收。这个经典案例有啥看点？债权人和债务人、律师通过案例，能从中获得什么教益或启示？在此，笔者选用这个典型案例入书，希望能弘扬律师执业精神、交流专业律师团队实务操作技能。

2014 年 3 月，洛阳某置业公司因资金困难，急需用钱补充流动资金而找到李某某，请求借一部分资金作为周转。双方经协商一致后，于 2014 年 3 月 20 日签订借款担保合同。该合同约定，李某某（甲方）向洛阳某置业公司提供借款人民币 2000 万元，期限 6 个月，自 2014 年 3 月 20 日至 2014 年 9 月 20 日止，借款年利息 24%，到期日归还本金和未结清利息。洛阳某置业公司的法定代表人曹某某以个人名义作为保证人（丙方）在该合同签字确认，愿向李某某承担连带保证责任。

合同签订后，李某某于 2014 年 3 月 20 日、21 日分 3 批向洛阳某置业公司支付本金共计 2000 万元。合同履行期间，洛阳某置业公司一直按约定期限和利率支付利息。但是，到了 2014 年 9 月 20 日借款期满李某某要求归还借款时，洛阳某置业公司拖延且不履行还款义务。

2014年12月8日，李某某向洛阳市中级人民法院就与洛阳某置业公司、曹某某民间借贷纠纷一案提起诉讼，要求请求洛阳某置业公司立即归还李某某借款本金人民币2000万元及利息（以2000万元为本金按月利率2%支付利息，从2014年12月20日起算至实际支付日止），曹某某承担连带责任。李某某在起诉后，向法院申请对洛阳某置业公司名下在洛9套商铺进行了诉讼保全。

2015年6月11日，李某某与洛阳某置业公司、曹某某最终达成调解协议，由洛阳市中级人民法院出具民事调解书。明确：经李某某与洛阳某置业公司共同确认，李某某出借给洛阳某置业公司本金为2000万元，2014年12月20日之前的利息双方已全部结清；洛阳某置业公司于2015年8月30日前偿还李某某借款本金300万元，2015年9月至2016年1月每月30日前偿还本金300万元，剩余200万元于2016年2月29日前偿还；2014年12月20日起，洛阳某置业公司于每月20日前按实际借款金额月利率2%支付利息直至借款本金全部还清之日止；曹某某对上述债务承担连带责任。

民事调解书达成后，洛阳某置业公司、曹某某"爽约"，并未按照民事调解书约定的期限和金额履行，李某某于2015年10月30日申请了强制执行。本案执行过程近5年时间，经过不下百余次的谈判，历经7个回合"诉讼+执行和解"的"打打谈谈"，最终于2020年5月11日在代理律师及执行法官的积极努力下，实现债权全部清收：回款本金2000万元，收取利息及执行罚息等共计1850.9852万元。

1. 角色定位清晰，实现债权清收

"定位定天下，定位不准，努力白费。"在重大、疑难、复杂案件中，尤其是在巨额债权清收案件中，代理律师明确自己的角色定位很重要。本案中，承办律师通过清晰的角色定位，多次在"山重水复疑无路”的情况下，最终实现“柳暗花明又一村”。

在化解非诉纷争、诉讼庭前调解以及判决执行和解方面，特别是在旷世未有的新冠肺炎疫情尚未解除时进行“隔空”开庭、调解，建筑房地产领域专业律师发挥“谈判专家”角色，发挥“稳压器”“调节阀”“方向盘”作用，对于解决建筑房地产领域巨额债权清收具有非同寻常的意义。

债权清收案件回款是第一要务，而执行则是清收的“主战场”。在执行这场“没有硝烟的战役”中，传统的办案思路是：执行案件的主导人是执行法官，承办律师仅仅是辅助人。但是，遇到执行法官负责案件量大、精力有限、严控执行期限的情况，若承办律师对执行参与度低、对案件无法全盘掌控、仅依赖执行法官强制执行，那么，这样的执行案件往往无疾而终——在 6 个月执行期限到期或是快到期时，律师可能会被执行法官约谈对执行案件终本。

如何大幅提高实际执行结案率、回款率，实现债权人利益最大化？这成了建筑房地产领域债权清收案件的首要难题。面对这种情况，律师需要转变以往思维模式，成为推进案件的主导力量——不完全依靠执行法官，而是严格执行程序节点，把握时机主导或是策应执行法官进行和解谈判，主动承担起调查被执行人财产信息、与评估机构保持有效沟通等工作，形成一套律师自己的执行流程。

本案于 2015 年 10 月 30 日申请执行，代理律师在确定代理思路时明确：律师在执行过程中，集思路引领者、特别授权代理人、谈判人、调查者多种身份于一身。首先，执行过程中需要委托人对律师授予特别代理权，即代为申请执行，代为承认、放弃、变更执行请求，代为进行和解、调解，代为领取执行款项，方便律师在与执行法官、被执行人商谈、谈判过程中灵活应变。其次，律师应结合执行节点及措施确定执行思路，指导、配合执行法官开展执行活动，促使案件顺利执行。本案中，鉴于案件执行标的额为 2000 余万元，被执行人洛阳某置业公司涉案诉讼过多。而且，其经营陷入困境，无法一次性进行债务清偿，代理律师确定“边打边谈”的思路，被执行人出具的承诺有 3 份，正式达成的和解有 3 次之多。每次和谈时，承办律师都通过"蚕食法"，要求洛阳某置业公司支付部分现金（可以给予延期）。再者，鉴于执行法官承办案件多、精力、时间有限等原因，律师应摒弃"等、靠、催"的传统做法，充分利用建筑房地产专业知识，进行财产信息调查及案件需要的资料调查，不能仅仅依赖执行法官。本案中，因为被执行人涉及执行案众多，其为了防范银行账户资金被划扣，银行账户早已不再有资金进账，或是资金进账后很快就被转走。律师为了顺利执行，对被执行人在本案执行中被查封的房产进行了详细调查，多次勘查被查封房产、确定属无人居住，并调查了已查封房产涉及的五证及户型图等全部资料，为后期的房产评估、拍卖、执行异议程序打下了基础，最终房产顺利拍卖，申请执行人的债权得以实现。最后，律师在执行过程中抓准时机与被执行人进行谈判，通过主导谈判或策应法官在案件谈判过程中尽可能促使被执行人就偿还巨债达成和解，最终实现债权清收的目的。本案中，债务人洛阳某置业公司的法定代表人是某省人大代表，在案件执行过程中，其曾利用人大代表身份在未告知申请人的前提下置换保全担保物，并存在多次拖延执行的行为。代理律师严格把控执行节点，以执行期限、上失信人系统、向人大反映问题、降价拍卖等措施，沉着应对。于是，双方的交锋成了最佳谈判时机。最终，迫于各方压力，债务人与债权人通过谈判达成和解，债权人经过 5 年的执行总算实现债权全部清收。

2. 综合运用和谈策略，通过谈判促成债权清收

（1）边打边谈，当好"谈判专家"。在本案中，万基律师团队严格把控律师执行流程节点，抓住每一次机会代理债权人与债务人协商，促使债务人先后出具 3 份承诺书，且债权人与债务人达成 3 次执行和解。在法院采取强制执行措施时，万基律师团队积极策应——向被执行人"施压"，在 5 年的执行中，承办律师与被执行人共进行百余次谈判，经过 7 个回合的"打"和"谈"，最终成功执行回款3800 余万元。

（2）"蚕食策略"稳步推进，采取分期付款方式实现清收。承办律师对案件进行综合分析后，发现被执行人流动资金短缺，名下

财产大部分均被抵押、查封，可供执行的财产寥寥无几，要想一次性执行完全款项基本不可能。因此，承办律师采取"蚕食策略"，步步为营、稳步推进，像"挤牛奶"一样向债务人"施压"，通过执行回款10万元、20万元、50万元、100万元、200万元等，分期从被执行人口袋中"挤"出应偿还借款，共执行回款现金1290余万元，实现"积小胜为大胜"。

（3）以物抵债，最大限度地保全债权人利益。本案从诉讼到执行完结历时近5年，在这个过程中，被执行人洛阳某置业公司财务状况持续恶化，处于破产的边缘。在此情况下，承办律师当机立断，与债权人沟通通过以物抵债的方式，尽可能地保全债权人的债权，避免遭遇债务人破产风险。通过两次评估、两次执行异议之诉、两次启动拍卖程序，帮助债权人采取以物抵债方式取得900余平方米的商铺（价值约1767余万元）以及800余平方米的住宅（价值约800余万元），从而完全追回债权人所有债权本金、利益、违约金（现金及房产总价值3800余万元），债权人对承办律师给予了高度评价。

3. 在"韧性的战斗中"，律师灵活运用调解、谈判的沟通技巧及策略促成和谈，最终实现债权清收

实践证明，沟通、谈判是破解"执行难"问题的基本路径。本案中，律师灵活运用了调解、谈判的各种沟通技巧（策略），使得被执行人洛阳某置业公司分批、分次主动偿还现金1290.2137万元、以房抵债1767.6745万元，债权人实现了全部债权！本案强制执行回款，是打官司"打"回来的，更是律师运用谈判技巧"谈"回来的。

（1）"先礼后兵法"。"先礼后兵法"，即律师受理案件后，先行与另一方当事人联系，告知己方当事人已委托律师处理己方当事人与对方的相关事项，并就案件涉及债权偿还一事与之协商。

2015年10月30日，债权人李某某申请执行后，承办律师主动联系债务人——被执行人洛阳某置业公司的法定代表人曹某某，并到洛阳某置业公司办公室茶叙，了解洛阳某置业公司未能按期还款

的原因。在茶叙期间，承办律师了解到洛阳某置业公司为洛阳本土具有声望的房地产开发企业，其法定代表人曹某某为省人大代表。由于该公司这一两年摊子铺得太大，大量资金押到了项目上，在房地产业寒冬期出现企业资金链断裂。曹某某表示：洛阳某置业公司绝不是赖账的企业，本案欠的钱肯定会还，希望承办律师能与当事人商量一下，再延期执行。承办律师表示：非常理解洛阳某置业公司的经营困难，但是债权人李某某的压力也很大，不可能长时间等待，最多允许债务人还款延期至 2015 年 12 月 30 日，如果到时再不履行还款义务，只能申请法院先采取强制执行措施。最终，洛阳某置业公司与承办律师达成一致意见，由洛阳某置业公司向李某某出具还款承诺书，承诺"于 2015 年 12 月 31 日前还 500 万元，余款于 2016 年 2 月 7 日前还清"。本次会谈，律师采取了"先礼后兵"的谈判技巧：一方面通过到被执行人经营场所了解其真实经营情况、对债权清收情况进行预判；另一方面，本次会谈也减少了洛阳某置业公司作为被执行人的抵抗执行消极情绪。最终，双方达成了一致意见，为后期回款打下了良好基础。

（2）"顺水推舟法"。在案件办理的过程中，经常会有很多外界因素介入，例如案外人讲情。遇到这种事情，律师一般都会感到很头疼：一边是领导或关系不错的亲朋好友说情，一边是委托人的信任。在此情况下，律师不妨化被动为主动，将为难消极因素转化成积极因素。介入讲情的案外人一般对案件当事人相对熟悉，如果律师能够以该案外人为中间人，利用当事人对"中间人"的信任，让"中间人"搭桥牵线，在促成解决纠纷的前提下，了解清楚对方当事人的真实要求，充分发挥"中间人"的作用，请其做说服对方当事人的工作，有望在合法、合理的范围内促成和解。本案中，对方当事人承诺后，由于资金问题并未履行承诺，律师申请法院立即采取强制执行措施。洛阳某置业公司及曹某某并不想让采取强制措施，而且，当时临近过年银行要求解封已查封商铺，曹某某找到某方面领导，想要解封查封。承办律师了解情况后，向某方面领导详细说明之前债权人方与债务人方的商谈情况及对方多次不履行承诺行为。

某方面领导知道了真实情况后，在其撮合下，律师与洛阳某置业公司于 2016 年 1 月 4 日达成执行和解协议，约定洛阳某置业公司"2016 年 1 月 4 日偿还李某某 50 万元借款，2016 年 1 月 20 日前偿还全部借款本金 2000 万元等。在此情况下，债权人李某某同意解除法院已查封债权人的 3 套商铺，债务人洛阳某置业公司同意提供其名下某苑住宅 18 套（面积约 2925 平方米）由法院依法查封，若其未按履行，李某某可以申请执行"。协议签订后，洛阳某置业公司向李某某偿还 50 万元借款，李某某撤回了执行申请。承办律师采用"顺水推舟法"，借某方面领导替洛阳某置业公司说情，代理债权人"借力打力"，与债务人达成和解协议。之后，某方面领导帮忙催促债务人还款。

（3）"战略威慑法"。"战略威慑法"的核心是找到威慑点，这个威慑点可以是人，也可以是事。"打蛇打三寸"，抓住对当事人具有威慑性的人或事，促使当事人坐下来进行谈判、调解，可谓"棋高一着"。首先，承办律师可以选择对当事人真正有威慑作用的人或者事。例如，若案件中的当事人是分公司，则可以选择向该分公司的总公司寄发律师函，或联系该总公司的负责人反映情况；如果当事人是政府部门，可选择向该单位的上级领导、部门反映问题、协商、洽谈。如果在这个过程中，能由他们内部向债务人"施压"，当事人可能会因惧怕上级，对恶意逃债或有意赖账的令人不齿行为有所收敛，对拖延不履行"欠债还钱"义务的不光彩行为有所忌惮。在这种情况下，加上律师的积极作为，就有可能实现执行和解。其次，可以查封、扣押、上失信人名单、限制高消费等法院可采取的强制措施作为威慑点，这对部分案件中的"老赖"也能起到威慑效果。威慑并不是目的，而是解决纠纷的手段，化解纠纷才是最终目的。因此，在实施"战略威慑法"的同时，不能一味地抓住威慑点不放，要适当地让步，以求促成和解，追回应收款项，达到债权清收之目的。本案中，2016 年 1 月 4 日执行和解协议签订后，洛阳某置业公司向李某某支付 50 万元现金，但后期并未按期支付剩余款项。承办律师多次联系洛阳某置业公司，其均以资金链出现问题、现在没钱付款为由拖延。无奈之下，债权人方就作为省人大代表的洛阳某置业公司法定代表人曹某某不讲诚信、多次爽约，且其以省人大代表人身份向法院施压违法解除查封财产、阻挠执行等行为，向省人大常务委员会、全国人大常务委员会寄送举报材料。该情况引起了省人大常务委员会领导的重视并进行了批示，要求严查。迫于压力，洛阳某置业公司主动找到律师进行协商，最终律师代理债权人与洛阳某置业公司于 2016 年 12 月 27 日达成和解协议。约定："洛阳某置业公司自愿以名下 867.16 平方米门面房折抵给李某某，共计折抵借款 1767.6745 万元。该门面房由洛阳某置业公司协助李某某办理过户手续。剩余 1192.8088 万元欠款，洛阳某置业公司应于 2017 年 1 月 25 日前向李某某支付 300 万元，于 2017 年 6 月 30 日前付清全部款项。"该协议签订后，洛阳某置业公司向李某某交付了价值 1767.6745 万元的商铺，并支付了借款应偿还的余款 150 万元。承办律师运用"战略威慑法"显奇效，使得洛阳某置业公司主动以"以房抵债"形式，一次性偿还借款 1900 余万元。

（4）"最后一刻法"。最后一刻法，即律师应不轻言放弃，要把握最后的时机，坚持"只要存在促成案件调解、化解的一分可能，就要尽百分之百的努力"。一般情况下，在执行谈判过程中，可能因为双方存在争议，看似双方当事人本次和谈没有成功，只能等待强制执行，但是，一般这个时候双方已经对对方谈判条件、底线充分了解，且经过长时间、多次谈判，人的精力、体力也消耗了大部分，人在疲惫状态较容易松口。因此，律师可根据双方的表态及精神状态适时提出一个实现和解的新方案，见缝插针地促和谈，不到和解破裂的最后一刻决不轻易放弃。本案中，在 2017 年，因为洛阳某置业公司未按照和解协议约定时间履行偿还巨债义务，李某某申请对洛阳某置业公司 18 套房屋进行评估、降价拍卖。在评估过程中，18 名案外人提出执行异议，主张洛阳某置业公司已将 18 套房屋卖给了案外人，要求中止对上述房屋的执行。此后，经历了执行异议、执行异议之诉等程序。其间，在执行法官的主持下，律师多次与洛阳某置业公司进行商谈，要求其偿还借款，如此就可申请法院解封相应房产，但商谈均未谈妥。

2018年6月，执行异议之诉判决书生效，在最终，原查封的18套房产有9套房产中止执行，8套房产驳回中止请求可继续执行，其中1套房产未裁定。至此，洛阳某置业公司在一年半的时间内仅支付200余万元。在2018年7月，李某某申请就可以继续执行的8套房屋进行重新评估，2019年1月，评估公司出具了评估报告，洛阳市中级人民法院于2019年4月15日将其中6套房产第一次在京东司法拍卖网挂拍。上网挂拍后，洛阳某置业公司不想让房产被拍卖，但又害怕原买房者到他们公司闹事，于是主动找到承办律师协商。在协商的一开始，债权人李某某和承办律师要求对方当事人：一次性付清所欠债款，否则将6套房产司法网拍。李某某和承办律师内心清楚：要求洛阳某置业公司一次性付清所欠债款不现实，但是，鉴于洛阳某置业公司前期不信守承诺、不按协议履行的行为太多，因此，对于不讲诚信不能听之任之。在双方继续协商中，李某某和承办律师"让一步"：要求洛阳某置业公司先一次性支付500万元，剩余款项每月支付100万元，直至还清余债……在拍卖公告的30天内，当事人双方进行了多轮谈判，在司法拍卖开拍前一天即2019年5月14日，洛阳某置业公司托某方面领导向承办律师说情。当天，洛阳某置业公司法人代表曹某某、财务总监、公司副总与执行法官、某方面领导、承办律师，从上午9点一直商谈到中午12点，洛阳某置业公司仍坚持说第一笔还债款自己只能拿出200万元。眼看着和谈双方意见差距很大、司法网拍时间已到跟前，双方仍未达成一致意见，承办律师表态：如果洛阳某置业公司不同意债权人一方"让一步"意见的话，干脆就拍卖吧。承办律师说罢起身就走。就在承办律师出门下楼梯的时刻，洛阳某置业公司副总把承办律师拉住，他代表债务人一方最终松口说"一次还500万元确实有困难，直接取中间数350万元吧，剩余款项按月100万元偿还"。承办律师见此次洛阳某置业公司偿还债款确实有困难，且债权人李某某也急于回款现金，就同意了洛阳某置业公司的条件。于是，双方达成了执行和解协议书，执行法官撤回了在京东网的司法拍卖，洛阳某置业公司直接向李某某支付了350万元。

（5）"骑上马送一程"。本案的双方当事人于2019年5月14日签订执行和解协议后，洛阳某置业公司按月偿还100万元债款，但第三个月仅偿还20万元，剩余款项以资金紧张为由一直拖延偿还。2019年10月，债权人一方申请法院按照2015年6月11日民事调解书恢复执行。2019年12月30日，法院就原拍卖的6套房屋重新挂牌，最终，1套房屋以129万元的价格拍卖成交，剩余5套房屋流拍。经执行法官及承办律师、洛阳某置业公司财务总监三方算账，确认洛阳某置业公司截至2020年1月23日尚欠债权人债款共计961.1518万元（借款本金578.1816万元、利息41.2436万元、迟延履行金341.7265万元）。最终，法院划扣本案房屋拍卖款110.2137万元支付给李某某，并以801.9170万元的价格将流拍的房产（被申请人洛阳某置业公司名下某小区4套房屋）抵偿给李某某，李某某拿到了4套房子的抵偿裁定。按说，此时律师的代理清收债权任务已经全部完成，但是，承办律师接着向李某某提供了"增值服务"：协助其办理房屋过户手续，并协助其以市场价1200万元向银行办理了抵押贷款，贷出现金约700万元。这样做，瞬间使得不动产变现，完美实现了当事人急于回款现金的燃眉之急。

大幅提高建筑房地产债权清收案件的实际执行结案率、回款率，实现当事人利益最大化是首要难题。在本案中，承办律师团队坚持将"息诉止争"作为法律人追求的最高境界，化被动为主动，做到依靠但不完全依赖执行法官，严格执行建筑房地产债权清收流程、掌控程序节点，把握时机主导"打打谈谈"或策应执行法官开展案件和解谈判，主动承担并出色完成了调查被执行人财产信息、与评估机构保持有效沟通等工作，在实现债权清收的同时，也为债权人提供了增值服务。

本案中，律师严格把控律师执行流程的节点，抓住每一次机会进行协商，5年间不下百次的商谈中，达成了3次执行和解，被执行人出具了3份承诺书，通过"蚕食法"，一步一步执行回款现金1290余万元、以房抵债1767.6745万元商铺；经过两次评估、执行异议和执行异议之诉、两次拍卖程序，以流拍房产抵偿的方式，实现债权人清收 801.9170 万元。历经近 5 年的时间，最终律师代理债权清收任务全部实现完毕，债权人李某某高度认可承办律师在执行程序中节点把控和谈判技巧的运用，对承办律师全权代理这起债权清收案件实现的完胜，给予了极高评价。

结 束 语

在国内律师行业，提起"建纬模式""元甲模式"，很多专业律师均是耳熟能详。在法律服务细分市场，洛阳市迄今唯一一家"十星级律所"——河南万基律师事务所建筑房地产债权清收法律服务模式（包括流程、技巧和策略等）是集专业化、标准化、流程化于一体的综合性法律服务模式。

其实，"三十年磨一剑"的洛阳市律师协会副会长、河南万基律师事务所执行主任刘建伟律师，凭借其雄厚的法学理论积淀、丰富的专业知识贮备、精湛的律师执业技能，以及带领律师团队的实操本领、以前瞻性思维主动研发的法律服务产品，均为万基律所建筑房地产债权清收法律服务模式的形成奠定了坚实基础。正因为此，前些年为洛阳仲裁委称道的"刘建伟现象"，省高院领导、澳门大法官称赞的刘建伟带领万基律师团队在"诉调对接"中的成功做法，其带领万基律师团队在建筑房地产市场债权债务纠纷"井喷"情况下实现的批量办案、高效办结"疑难杂症"案和巨额债权清欠案等大量典型案例，尤其是在 2020 年新冠肺炎疫情严重影响下仍实现业绩比以往最好时期翻番的奇迹，使得他们的"职场秘诀"经受住了社会的检阅。

2020 年 12 月 20 日，中国法学会律师法学研究会 2020 年年会在北京召开，本次年会的主题是"全面依法治国新时代的律师与律师法"。受疫情影响，本次会议采用"线下+线上"的方式举办。万基律所执行主任、该律所建筑房地产专业律师团队领军人物刘建伟受邀参加线上会议。会议期间，中国法学会律师法学研究会副会长、中国人民大学律师学院院长刘瑞起宣布 2019 年至 2020 年度课题研究评审结果和表彰名单。万基律所负责的课题《律师调解的意义与技巧》荣获中国法学会律师法学研究会 2020 年度课题研究成果二等奖。

"课题研究成果《律师参与调解的意义及技巧》为老律师化解矛盾的实务经验的总结，系'从实务中来，到实务中去'的实务经验精华提炼，以简单易懂的文字将其体系化、理论化进行的展现。"刘建伟认为，该课题研究成果中的律师调解技巧主要用于指导青年律师，有益于加速青年律师成长、高效提升律师化解各类矛盾纠纷的能力。此次中国法学会律师法学研究会对《律师参与调解的意义及技巧》的认可，也是对洛阳市法学研究的认可，对基层法学研究成果的认可。

本书从策划出书，到全书各章节内容确定，反反复复修改、补充和完善，再到一期一期在《洛阳商报》律师版与读者见面，直至今天全部结集成书出版，是一个凤凰涅槃、百炼成钢的过程主流媒体《洛阳商报》品牌事业部部长罗晓为本书策划、编辑、内容补充和完善做出了贡献……《洛阳商报》见证了这本凝结着集体智慧和力量的"工具书"，是如何"瓜熟蒂落"的。

"谁家玉笛暗飞声，散入春风满洛城。"《建筑房地产"实战兵法"——债权清收流程与技巧》收录的内容，在 2020 年三季度至 2021 年上半年在《洛阳商报》律师版刊登期间，十分受欢迎，同时也深受法律服务市场、客户的青睐，大家认为这是建筑房地产领域债权清收的"武林秘籍"、律师们的"职场秘诀"。

现在，到了让万基律所建筑房地产债权清收流程及技巧与更广泛的读者见面的时候了。祝贺刘建伟带领万基律师团队分享的律界"真经"——《建筑房地产"实战兵法"——债权清收流程与技巧》结集出书！

本书编委会

2021 年 5 月